与最聪明的人共同进化

HERE COMES EVERYBODY

CHEERS

# 如何领导
# 天才团队

The Art
and
Practice of
Leading
Innovation

COLLECTIVE
GENIUS

[美] 琳达·希尔
(Linda A. Hill)
[美] 格雷格·布兰德鲁
(Greg Brandeau)
[美] 艾米莉·特鲁洛夫
(Emily Truelove)
[美] 肯特·莱恩巴克
(Kent Lineback) 著

李芳 译

四川人民出版社

---

## 你具备领导天才团队的能力吗?

---

1. 真正优秀的创新就像爱因斯坦和爱迪生的灵光乍现,源于某个天才极富创造性的一次偶然发现。因此,要想保持长久的创新能力,企业就要雇用这样的"富有创造力的个体"。

   ☐ 赞 同　　　☐ 不赞同　　　☐ 说不好

2. 创新的过程由一系列烦琐的步骤构成,每一个步骤都应被严谨地分组完成。做到了这一点,创新就不会没完没了地反复,变得混乱不堪。

   ☐ 赞 同　　　☐ 不赞同　　　☐ 说不好

3. 一个员工在知道自己提出的建议有可能遭到狂风暴雨般的质询时,是不愿意有所贡献的。因此,创新组织应努力减少这种质询。

   ☐ 赞 同　　　☐ 不赞同　　　☐ 说不好

4. 好的领导者会设立一个目标,制订一个计划,并跟踪进度,直至目标达成。好的创新也需要领导者确定目标,详细规划,分配任务。

   ☐ 赞 同　　　☐ 不赞同　　　☐ 说不好

5. 当任务紧迫时，需要有一个知道自己正在干什么，又愿意拍板做决定的领导，或果断决策，或折中妥协，或投票选择，让事情能够顺利进展下去。

   ☐ 赞 同　　　☐ 不赞同　　　☐ 说不好

6. 天才团队的三大要素有哪些：

   ☐ 协同性工作　　　☐ 发现性学习

   ☐ 综合性决策　　　☐ 松散性管理

7. 创新的一个根本矛盾是：

   ☐ 支持 VS 对抗　　　☐ 学习发展 VS 绩效表现

   ☐ 释放 VS 驾驭　　　☐ 自下而上 VS 自上而下

8. 领导天才团队的两大目标是：

   ☐ 激发创新意愿　　　☐ 发掘创新人才

   ☐ 改革创新管理　　　☐ 培养创新能力

9. 天才团队应具备的三种能力包括：

   ☐ 创造性磨合　　　☐ 创造性迭代

   ☐ 创造性敏捷　　　☐ 创造性解决

10. 天才团队的领导者最应该做的一件事是：

   ☐ 设立愿景　　　☐ 制订计划

   ☐ 快速决策　　　☐ 构建环境

扫码下载"湛庐阅读"App，
搜索"如何领导天才团队"，获取测试题答案。

如何领导创新团队和组织可能是当今商界最混乱的谜团。商业领袖明白他们必须这么做，却不知道从何着手。《如何领导天才团队》讲述了那些成功破解谜团之人的故事，揭示了激发集体创造力的原则，并让组织创新的潜力能够释放出来。

蒂姆·布朗
IDEO 设计公司总裁兼首席执行官

《如何领导天才团队》提供了对现实世界的见解，能帮助今天的商界领导者挑战现状、提出新理念，并创造出以变化和创新为标准的新环境。

肯尼思·切诺尔特
美国运通公司董事长兼首席执行官

创新、领导、动机、执行，我们需要做的事显而易见。感谢这本书，现在我们拥有了一个能教我们如何行动的指南。

克莱顿·克里斯坦森
哈佛商学院金·克拉克商业管理讲席教授
《创新者的窘境》《创新者的处方》《创新者的学习》作者

这是一个关于领导者如何创建灵活企业生态系统，并以能够促进组织创新的方式解放个人才华的有趣而有益的见解。

**里德·霍夫曼**

领英联合创始人兼董事长

《联盟》作者

作为一家致力于创造力和创新的机构的管理者，我发现这本书中的伟大故事和实践理念令人信服，并迫不及待想尝试这些新理念。对于任何需要创新的组织或想要在不断出现大规模颠覆的新世界中获得成功的组织的管理者或参与者来说，这是一本必读书籍。

**伊藤穰一**

麻省理工学院媒体实验室主任

《如何领导天才团队》是一本伟大的读物，为每个参与高效创新的人提供了重要的见解。这本书展示了从科技到设计等不同领域的团队如何进行合作并取得突破性成果。我期待与我的同事分享这本书。

**马克·利特尔**

通用电气高级副总裁兼首席技术官

全球研究主管

《如何领导天才团队》直指在当今这个快节奏的世界中引领创新的核心。这本书叙述了关于创新型领导者引人深思的故事，深入挖掘了他们的性情和催化剂心态，并展现了他们如何为突破性创新创造环境。这是一本鼓舞人心的书。

**约翰·西利·布朗**

施乐公司前首席科学家

帕洛阿尔托研究中心主任

琳达·希尔及其合著者认为，创新需要一种完全不同的领导者，他们能创造并维持一种能从多样且具有天赋的员工中产生出"集体创造力"的文化。对于任何领导团队、组织或社群的人来说，这都是一本伟大的书。

**谢家华**

美捷步首席执行官

《三双鞋》作者

《如何领导天才团队》在实践中是可行的，且极富智慧。对于那些意识到创新是组织存活关键的个人，以及任何力求建立一个能使人们进行创新、合作，并最终为起初看似不能解决的问题提供创新性解决方案的领导者来说，这是一本必读书籍。这本书中的理念和经验完美地说明了什么是"天才"。

**哈利勒·莎菲**

沙特阿美石油公司技术服务部部长

阿卜杜拉国王石油研究中心前临时主席

几位作者定义了领导者在创新中的角色——不是作为所有问题答案的拥有者，而是作为推动者和环境设置者。这本书提供了引人入胜的故事和案例，以帮助领导者创建一个能使其团队拥有真正创新所需的创意火花和反复试验的环境。

**艾米·邦泽尔**

欧特克公司 AutoCAD 产品系列副总裁

创新是在当今环境下进行竞争的关键。四位作者揭示了取得突破性创新所需的"天才团队"的领导实践。

**伊迪丝·库珀**

高盛集团人力资本管理部执行副总裁和国际负责人

对于想通过其组织寻找潜在创新人才的领导者来说，这是一本很重要的书。《如何领导天才团队》为"创新之岛"提供了清晰的思路，以及当下最激动人心、最成功的公司的领导原则和深刻案例，为驱动创新的艰难任务提出了现实的方案。

**加里·埃利斯**

赫斯特杂志国际集团首席数字官

《如何领导天才团队》阐明了传统领导者和创新型领导者之间质的区别。包容性、开放性和目标性创造了吸引创新思维协同合作的机会。这本书为发展一种能使集体创造力成为商界现实的领导力提供了一个基本框架。

**兰迪·科米萨**

凯鹏华盈风险投资公司合伙人

纳尔逊·曼德拉曾写道，创新型领导者就像牧羊人，他们站在羊群后面，让敏捷的羊在没意识到自己一直受身后引导的情况下前进。《如何领导天才团队》教育我们如何摆脱创新性商业环境中的共同困境，例如在面临紧急最后期限时鼓励集体思考，或在充分利用团队的同时尊重个人。这本书中的商业案例和实践启发了我在可再生能源行业构建创新型组织的历程。

**罗剑威**

中国远景能源有限公司副总裁

《如何领导天才团队》中包含了丰富的关于全球最具创新性的公司的案例研究。几位作者识别了从灵感到执行的持续创新价值链上每个环节中心的至关重要的矛盾。

**理查德·帕斯卡尔**

牛津大学赛德商学院副研究员

几乎每个领导者都会谈论创新，但大多数都因缺乏创新而沮丧。本书介绍了如何培养创新以及使其实现的核心。它打破了传统的领导模式并为如何领导创新文化提供了有益的指南。

**曼·吉特·辛格**

索尼影业家庭娱乐总裁

关于不断变化的世界中领导力真谛的深刻思考。对于任何渴求改造其组织并抓住其创新精神的领导者来说，这是一本必读书籍。

**詹姆斯·史密斯**

汤森路透集团总裁兼首席执行官

我们倾向于认为创新是天赋。这本书证明了持续创新实际上需要"天才团队"：领导者搭建舞台，让"爵士乐团"和有天赋的人去表演。

**田边真史**

三菱电机株式会社人力资源开发中心经理
前研发总工程师

琳达·希尔及其同事将告诉那些哪怕是最富经验的领导者，该如何重新思考依靠创新发展的企业的组织方式。《如何领导天才团队》对让创新变得如此困难的矛盾做出了解释，并为领导者提供了有效利用组织成员的不同天赋的强大指南。

**罗伯特·泰珀**

三石风险投资公司合伙人及联合创始人
千禧制药前研发总裁

《如何领导天才团队》是一本关于创建一个创新型组织的领导角色的著作，引人入胜。创新需要一种不同的领导方式。几位作者精确地告诉我们它是如何运作的。对于未来创新型领导者来说，这是一本必读书籍。

**克里斯蒂娜·文图拉**

香港连卡佛俊思集团高级副总裁

我发现对于创新和创新公司来说，最重要的事情就是学习，因为我们不仅在学习，而且会从真正的创新领导力中获得灵感。《如何领导天才团队》很好地解释了为什么创新，即对更好解决方案的探索，对于任何规模的公司来说都尤为重要。

**安迪·贝希托尔斯海姆**

Arista 网络公司董事长

几位作者质疑了一种被普遍认可的领导者作为"提出愿景者"而激励人们跟随的神话。对那些立志做出一番真正与众不同的事业的人来说，这是一本必读书籍。

**布鲁诺·坎波斯**

巴西 BCMF 建筑事务所创始合伙人

虽然常识告诉我们，创新来自卓越个人的单独想法，但《如何领导天才团队》告诉我们，创新是建立在领导风格的基础上的，允许创新在参与和信任的基础上，自下而上地集体呈现。我向 21 世纪的领导者强烈推荐这本书。

**安德烈·罗德里格斯·卡诺**
巴西布拉德斯科银行常务董事

随着组织的目标从寻求高效的重复变为通过改变来创造价值，我们有必要了解如何领导一个流动的、开放的团队。这正是《如何领导天才团队》如此重要的原因。

**比尔·德雷顿**
Ashoka 创始人兼首席执行官

创新不能自上而下进行指示，而是需要通过适当的领导以获得培养。《如何领导天才团队》精辟地告诉我们如何、为何以及何时进行创新。通过巧妙地将领导力和创新结合在一起，这本可读性极强的书对为何极少数公司能成功维持一种创新性文化提出了卓越的见解，并向我们展示了在真正重要的地方取得成功的必要条件。

**穆罕默德·埃尔埃利安**
太平洋投资管理公司前首席执行官
《碰撞》作者

这是一本必读书籍。《如何领导天才团队》描述了领导力的完全转变。几位作者将带你进入一趟迷人的旅程，揭示引领创新的艺术和最好的实践。可谓一部出色的作品。

**哈立德·乔哈里**
阿联酋总理办公室及内阁事务和未来部顾问

创新不是组织中的个人才华，能够打造并管理集体创造力是所有伟大领导者的共同特点。

**艾伦·弗尔斯曼**
蒙太奇酒店及度假村创始人兼首席执行官

领导者不能让创新产生，但是最好的领导者知道如何一次又一次地创建实现创新的空间。《如何领导天才团队》将激励并指导你领导一个真正具有创新性的组织。

**维杰伊·戈文达拉扬**

达特茅斯塔克商学院管理学杰出教授

《逆向创新》作者

每一家公司都在努力变得更具创新性。《如何领导天才团队》提供了一个强调打造创新性环境的最佳框架。这是为数不多的能真正抓住创新实践及创新型领导者的重要角色和品质的一本书。对于任何想要加快创新进程的人来说，我认为这都是一本值得研读的书。

**泰里·凯利**

戈尔公司总裁兼首席执行官

《如何领导天才团队》让有抱负的领导者认识到了创造创新环境的重要性及如何去做，这尤为重要。不要错过其深入的案例研究和有见解的分析。

**梅振家**

《大象之舞》作者

琳达·希尔是一位异常敏锐的领导力学者，她将关注焦点转向组织内部的创新领导。她和她的合著者研究了皮克斯的艾德·卡特姆、HCL 的维尼特·纳亚尔和辉瑞制药的艾米·舒曼等领导者。从他们的经验中，几位作者发展了关于领导者如何在释放的同时驾驭其组织的集体创造力这一主题，并给出了可行性建议。

**阿希什·南达**

印度管理学院艾哈迈达巴德分校校长

希尔及她的合著者编写了这本创新指导手册，以指导 21 世纪的商业领导者。

**米尔顿·佩德拉萨**

奢侈品研究机构 Luxury Institute 首席执行官

创新是我们经济的驱动力，但是关于领导力的研究和理解还不够。《如何领导天才团队》填补了这一空白。它抓住了领导者如何促进创新及释放其组织的全部创造潜能的精髓。

**乌尔夫·马克·施耐德**
费森尤斯集团首席执行官

《如何领导天才团队》提供了关于领导力和创新主题的新见解，这一强有力的组合可以带来企业持续再生和可持续发展。几位作者认为，当下的领导者不一定倾向于以能创建有益于产生新理念的环境的方式进行领导，更重要的是，领导者必须了解其作为创新催化剂的角色。

**艾萨克·肖威**
巴罗世界有限公司执行董事

在打造能够进行创新的组织时，通常很难克服其多样性和复杂性。对于任何想学习如何改变其领导方式，以建立对于创新至关重要的良好环境的领导者来说，这本书都具有很强的实践指导作用。

**阿加·乌尔**
土耳其博鲁森集团首席执行官

《如何领导天才团队》对于任何关注创新和创意的商业领导者来说，都是一本很棒的书。几位作者选择了多样化且成就非凡的公司群体——从韩国的奢侈品集团到加利福尼亚的动画工作室，来证明如何打造具备多样化思维和创新的文化。特别是"创造性磨合"的概念，引起了我的共鸣，因为它完美地描述了我们在伯恩斯坦所运用的研究过程。

**罗伯特·范布吕格**
桑福德伯恩斯坦总裁兼首席执行官

第二部分

# 领导天才团队：目标 1，激发创新意愿

# 天才团队带来竞争优势

《如何领导天才团队》能在中国出版，我们感到十分荣幸。如今，无论组织的类型和规模如何，引领创新都是一个关键问题。我们经常收到来自中国的企业家关于如何创建、领导一个持续创新型组织的咨询来信。我们希望借助本书的中文版本，使中国的新读者了解我们的研究和见解。

随着经济大国身份的确立与巩固，中国在世界舞台上日渐发挥出极其重要的作用，因此，创新问题比以往更为重要。中国经济已由主要依赖廉价劳动力的生产能力投资，变成主要依赖服务和知识型产业及消费性开支，因此，创新因素变得越来越关键。这一成功转变在很大程度上取决于中国企业在应对经济增长新契机的要求方面进行创新的能力。

中国企业家和高管告诉我们，他们面临着增强竞争力方面的巨大压力。他们知道建立一个更具创新性的组织是竞争优势的最终来源，但是他们不确定该如何去实现这一要求。我们希望《如何领导天才团队》能为大家提供有益的指导。我们鼓励企业家仔细研究第 1 章中皮克斯的例子，因为它能引发大家关于如何创造和培养具有创新精神的组织文化、结构，甚至是实体空间的见解。我们也鼓励现有大型公司的高管特别关注第 3 章中的故事，它描述了维尼特·纳亚尔如何将印度的 IT 公司 HCL 从一个沉睡的巨人改造成一个领先的创新者。

随着中国企业（包括国有企业）越来越多地参与全球经济竞争，它们逐渐意识到，要具备更强的竞争力，就需要进行全面创新。随着世界级竞争者不断提升自身的竞争力，机智的中国企业了解到，它们要做的不仅仅是加入新兴市场，了解当地客户需求、市场条件和竞争对手，并制定适当的措施，还要让自身在全球范围内的快速创新成为常态。它们的竞争对手已经意识到，全球业务不仅能提供进入当地市场和规模经济的途径，也形成了能使其在全球进行创新的多样化信息及专业化技术。

虽然《如何领导天才团队》中并未包含中国的案例，但是我们正在积极收集来自中国的研究数据。我们看到中国企业渴望通过创新技术而不是劳动力成本参与竞争。我们对中国及其他亚洲私营和国有企业的初步调查结果表明，本书提出的框架也能在中国背景下使用。

传统智慧认为优秀的领导者能创建愿景、确立目标、制订并实施计划，但这些并不是我们所发现的真正伟大的创新型领导者所做的事。他们意识到，没有领导者可以命令或强制创新，创新要么不出现，要么就是自由自发产生。他们也明白，组织创新很少来自个人的灵光闪现，而是常常产生于具有多元化视角和专业技术的人共同解决问题的过程。领导者的职责不是事必躬亲或提出愿景，而是创建一个能让其他人愿意且能够进行创新的环境。

意愿至关重要，因为对于任何文化背景中的任何组织来说，创新都是一项苦差事。为了承受这项工作的固有负担和压力，组织成员应有一个令人信服的共同目标和基于该目标的共同价值观，且他们必须在遵守共同达成的参与规则（例如，如何解决创新要求的公开冲突）的基础上进行合作。如果没有共同目标、价值观和参与规则，创新的张力很可能使组织分崩离析。能力同样至关重要，因为解决创新过程中所产生的问题需要一定的组织能力。具体来说，我们发现那些持续创新的组织能够进行协同式工作，通过发现问题进行学习，以及通过整合不同选择，以新的方式做出综合性决策。

虽然我们正在进行的研究表明，这些理念适用于不同的文化，但它也告诉我们，不同文化的领导者需要对他们所使用的策略进行适当调整，以实施和强化这些理念。例如，在很多西方文化中，领导者在面临高于个人天赋的文化价值观时，迫切需要进行合作。在中国及其他亚洲国家，我们也期待领导者将努力打造能使人们（不论职位、权力或资历）进行舒适辩论和公开质疑的组织文化。

在当今这个创新成为竞争优势唯一持久来源的世界，我们希望《如何领导天才团队》中的见解能帮助中国企业领导者和公司达到一个新的高度。世界渴望创新，我们期待看到您的加入，并收获成功。

# 只有天才团队才能永葆创新活力

为什么你仍然需要一本有关创新或者领导力的书？有关这两个话题的研究著作不是早已汗牛充栋了吗？

我们的答案很简单：你的的确确非常需要这样一本书，因为它并非拾人牙慧，讨论的话题也远非单纯的创新或者领导力本身。相反，它聚焦的恰恰是人们讨论较少，也较为不了解的话题——创新和领导力之间的关系，或者说，如果一个团队的领导者要打造一个能够释放更多创新潜能的组织，那么他应该扮演什么角色。

只需搜索一下文献，你就会和我们一样，发现这样一个事实——有关创新的著作卷帙浩繁，有关领导力的著作甚至更多，但没有一本讲述了二者之间的相互关系。[1] 为什么会这样？也许是那些处于业务一线的领导者和管理学思想大师只是简单而想当然地认为，一个在其他各方面表现都"好"的领导者也能够有效地引领创新。如果事实真的是这样的话，那我们必须告诉大家，这种假设有严重缺陷，而且十分危险。我们发现，引领创新的能力与通常人们所认为的领导力并不是一回事。

我们之所以了解事情的症结所在，就是因为这十多年来我们一直都在研究那些在培育组织性创新方面能力出众的领导者。无论是小团队还是大企业组织，他们所领导的员工总是能够持续不断地产生创新性的解决方案。

为了理解这群人的特点及其所做所想，我们踏遍美国、欧洲各国、阿联酋、印度和韩国去寻找他们，同时也尽可能地去探求多样化的商业领域，如电影制作、电子商务、汽车制造、专业服务、高科技以及奢侈品行业等。我们花了多达数百个小时的时间与这些人及其同事相处。最后，我们对 16 个人进行了访谈和观察，并对其中的 12 人进行了深入研究。这些人有男有女，来自七个不同的国家，在各自供职的机构里处于不同层级，也发挥着不同的作用。[2] 当然，所有调查结果都是基于我们四人在各自的职业生涯中接触、观察并研究过的数千名领导者和机构。

在研究过程中，我们发现了（实际上也确认了）领导者的关键作用。那些真正与创新有关的领导才能不应该以灵光闪现的方式呈现。看看那些从组织机构里产生的所有新鲜、有用甚至有些复杂的事物，你几乎一定会发现它们出自多人之手，而绝非某个孤独的发明者的天才。正如一位领导者所言，创新是一项"团体运动"，它会放大单独个体所做的努力。换句话说，真正富有创新力的团队能够持续地激发其成员的积极性，并将他们各自拥有的才华汇聚到同一项能够发挥群体力量的工作之中。我们认为赋予一个组织机构永葆创新的能力，才是领导者的要务。

他们深谙创新之道，因此明白不应该采取强制的手段，而是要令创新自然而然地产生。如此一来，他们看待自己和工作的眼光就会有所不同。他们会把时间和注意力聚焦在不同的领域与活动上，当面临艰难的权衡时，也会做出与众不同的选择。在对上述所有领导者进行研究的过程中，我们发现，如今在通常意义上为人们所广泛理解和践行的领导力，并不是这些创新型领导者所使用的那种。

我们猜想，这种差异的根源在于，过去几十年里，领导者的角色已经变得等同于设立愿景并激励人们追随自己。在一个问题的解决方案已知且十分明确的情况下，这样的领导者可以很好地发挥作用，反之则无济于事。如果一个问题需要人们真正从本源上做出应答的话，就没人能预知答案了。因此，引领创新当然也就不可能是先闭门造出一个愿景，然后再把它兜售给那些不知怎么便被洗了脑的人去执行。作为一个愿景式的领导者，这种想法很常见，以至于在所处的组织机构变得真正具有持续创新能力之前，领导者不得不重新思考并定位自己的角色，我们的很多研究对象就是这么做的。

从所有来自不同行业的个人和机构受访者身上，我们发现了一个与创新型领导者角色有关的惊人一致的看法：他们的职责并不是要设想出一个愿景，再让创新自己产生，而是要创造出一种语境、一种氛围，令身处其中的人既有意愿、也有能力去做一些虽然艰苦，却是解决创新性问题所必需的工作。

我们的一位研究对象简明扼要地总结道："我的工作是搭建舞台，而不是上台表演。"这句话是他从自己所钦佩的一位 CEO 那里听到的。

基于研究过程中的所见所闻，我们在《如何领导天才团队》中梳理出了一个框架，以便各位读者和其他处于业务一线的领导者将其应用到"搭台"的实践中——去创建一个地方，让身处其中的人既有意愿、也有能力一次又一次地创新。

这个框架将会在以下章节中反映出来。

## 传统组织无法为创新搭台

第 1 章的内容是对皮克斯动画工作室的全面深入的探究。这是一家在创新方面屡创纪录的公司。在我们对其进行研究的那段时期里，皮克斯一部接一部地创作出大热的动画影片，每一部都堪称极富创新性的力作。由于其作品家喻户晓，因此皮克斯是一个理想的研究对象，从它身上可以很清楚地看到成百上千个个体的努力（和才华）如何汇聚成集体创造力，并为完成同一项工作而齐心协力。在第 2 章中，我们探讨了那些在创新过程中不可避免的紧张关系和冲突。它们解释了为什么创新如此少见、如此难以诞生，也解释了创新领导力存在的必要性。不过，它究竟是哪种领导力呢？在第 3 章里，我们为一位 CEO 做了尽可能详尽的画像，他曾成功将一家原本正在没落的印度计算机公司变成了国际性的信息技术创新动力引擎。他的才能远远超出人们平常所说的"好的领导力"。

接下来的章节会聚焦于创新型领导者究竟做了哪些可以激励创造性发挥的事。我们看到，在具体执行层面上，这些领导者是围绕着两项重大目标去安排工作的：一是如何激发团队的创新意愿，你会在第 4 ~ 5 章里看到这些内容；二是如何培养团队的创新能力，你会在 6 ~ 8 章里看到这些内容。

## 领导天才团队的两大目标：激发意愿和培养能力

团队成员及其所在组织天生就渴望去创造新鲜有用的事物，这是一种备受认同的诱人想法，可惜事实往往并非如此。创新需要多样性，而这就意味着各种想法和选择之间的冲突，意味着需要耐心地检验各种方法并从中学习，还意味着需要有勇气在做选择时秉持开放的态度，直到所有的可能性都能被整合到一种全新的创造性思路上。所有这些都会令人们在寻求创新性解决方案的时候陷于尴尬和压力倍增的境地，甚至会显得不近人情。无论人们如何用花言巧语来表达自己对创新的渴求，倘若相应的领导力不发挥作用，所有组织中的内在压力就会扼杀创新，并令人心灰意冷。在第二部分里，你会看到创新型领导者们如何通过构建让所有成员都具有共同的目标和价值观，并且遵循共同的参与规则的社群，以克服这些毁灭性力量。

能够激发创新的组织能力同样很重要，不幸的是，它有多重要，也就有多难实现。在第三部分里，你将会看到我们研究的这些领导者都在重点关注创新过程中的三大核心要素：协同性工作、发现性学习和综合性决策。每一个要素都已被他人确认并研究过，不过在他们的研究中，这三个要素通常彼此孤立，毫无关联。我们的研究贡献在于，揭示了高效领导者如何在以下领域真正发展出一种关键性的组织能力：协作中的创造性磨合，通过发现进行学习时的创造性敏捷，做出综合性决策时的创造性解决。对于组织机构而言，这些能力很难获得，获得后也很难实践，实践后更是很难维持。这就要求领导者必须不断平衡创新过程中本来就有的紧绷张力及各种矛盾。

本书的最后部分仔细考察了两个在引领创新方面颇有远见的因素：创新生态系统的构建和创新型领导者的识别与培养。在第 9 章，我们勾勒出了一个如今日益常见的创新途径——创新生态系统所遭遇的领导力挑战，这一生态系统包含千差万别的组织机构（有时甚至彼此还是竞争对手），只是为了创新这一共同目的才携起手来。同一个机构之内的创新都如此艰难，更不用说多机构合作下的跨界创新了。在第 10 章，我们简单介绍了三个机构，它们已经找到了有效的方法以识别创新型领导者，并不断培养他们的能力。

我们的目标是在实操层面提供指引，因此我们不仅仅要对创新型领导者的所作所为进行描述，还要将其展示出来。除了第 2 章之外，本书每一章节都在围绕一个或多个研究对象，对其进行深入描写。在讲述这些人的经历以及对他们的描述中，我们同时呈现了领导力艺术和实践这两个方面，以便让读者看到他们的实际工作状态。除非特别说明，书中的所有引语都基于我们的第一手研究，再加上研究对象们都认为说话时的修辞很重要，于是我们也就大量引用了。通过这种方式，我们希望能够帮助一线团队领导者填平知行之间的鸿沟——光纸上谈兵远远不够，还要将有关创新领导力的知识应用到日常工作当中。

在我们研究过的领导者中，有些人供职的机构被普遍认为是孕育创新的沃土，有些人运营的公司则几乎从未处于行业前沿；有些人领导的是初创企业，有些人则身处一家已经成熟、想继续在未来保持成功的企业，还有一些人所掌管的机构已经迷失方向，亟待重振雄风。创新正是诞生于他们这些人背后的团队，而且覆盖了从创新产品和服务到业务流程、组织结构、商业模式和公益事业等多个方面。他们的经验适用于所有类型和规模的组织机构，以及位居不同级别、负责不同业务的领导者。

我们希望，你不仅可以通过观察他们如何工作而获知信息，还能够燃起好奇心、质疑自己的思维定式并最终受到启发。他们并不完美，也勇于在第一时间承认这一点。但正是这样一群人掌握着一种高超的领导力艺术，他们的案例具有相当大的借鉴意义。我们希望你也可以向他们学习。

我们并不会声称自己已经破译了创新密码。[3] 但我们确信，任何一个领导者都可以把这群擅长引领创新的人的经验应用到工作中，从而为自己的团队增添更多创新力。

本书中提到的创新型领导者：

| 章节 | 名字 | 职位 | 公司 |
| --- | --- | --- | --- |
| 第1章 | 艾德·卡特姆<br>（Ed Catmull） | 联合创始人，CEO | 皮克斯动画工作室 |
| 第3章 | 维尼特·纳亚尔<br>（Vineet Nayar） | CEO | HCL科技（HCL Technologies） |
| 第4章 | 卢卡·德梅奥<br>（Luca de Meo） | 首席营销官（CMO） | 大众汽车 |
| 第5章 | 基特·希瑞奇<br>（Kit Hinrichs）及其他 | 合伙人 | 五角设计公司（Pentagram） |
| 第6章 | 格雷格·布兰德鲁<br>（Greg Brandeau） | 系统技术高级副总裁 | 皮克斯动画工作室 |
| 第7章 | 菲利普·尤斯图斯<br>（Philipp Justus） | 区域经理→欧洲区高级副总裁 | eBay德国及eBay总部 |
| 第8章 | 比尔·库格伦<br>（Bill Coughran） | 高级副总裁（主管系统基础设施工程） | 谷歌 |
| 第9章 | 拉里·斯马<br>（Larry Smarr） | 创始院长 | 加州通信与信息技术学院（Calit2） |
| | 艾米·舒曼<br>（Amy Schuman） | 总法律顾问，业务部执行副总裁 | 辉瑞制药 |
| 第10章 | 史蒂夫·克洛布伦<br>（Steve Kloeblen） | 业务部副总裁 | 国际商业机器公司（IBM） |
| | 杰奎琳·诺沃格拉茨<br>（Jacqueline Novogratz） | 创始人，CEO | 聪明人基金（Acumen Fund） |
| | 金圣珠（Sung-joo Kim） | 创始人，董事长兼首席前瞻性官（CVO） | 圣珠集团（Sungjoo Group） |

当说到创新时，领导力很重要，而且这种领导力并非人们通常所认为的那种。无论在一个小团队还是一家大企业，你的下属都会有那么一点儿才华。作为领导者，你的任务是创造一个地方，让所有这些才华都能被挖掘、整合，并转化成集体创造力。我们之所以撰写本书，就是为了给大家提供真正用得到的洞见、实践指南以及活生生的例子。

# COLLECTIVE GENIUS

## 什么是天才团队

THE ART AND PRACTICE OF LEADING INNOVATION

# A LEADER'S JOB IS TO SET THE STAGE, NOT TO PERFORM ON IT.

领导者的工作是搭建舞台，而不是上台表演。

# 天才团队的典范与要素

COLLECTIVE GENIUS

为什么皮克斯能一部接一部创作出大热的动画电影?

天才团队为何会如永动机一般持续不断创新?

我们并不是只讲述如何制作计算机动画电影，而是在讲述如何经营一家由各种各样的员工所组成的公司，这些员工能共同完成的事情，是任何一个人都无法独自做到的。

**艾德·卡特姆**
皮克斯动画工作室联合创始人，皮克斯－迪士尼动画工作室总裁为什么有些机构能够一而再、再而三地有所创新，而另外一些却几乎完全不行？例如，几百个员工怎么才能在一家像皮克斯这样的公司里，近20年来始终接连不断地生产出叫座的影片呢？这一纪录是其他任何一家电影制作公司都不曾与之匹敌的。那么，皮克斯到底有什么过人之处？[1]

这个问题至关重要。在一个日新月异的时代，迅速且高效地不断创新大概是唯一能使企业长久具备竞争力的优势。那些可以持续创新的公司将会蒸蒸日上，反之则会被甩在后面。

皮克斯在1995年出品了其制作的第一部计算机动画电影《玩具总动员》。从那时起，它一共出品了14部这样的电影（截至本书撰写时），包括《玩具总动员2》《玩具总动员3》《虫虫特工队》《怪兽电力公司》《海底总动员》《超人总动员》《赛车总动员》《美食总动员》《机器人总动员》《飞屋环游记》《赛车总动员2》《勇敢传说》和《怪兽大学》。几乎所有影片都极为成功，票房大卖，技术精湛。作为无数奖项（包括26座奥斯卡奖杯）的得主，皮克斯是极少数能够备受电影制片人、技术专家和商界人士尊敬的工作室之一。

如今，计算机动画电影早已成为主流，但是皮克斯的创始人花了 20 多年才实现了他们用 CG 技术制作电影长片的梦想。在多年学术生涯结束之后，艾德·卡特姆和几位同事共同加入了卢卡斯影业（Lucasfilm），并在那里率先把计算机动画和其他数字技术融入电影和游戏制作。卡特姆和他的团队把计算机动画电影技术向前推进了一大步，并获得了专利，还为史蒂文·斯皮尔伯格这样的导演提供技术支持，使他们可以创造出像电影《侏罗纪公园》里那样的场景。然而，这样一个部门对于乔治·卢卡斯来说成本太高。于是，在 1986 年，史蒂夫·乔布斯花 1 000 万美元将其买了下来，皮克斯动画工作室由此诞生。

自那之后，皮克斯生存至今，唯一依靠的就是源源不断的独创力。它制作的每一部影片都堪称创新之杰作。但是传统的创新理论并不能解释皮克斯为何能取得如此卓著的成就。那些影片既非出自孤独的天才之手，也不依赖于灵感火花的闪现。相反，每一部电影作品的制作者都多达几百人，耗时数年之久，花费亿万美元之巨。

是什么造就了今天的皮克斯呢？卡特姆是计算机动画行业的先驱，同时也是皮克斯的联合创始人。在他的带领下，这家工作室一步步走到今天。当听到卡特姆对此的评论后，我们开始对上面这个问题的答案有了那么一点点了解：

> 20 年来，我都在追逐一个梦想，那就是创作出第一部计算机动画电影。老实说，在这个梦想实现之后，也就是《玩具总动员》诞生后，我有点儿迷失了。不过，从那以后，我就意识到，我做过的最令人兴奋的事情就是，为创造一个独一无二的、能够诞生此类电影的环境而有所贡献。于是，我的新目标变成了创建一个活力四射的工作室，专门在计算机动画领域深耕细作，不断探寻真相，保证各种必需的强大力量融合，最终创造奇迹。[2]

在《玩具总动员》的制作过程中，卡特姆发现了领导力在创建一个组织机构，或是在营造一种有利于孕育并实现创新的环境时的关键作用。他明白，创新无法被强迫或者命令。的确，这种最具自主性的人类行为只能（用他的话说）"被激活"。

为了理解卡特姆及其他高效创新型领导者的做法，我们首先来看看"天才团队"到底是什么样的。对此，再没有比皮克斯更合适的例子了，因为我们大多数人至少都看过一部皮克斯出品的动画电影。所以，当我们描述在制作一部计算机动画电影的过程中，各个可以独当一面的天才是如何共同发挥作用时，你就会理解把这些分散的才华转化成集体创造力并呈现在大银幕上有多么困难了。

皮克斯的所作所为可能让它看起来与其他大多数机构不同。当然，它的作品也的确是出类拔萃的。不过，想想那些类似的公司吧，它们的作品或服务也同样无法仅凭某个天才的一己之力完成。显然，至少在形式上，这类公司必须努力克服一些困难，而类似的困难皮克斯在制作每一部电影时都曾经遇到过。每一个创新性的解决方案都恰好与卡特姆描述的一样：成百上千的创意来自众多才华横溢的人。

## 天才团队的典范——皮克斯的"天才总动员"

创新的意思是，创造出既新鲜又有用的东西。创新的规模可大可小，可以是渐进式的改善，也可能是颠覆性的突破。它可以是一件新产品、一项新服务、一个新流程、一种新商业模式、一类新的组织形式，或者一部使用全新方法制作完成的新电影。

无论创新以何种形式表现出来，人们通常只会把它当成是一个偶然事件，一次灵光闪现，一场由某个极富"创新精神"或"创造性"的天才掀起的头脑风暴。这也许没错，但大多数情况下，上述情形基本上不会对创新产生影响，或者影响甚微，而创新产生的实际过程要复杂得多。让我们把目光拉回皮克斯，近距离地看看它是怎么做的。至此，创新之所以能够诞生的原因就变得一清二楚了。

## 皮克斯如何制作一部计算机动画电影

有人说,制作一部计算机动画电影跟写一部小说差不多,都是从一张白纸开始。只要敢想,创作者什么都能干。即便纵身跃过大峡谷也容易。然而,在制作一部计算机动画电影的过程中,这样的随心所欲是要付出很大代价的。电影中的所有事物——任何一个细节,哪怕是一粒极微小的尘埃斑点,抑或是从人物脸上划过的一道不易察觉的阴影,都须由工作人员精心挑选之后创建出来或者添加到画面上,而参与这项工作的人员可能多达数百位。计算机动画电影的任何一个组成部分都必须是设计好的,必须是一种发明和创新。

为了尽量简单易懂,我们使用格雷格·布兰德鲁基于自己在皮克斯运营系统技术团队的经验所做的一个图来说明(见图1-1)。

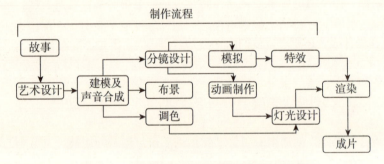

**图 1-1 皮克斯电影制作过程的核心步骤**

图中的每个方格不光代表电影制作流程中的某一个阶段,还代表着一组正在完成某类基本任务的天才人士。

这个流程始于一位有某个故事创意的导演。他要和故事开发部门的同事一同工作12~18个月的时间,用文字和画草图的形式来逐步充实自己的故事,通常情况下还需要对情节进行多次修订。基于这个创意,他们要设计出一套针对故事本身的剧情梳理方案或者描述文字,然后再将故事写成电影脚本。一旦脚本获得通过,他们接下来会根据脚本做出几千张单个的故事板(图像),这些故事板随后会被依次剪接到一起做成电影胶卷。与此同时，艺术设计部门开始从整体上设计人物角色的外形及感觉。影片的剪辑师会和导演一起剪接故事板，创建融合了人物设计、对白及配乐的电影胶卷。随着制作过程的不断推进，这些电影胶卷会不停地被更新、修订和完善。这时候，工作任务到达各种各样的艺术设计和技术团队手中，他们要使用复杂的设计软件设计出数以千计的数字化元素，最终的影片将由这些元素组合而成。一组人员负责为故事角色建造三维数字模型，另一组则负责设定作为电影"拍摄地"的数字场景（卧室、赛道、城市等）的参数并进行调色。还有一组负责创建数字物体，如桌子、椅子、书、床等，并把它们放置到所有应该出现的场景中。分镜设计组，也就是 CG 化的电影摄影师，他们负责画草图，以解决片中角色和物体在不同场景间切换时如何拍摄的问题。专业灯光师要详细地说明每一个场景分别需要什么样的光线。

动画师们必须精确地描绘出片中角色在每个场景中的动作——不仅要表现出角色正在做什么，还要表达他们的感受，例如高兴、害怕、愤怒等。

这就已经很复杂了，但是还有更复杂的。除了前边提到的之外，还有一组人员负责创作外表特征，比如皮肤或者头发，以及光线如何作用于这些表面并产生何种明暗变化，这应该就是决定电脑技术是否能够逼真地再造现实的关键。模拟器负责为五花八门的自然现象制造数字化版本，例如在风中飘舞的头发，或者一件宽松的衣服如何随角色移动而滑落。专业特效师要展现拥有复杂动态的物体的特征，比如飘落的雪花、刮起的风、燃烧的火焰、闪耀的火花和水流等。最后一个环节是"渲染"，需要由系统专家负责的几百台计算机根据在之前步骤中创建的所有指令全力运行，对每一帧电影画面进行计算。以每秒 24 帧计算，一部故事片包含的画面超过 10 万帧，每一帧（注意，是每一帧）都可能需要进行长达几个小时的电脑处理。

把所有这些工作简化成一幅图，看起来像是在暗示说，不同的团队只需按照一系列的步骤有条不紊地合作，就能制作出一部计算机动画电影。实际上，这幅图并未体现出这些步骤彼此之间是如何迂回反复、互相关联的——简言之，就是不能体现整个过程有多复杂，因为一个故事在被拍成电影的过程中可能还会发生演变，而且通常是一定会发生的。此外，影片在制作过程中涉及的数千个与镜头和场景相关联的数字物体在制作流水线上穿行时，也并非秩序井然。不同的镜头和场景需要在不同的时间点，甚至要以不同的速度进入流水线。有些完成得很快，有些则可能耗时几个月甚至更长，因为它们代表了大小不一的艺术性及技术性挑战，而这些挑战需要许许多多负责不同工作的团队通力合作才能解决。举个例子，一位天才动画师花了6个月的时间才完成《飞屋环游记》中短短10秒钟的画面。几乎没什么事可以一蹴而就。

基于上述原因，我们往往会再给大家看一幅不太一样的图，以呈现整个计算机动画电影制作流程中固有的混乱因素。从概念上来看，这幅图跟前一幅一样，只不过它展示了各个环节彼此间真实发生的反馈环和多重交互（见图1-2）。难怪做一部计算机动画电影需要那么长的时间（好几年）、那么多资金（数亿美元），还需要那么多人（200～250人）齐心协力地把自己的创新能力发挥到极致。

前文中我们曾经拿制作计算机动画电影和写小说做过类比，但这个类比根本不能成立，除非这部小说的作者不是一个人而是好几百人，其中有些人负责故事策划，有些人负责名词，有些人负责形容词，有些人负责句子，有些人负责段落，还有些人负责章节。没错，每一部电影都有一个导演——实际上，也就是故事的主讲述人，他从总体上把控着整部电影的创意性视觉效果，他决定了观众最终能在大银幕上享受到什么样的视听体验。但是，导演或者其他任何一个人不可能把制作整部计算机动画电影所需要的全部工作都一一亲手完成。一部计算机动画电影作品的诞生，必须要倚赖每个参与者的创意工作。

正如卡特姆所说，每一部皮克斯的电影都"包含数以万计的创意"：

> 这些创意蕴含在每一句话和每一行台词中，也渗透在每一个角色设计、每一个情节设定和每一个背景布置中，每一个机位、每一种色彩、每一束光线以及人物迈出的每一步，莫不如是。导演和其他负责创新性工作的团队领

导者不可能独自想到那么多创意，更确切地说，在由200~250个人组成的团队中，每一个成员都能有所贡献。创造性必须在艺术和技术这两个部门的各个层面都有所体现。[3]

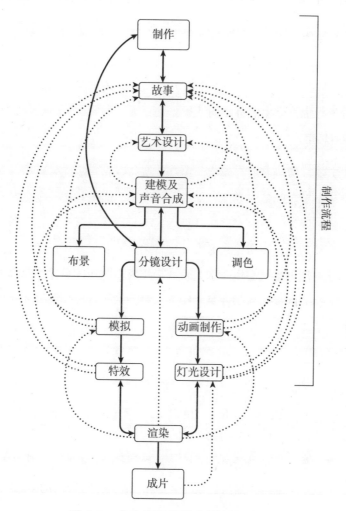

图 1-2　皮克斯实际的电影制作过程

现在，请带着你对皮克斯如何做电影的理解，想象自己正置身于一个剧场观看一部皮克斯电影——也就是观看历经上述漫长、复杂且艰苦的制作过程之后的最终成果。那么，你实际上看到了些什么，又体验到了些什么？引人入胜的影像和声音在身边萦绕，流畅自然，仿佛是由导演毫不费力地一手创造出来的。每个部分都恰如其分地被衔接为一体。没有任何迹象暗示上述制作过程的存在，你也感觉不到眼前的影片是由无数个迥然不同的个体共同创造出来的。

最后成果浑然一体，而制作过程却千头万绪，在这种鲜明的对比之下，我们就可以了解所有组织创新所面临的最根本挑战：这样一部完整而流畅的作品，来自卓越的天才团队，其中的每一个人在各自的专业领域内都出类拔萃，并在参与这项工作的过程中贡献出了自己的才华。这才是所有创新型组织有能力做好，也能够持续做好的事。

人才很关键，这一点不言而喻。在皮克斯，有一句传统名言是这么说的：伟大的人能把一个平庸的创意变成一部伟大的电影，而平庸之辈则会毁掉一个伟大的创意。不过，创新的最根本挑战已经远远不只是寻找富有创造力的人了。皮克斯的确拥有这样的人，公司也在努力发掘这类人才并尽力留住他们。与大多数电影工作室每接一部电影就重雇一次人不同，皮克斯聘用的员工都是那种会留下来长期共事的人，一部接一部。但是，皮克斯绝不会招聘那种除了才华便一无所有的人。任何想要保持长久创新力的机构都不应该只是雇用几个"富有创造力的个体"，即便雇对了人，想要让这些人在一起高效共事，也是难上加难。

让天才们高效共事，就是寻求创新的领导者的职责所在。他们用自己的行为方式以及为此而设计的组织架构，创造出这样一种环境：以某种方式从每个个体身上都汲取一部分才华，适当加以影响，再把许许多多这样的才华拧成一股绳，用于一项创新工作（一件新产品、一个新流程、一种新策略、一部新电影），这就是天才团队的表现。当组织进行创新时，集体创造力就会出现。

## 天才团队持续创新的 3 大核心要素

尽管我们研究的每个领导者和他们的公司各自存在巨大差异，但所有人都特别重视令自己的团队具备以下持续创新的 3 大要素：

◎ 协同性工作

◎ 发现性学习

◎ 综合性决策

这些领导者不约而同地强调培育这 3 种要素，对此，任何一个对现有创新解决方案研究有所了解的人都不会感到太意外。大量证据已彰显出每一种要素的重要性。然而，在绝大多数情况下，它们都是被分别研究的。因为我们将目光聚焦在实际行动中的领导力上，所以我们能够观察到，当领导者及其团队着手进行一些新奇有用的创新时，这 3 种相互关联的组织性要素是如何协力发挥作用的。基于如上观察，我们发展出一种整合性的框架，用于理解、描述和指导领导者去建立一个能够持续进行创新的组织，而方法就是关注这 3 种核心要素的建设。

## 要素 1：协同性工作

长久以来，大量传说为创新蒙上了一层神秘面纱，它被认为是发生在某位天才脑中的一个独立行为、一瞬间的灵光闪现或者一个"顿悟时刻"。人们显然更愿意相信这种与探索发现有关的顽强的个人主义，这也许是因为他们鲜少见到每个突破性创新诞生之前那堪比绞香肠碎肉一般混乱的过程。

30 年来的研究已经清楚地表明，创新通常是一项团队工作。[4]举个例子，托马斯·爱迪生被人们尊为 20 世纪初美国最伟大的发明家。在他思如涌泉的大脑中，诞生了电灯泡和留声机这样的伟大发明，此外，在他 60 余年的职业生涯中还有 1 000 多项其他专利发明。然而，他从不孤军奋战。许多人已经注意到，也许爱迪生最伟大的贡献是他那极具工匠精神的工作坊，这是一种有利于发明创造的新型组织形式，并逐渐演变成现在基于团队的研发实验室。[5]

创新的过程需要各方面的通力协作，因为创新的成果通常源自想法与想法之间的相互碰撞，而这种碰撞通常又发生在拥有不同专长、经验或观点的人彼此合作互动的时候。灵光一闪也许确实有用，但通常这种情况只是建立在别人所做的大量协同性工作的基础之上，或者为后者贡献灵感。爱迪生也许的确因他的发明而收获荣誉（那是他的实验室，这无可厚非），但每一项发明都很典型地凝聚了许多人的辛勤汗水。诚然，他自己一个人就贡献了很多创意，但除了发明家的身份，他也领导了创新发明。

很明显，协作性就是皮克斯创新之法的标志。若没有大量工作人员彼此之间的互动和协作，皮克斯就不可能成功制作一部计算机动画电影。作为一家工作室，皮克斯另外一个不同寻常的特征就是，在一部伟大电影的创作过程中，对艺术、科技、商业这三个部门的职能一视同仁。与别的工作室常态不同，在皮克斯，没人能只手遮天。

图 1-1 中还有一个重要的缺陷，那就是它没有传达出皮克斯在制作一部计算机动画电影时，其工作人员的协作性到底有多大。皮克斯在公司内部设置了大量有针对性的实践练习，用于培养所有相关工作人员的协作精神。其中最重要的一个就是"每日工作例行评述"（dailies），即大家把平时收集来的各种样片素材拿来一起观看，边看边交流讨论各自的工作情况。这样的交流会在其他工作室也有，但在皮克斯，参与交流者的范围更广，涉及影片制作过程中的大量人员，而不是仅仅有选择性地找几个人。无论工作内容如何，也无论职位高低，人人都能在交流中贡献自己的创意，发表评论。因此，员工不仅可以收获别人对自己工作的反馈及指导，还能看到别人的工作，并理解这跟自己的工作有什么关系。

创新的协作性本质能够引导我们去讨论天才团队集体创造力的形成。没有哪一个个体的力量足以完成一个最终解决方案，特别是面临诸多庞杂的问题时。但是，每一个个体通过集体协作而贡献出的力量都在打造天才团队时起到了作用。在合适的组织环境中，一个团队能放大其单个成员的多样性才华和创意。

**要素 2：发现性学习**

一般来说，创新源于长期有意识的试验和反复试错。[6] 这种特性也打破了有关创新的另一个迷思，那就是，伟大的创意从一开始就是以完整的形态出现在创新者的脑海中，且时刻准备投入使用。其实创新鲜少以这种形式诞生，这也是创新的过程通常都如此混乱的原因。这种混乱就是我们在描述计算机动画电影真实制作过程的图 1-2 中试图去表现的。

由于创新是一个解决问题的过程，它实际上是通过生成并测试一系列的创意组合来运作的。有时，人们甚至需要花时间用合适的方法去找到问题所在，特别是当这个问题很复杂的时候。因此，创新是一个试错的过程，往往会令人感到尴尬，即使是最老练的创新者也会遭遇这种困境。托马斯·爱迪生的方法是"屡败屡战"——充分检验一个创意是否可行，若可行则精益求精，反之则果断放弃，然后再检验下一个。因此，爱迪生有一句名言是这样定义天才的："天才就是 1% 的灵感加上 99% 的汗水。"失误、死胡同、返工都是不可避免的，而且你必须要接受甚至鼓励这些情况的发生。创新要求一种勇于尝试、勤于学习、善于调整、敢于重来的心态。我们曾经跟卡特姆聊过皮克斯所取得的那些令人艳羡的成就，他提示我们，"人的欲望永远大过能力"，他们的职责就是要"打出全垒打"。不过，他紧接着又补充说，如果皮克斯"没经历过失败"（他把失败定义为"效果平平"），那也就意味着皮克斯已经丧失了从事前沿工作的热情。这就是为什么在皮克斯，没有人会因为犯错或没有理想结果的尝试而被谴责。

有些创新研究者会把创意的生成和实施看得泾渭分明。这可以理解，因为创意首先要被生成出来，然后才可能被检验和实施。然而，一旦创新试验开始之后，它们的区别很快就没什么意义了。创意会引发试验，反过来试验也会催生更多的创意，两者之间的任何差异都会迅速消减。在我们调研过的这么多家创新型公司中，没有一家割裂了这两个步骤。

皮克斯无疑是在遵循以发现为导向的方法。没错，它会在制作之前先准备好脚本和故事板，但即便是这些过程，也是反复进行的。工作人员先把故事场景表演出来，然后再一遍又一遍地画人物，直到感觉人物和故事都恰到好处为止。在随后的制作过程中，每个故事元素仍然要不断地被测试，根据频繁的工作回顾而发展变化。

### 要素 3：综合性决策

领导者及其团队可以有三种解决问题、意见分歧和冲突的方法。第一种方法是，领导者或某些掌握主导权的人可以强制推行一个方案。或者，他们可以达成折中妥协，让意见相左的选项和观点各让一步，这是第二种方法。遗憾的是，这两种方法的效果都不能令人满意。

第三种方法，就是对各方思路进行整合：将选项 A 与选项 B 结合到一起，生成一个新的选项 C，而 C 比单独的 A 或 B 都要好。这种方法更有利于找到最具创新性的方案。进行综合性选择通常是要整合那些曾经的反对意见，要允许差异、分歧以及学习成果被包含在最终的解决方案里。[7]

阿尔伯特·爱因斯坦曾经说过："为了提出新问题、新的可能性，为了从一个全新的角度来重新审视旧问题，需要富有创造性的想象力和科学领域里真正超前的目标。"这句话其实是在暗示创新过程的"综合性"本质。[8] 对于他而言，创新就是"一种博采众长的'组合化学'，各种不同想法、初步见解、职业能力、既有观念和资源都已经在那儿了，就差被重组了……在许多实际例子中，创新就是一种全新的混搭"。

综合性决策是如此重要，以至于创新型的组织及其领导者不仅允许，还积极鼓励这一做法。只要有可能，他们就会把不同意见都摆在桌面上，因为他们知道，只有当人们投入足够的时间去讨论或者通过试错去检验这些想法时，富有成效的整合才会发生。他们也拒绝做非此即彼的取舍，拒绝接受那种仅仅为了在一堆糟糕方案中选出最好的，或是让人们感觉舒服而做出的妥协。

皮克斯的计算机动画电影制作过程基于有用和有价值这两个标准整合，因为它遵循一个很简单的原则：在整部电影最终完成之前，任何一部分的工作都不算完。也就是说，所有相关工序都会处于一个开放的状态，随时可修订，直到最后一刻。皮克斯的员工明白，做出一个综合性决策需要的往往不只是简单而机械地把不同想法拼凑到一起。

举个例子，在一部皮克斯电影的制作过程中，一位动画师给一个角色设计了一个向旁边瞥视的动作以及轻微弯成拱形的眉毛。这个动作不过一瞬，但仍然能暗示出这个角色流露出的一丝狡猾和讽刺意味——也许他口是心非。此时所表现出的人物性格的另一面在之前的场景中从未出现过。导演在每日的工作进展回顾中看到了这一瞬间，于是说："不行，不行。这个设计跟人物不符。他是你所见过的最无辜、最直接的家伙。他说什么就是什么，毫无隐瞒。你做得很好，但放在这里不太适合。所以，请删掉它。"

然而，两周之后，当导演再次谈到这个细节时，他的态度又变了："我一直在考虑那个动作，从那个不经意的小小启示中，我们可以看到这家伙不为人知的另一面。这让他的性格更加丰满，也更有趣。事实上，这样还有利于设置并解释后面发生的某些故事情节。咱们还是采用这个设计，再调得柔和一些，不过要把它的位置往后放一放。"

尽管这只是一件小事，但就是增加了那么一点儿讽刺的意味，便改善了人物和整个故事。这件事之所以会发生，是因为一位动画设计师几乎是在无意识的状态下，把自己对于角色的理解添加到动画制作过程中的，这是他工作时释放出的些许天赋使然，而正是这种状态启发了导演用一种不易察觉却很重要的方式去重新构思角色设计。

问题的本质是，这个新的人物转变无法在故事发展的中途冷不丁地冒出来，我们随后也会在讨论中提到这一点。观众的反应可能会跟导演最初的反应一样。所以，之前的场景也要随之调整，以便对人物的另一面有所暗示，这样的话，观众的反应就会是"啊，是的，我就知道是这样！"，而不是"什么？我怎么看不懂了？"。而且，之后的那些场景，原本已经各自处于不同的制作阶段，此时也必须好好利用这一新的角色特征。如果这个故事已经定稿不可修改了，如果导演不能容忍别人对于角色的不同意见而令员工三缄其口，那么上述的一切都不会发生，最终的故事可能也没那么臻于完美。

皮克斯的人知道，一部好电影的核心是一个好故事，而故事要想变得更好，只有不断地去更新迭代，不断尝试不同的讲述方法（即便是那些一开始看起来前后矛盾的方法也要尝试），不断让越来越多优秀的人才（如动画设计师）参与其中，不断以一种"拭目以待"的心态去审视哪些故事可行，哪些需要收敛或者延伸。

《玩具总动员2》这部电影难以置信地让皮克斯所有工作人员都遭遇了极大的困难。在制作完成之后，它成了大家探索如何在将来的电影制作过程中避免承受这么大压力的典型案例。其中一个关键的建议是"封锁故事"，也就是不允许任何更进一步的修改变成压力的来源，因为经常性的反复和改动总是有弦外之音，牵一发而动全身，而且会迫使更多的改动产生，正如我们刚才看到的那样。

在《玩具总动员2》制作完成后的总结反思会上，据一位员工回忆，影片的导演、皮克斯的联合创始人约翰·拉塞特（John Lasseter）是这么回应"封锁故事"的建议的："我们还是需要把重心放在高品质上，而故事只有不断地更新迭代才能够达到高品质。我们如果'封锁故事'，就无法达到预期。我不能这么做。尽管我知道那样做会让我们少受点儿罪，但在好莱坞，这种不思进取的片子已经遍地都是了，我们可不能故步自封。"正是因为拒绝"封锁故事"，皮克斯才有能力把各种各样的创意都激发出来并摆到桌面上进行讨论，直到它们最终以一种任何人都无法想象的方式融为一体。

这三个核心要素强化了我们早些时候提出的观点，即创新所需的不只是有才华的人。不单是好莱坞，在历史的长河中，失败的团队星罗棋布。所以，创新不只是有关天才的事，还涉及天才如何被放置到合适的环境中。可能从亲身体验的角度来说，我们都知道，即便让人们在一项简单的任务上互相协作都不那么容易，更别提创新了。几乎所有的文化里都有一个类似的俗语："三个和尚没水喝。"[9] 我们知道，在选择一种可行性方案之前不停测试有多困难，而秉持最初的选择要容易得多。我们也知道，像皮克斯的导演那样行事有多困难——让一个错误的想法持续存在，直到它变成对的。创新型领导者的工作就是要创造条件，允许并鼓励所有这样的事情一遍又一遍地发生。

卡特姆以及皮克斯的其他高管能够创建这样一个组织，其中的成员可以高效协作，在反复尝试中学习，并探寻综合性解决方案。正是由于聚焦在上述那些创新机制上，他们才能把皮克斯变成卡特姆所说的拥有"成千上万创意"的地方，而且妙手生花地把这些创意进行艺术化加工，最终变成你在影院所看到的效果。

这也就是为什么，为了肯定每一位工作人员的贡献，皮克斯在其参与制作的头十几部电影作品的字幕里把团队里的每一个人的名字都列了上去，甚至包括公司自助餐厅的厨师和公司员工在影片制作期间生的小孩。[10] 不要以为这些只是微不足道的小事。在电影行业里，工作人员名单很重要，并不是随便谁的名字都能出现在上面的。正如时任皮克斯负责人力资源工作的副总裁艾德·马丁（Ed Martin）告诉我们的那样：

> 皮克斯一直都让它的员工感觉自己是影片制作中不可或缺的一分子。当一部新电影首映时，大家都迫不及待地去影院，就为了看看有多少人排队买票，以至于要是有谁没这么急着去看的话，我都一清二楚。你很难在其他公司看到这种情况，我是说其他电影工作室。想象一下，连前台的表现都不例外。大家的参与度和积极性实在是太高了。

我们问过吉姆·莫里斯（Jim Morris），他认为是什么造就了这种环境。当时他刚刚就任皮克斯高管没多久。莫里斯加入皮克斯之前是工业光魔（Industrial Light and Magic）的总裁，就是那家参与制作了《星球大战》系列和《哈利·波特》系列电影特效的公司。听到这个问题，莫里斯没有一丝迟疑地回答说："是艾德和约翰。"在本书后面的内容里，我们将继续讨论艾德·卡特姆、约翰·拉塞特和其他高创新性团队里的领导者是怎么做的，以及这背后的理念是如何令他们的团队持续创新的。具体而言，我们将会关注他们如何培养自己所在的组织有意愿且有能力地进行协同性工作、发现性学习和综合性决策——这就是天才团队所要具备的三大要素。

# COLLECTIVE GENIUS
## The Art and Practice of Leading Innovation

**领导你的天才团队** ————————————————

## 1.什么是天才团队

　　天才团队是领导者创造的一种语境和氛围，是为集体创造力的发挥所搭建的舞台。领导者以某种方式从每个个体身上都汲取一部分才华，适当加以影响，再把许许多多这样的才华拧成一股绳，用于某一项创新工作。组织成员既有意愿、也有能力一次又一次地创新。

## 2.天才团队的三大要素

- 协同性工作
- 发现性学习
- 综合性决策

## 3.来自皮克斯的启示

- 真正伟大的创新是集体创造力的结晶，无法被强迫或命令。
- 建立"每日工作例行评述"机制
- 在最终成果诞生前保持所有工序流程开放
- 肯定每一位团队成员的贡献

# 破解阻碍创新的六大矛盾

COLLECTIVE
GENIUS

天才团队为何能破解阻碍创新的
矛盾?

天才团队的领导者需要具备什么
素质?

应对组织里的紧张关系是一项持久战……你不需要一个对你毕恭毕敬、唯命是从的团队，而是一个敢于和你争论的团队。这样你就得培养自下而上的机制，但同时你还得小心点儿，不要让这种机制退化成混乱。

**比尔·库格伦**

谷歌前高级副总裁，主管系统基础设施工程

　　我们已经描述过创新型组织需要的不只是有才华的人，同样需要这样的创新型领导者，他们能够创造并维持一种语境或者一种环境——在这里，每个人才华横溢的一面都能被释放出来，然后再被整合成集体创造力。同时，我们也描述了创新型领导者如何创造这种环境，那就是确保其组织有能力进行协同性工作、发现性学习和综合性决策。

　　这又将我们带回到最初的那个问题。为什么有更多的公司无法像皮克斯那样持续不断地创新？一种回答是长久以来挥之不去的迷思，即创新需要一位孤独天才的灵感顿悟；另一种回答是被误导的观念，即领导力只与视野和愿景有关。但是，即便领导者明白了创新真正是怎么发生的，他们也会发现摆在自己面前的挑战依然很艰巨。

　　引领创新的每一项技能（促进协同、发现和综合）都要求组织本身及其领导者突破思维定式或者走出舒适区。因为，任何一个要素都会给每个参与其中的人造成大量智力上和情感上的负担，这三个要素的确都需要不同寻常的勇气与坚持。

　　到本章的结尾，你就会理解，为什么解决创新中的问题通常是一项不那么令人愉悦的艰苦工作，它需要领导者具备什么素质，以及为什么它作为一种结果在大多数组织中那么罕见。

## 阻碍创新的根本矛盾：释放 VS 驾驭

创新之所以困难，核心在于一种根本性的紧张关系、一种矛盾，而这些都是在创新发生所需的条件中固有的。矛盾就是一种虽然包含着相对立的因素但仍然是真理的事实。举个例子，"为了成功，你必须深思熟虑，同时以行动为导向"，单从字面上看，这是不可能的。但任何一个具备工作和生活经验的人都知道这是一条基本真理。要想获得成功，你必须得具备能力去掌控各种不同方法间存在的张力，当每一种方法都很合适的时候，你可以从中学习；又或者，你可以通过无止境的快速迭代过程把它们整合到一起。[1]

现在所说的这对隐含在创新核心之中不可避免的矛盾就是，释放个体所具备的才华，但最终还是要以一种对组织有价值的集体创新的方式对其进行驾驭。二者缺一不可。"释放"的意思是各种创意及选项如何被发现或者创造出来。"驾驭"的意思是，这些创意和选项如何被塑造成一个终极解决方案。我们对创新，也就是对那些新鲜有用的东西的定义反映了这个矛盾。想出很多点子是容易的，但要把它们转化成真正能够解决某个问题的新方案则要困难得多。

也许要理解这种核心矛盾及其对引领创新的意义，最好方法就是去打破它。看看创新过程的三大要素中的每一种都是怎么利用"释放—驾驭"矛盾的，你就会发现它们明显相关，只略有不同。在研究中，我们找到了与"释放—驾驭"这一核心矛盾相关的另外六对矛盾。

## 协同性工作的矛盾：个人 VS 集体，支持 VS 对抗

创新最常见于不同领域的人的协同合作，因为他们可能产生一系列范围广泛的创意组合，随后这些想法会被进一步提炼、完善，甚至通过讨论、交换和激烈

的争论演变成全新的创意。

显然，此时"协作"的意义远远不只是愿意在一起工作那么简单。创新要求的不是"好好相处"式的合作，而是富于创造力的协同性工作，后者通常与热烈的讨论和争执有关——本来也应该是这样。

但一个创新型组织仅仅简单地接受或者容许上述过程是不够的。相反，它还要鼓励人们在表达关于创意本身及其可替代品的由衷意见时产生的冲突，可以采取例会或者论坛的形式，因为人们通常期待在那种场合进行头脑风暴，自然而然就会碰撞出火花。举个例子，在皮克斯，那些参与某部电影制作的工作人员每天都会把各自的最新工作成果摆到"每日工作例行评述"上来供同事、导演和制片人评议。

我们在研究过的全部创新型组织中发现了共通的地方。不管是无拘无束的工作进展通报会，还是一位明星设计师故意置身于可能会因别人的创意而烦恼的境地，又或者是在一个汽车厂商的市场、销售和生产部门举行创意会，协作都意味着拥抱各种各样不同的观点甚至是冲突。

不过，意见冲突可能很难被容忍和接受。那些由衷的讨论所碰撞出来的火花也可能令人受刺激。退一万步讲，它们可以制造紧张气氛和压力。结果，许多组织不喜欢任何形式的冲突存在，也会尽力去阻止冲突的发生。

但一味非难所有的矛盾冲突只会扼杀创造性协作所需的思想火花和在人们之间自由流通的大量讨论。正确的做法是，领导者要处理好个体与团队整体之间的紧张关系。这种紧张感主要体现在下述的前两对矛盾里。如果这些矛盾可以在一个组织里恰到好处地发挥作用，那么这个组织就会通过创造性协作源源不断地生产创意组合。

## 矛盾1：个人 VS 集体

只有当一个团队的成员愿意且渴望贡献自己的脑力时，丰富而多样的创意才会涌现。他们的创意越多样化越好。的确，领导者有必要放大员工之间的差异，这样的话，就能缔造出一个更丰富、更繁荣的创意平台。因此，领导者鼓励和支持团队里的个体，因为他们才是创意的源泉，正是这些创意勾勒出了创新的初始轮廓。

不过，最终的创新几乎永远是一种集体智慧的结晶，不太可能是某个人灵光一闪的结果，尽管在创新的过程当中可能发生过多次这样的灵光一闪。大多数人的创意都会被团队认真考虑，然后被弃用，或部分采用，再或者和其他创意整合到一起发挥作用。

皮克斯的电影制作之所以成功，是因为其领导者既创建了一个能够聚焦于整体（也就是正在制作中的影片）的组织，与此同时又能意识到成百上千参与其中的个体的重要贡献。人们既能感觉到自己是整个团队的一部分，也不用放弃自己的个性。这在皮克斯大量的实践中都表现得很明显，例如：

◎ 在电影制作过程中的某些环节（比如每日工作例行评述），个体的创意和贡献会得到鼓励，即使最后不会被采用，这些人也会非常受到重视。

◎ 根据公司关于开放沟通的规范，任何人都可以和别人讨论某个问题，无须通过官方渠道；所有层级里负责任何工种的每一个人都可以在电影制作过程中向导演给出自己的评论。

◎ 工作室的空间设计及使用方式是为了促进所有员工的即时交互，无论他们来自哪个部门。

◎ 电影结束时慷慨的字幕署名权令每个人在保持个性的同时，也把自己看作所参与项目的一部分，而不认为这些可以凭一己之力完成；这样诞生的电影真真正正被同时认可为"我的"（作品）和"我们的"（作品）。

除了每部电影结束时范围广泛的字幕署名之外，最能体现皮克斯平衡"我"和"我们"的能力的事实，大概就是艺术部门和系统技术部门的互相尊重了，这一点显而易见。这与通常发生在其他工作室的情况不同，在皮克斯，两组人谁都不掌握主导权，也没有哪一方认为自己地位更高或是更重要。相反，公司鼓励每一个人在每一部电影中都去寻找自己留下的印记。"在画故事板或者赋予某个角色生命力方面，我并没有什么创造性，"一位系统工程部的员工告诉我们，"但正是由于我给艺术家们提供技术支持和服务，皮克斯才能制作电影。没人可以自己做到。"正如皮克斯的领导层常说的："艺术向技术提出挑战，而技术又启发着艺术。"可以说，这句话响彻整个公司。

我们在研究过的每个组织里都看到了领导者是如何处理这种不间断的紧张关系的。他们要确保，给资深专家成员的意见投反对票不会扼杀争议，不会压制少数派观点，也不会忽视新人或经验不足者提供的新奇视角。他们鼓励有建设性的争论，为员工提供可自由支配的时间去追寻自己独有的激情。他们意识到，个体需要有对工作的参与感、同其他人的连接感，以及智力和情感空间，才能做到最好。简言之，领导者创造了这样一个地方：在这里，人人都愿意贡献自己的才华，因为他们感到自己不仅属于这个团队，而且还很受重视，同时，个人的价值也得到了认可。

当然，很多组织都不是这样的，它们不鼓励差异和争论，员工被告知要"和谐相处"，持不同意见者和破坏者被忽视或驱逐，可能导致冲突的创意和热情也会被压制，有人提出想法，却在个人层面遭到否定，因此觉得进一步贡献自己的才华是危险的。

## 矛盾2：支持VS对抗

我们所观察的这些领导者都允许和鼓励对抗，他们认为这是培育创新的一个途径。他们知道，阻挠争论的做法不太可能带来什么新鲜有用的事物。

不过，这份工作可不好做，看起来几乎是不可能完成的任务。一个领导者，怎么才能支持员工毫无拘束地完全表达自己的意见，同时又能鼓励团队内其他成员去质疑所有被提出来的想法呢？为什么员工在知道自己提出的建议有可能遭到狂风暴雨般的质询时还愿意有所贡献呢？为什么任何人都愿意以这种方式，甚至还冒着被意见相左者嘲笑的风险把自己暴露在消极反馈中呢？

我们之前提到过，皮克斯在电影制作过程中会召开每日工作例行评述会，这就是一个能够说明皮克斯工作室如何平衡"支持和对抗"矛盾的很好的例子。在一次例会上，我们观察了一位动画设计师的表现。他猛地站起来，在一个场景中表演了一会儿，他认为自己应该这么做。和皮克斯的许多动画设计师一样，他也是一个"演员"。当他欢蹦乱跳地在屋子里转了一圈儿后，同事们都被他的搞笑姿势逗乐了。这正是他想要的反馈，很显然，他对表演很有热情。有人建议做一些微调，于是他又重新表演了一遍，多了点儿挠头不解，少了点儿欢呼雀跃。不过最后，包括挑剔的导演在内的其他人都否定了他的方法。大家为他鼓掌表示鼓励，他耸耸肩，微笑着坐了回去。

接下来发生的事对我们很有启发。尽管自己的建议被否定了，他还保持着积极参与的态度，当另外两位同事表演各自的方法时，他也在拍手大笑，而其中一位的建议多多少少是被其他人接受了的。后来，我们问起当时别的同事的反应时，他说："哦，那是常有的事。大部分创意都不会被采纳，不过有时候会被接受。"他也承认，在皮克斯电影制作流程的核心地带，要承受得住无穷无尽的批评不是一件容易的事，特别是当自己对某个角色和某个场景有特别强烈的感觉时。但是，他能够分辨得出，别人到底是否决他的创意，还是否定他这个人，这就是皮克斯的过人之处。当他提出有关动画制作的建议，甚至要亲身演示出来时，他是有安全感的，也是毫无拘束的，因为他和其他在场的每一个人都拥有共同的目标——制作出最优秀的电影。大家都明白，只有从千百个创意中精挑细选，才能找到最好的那一个。

作为要处理"支持和对抗"这一类矛盾的领导者，不论走哪一个极端都是很危险的。对抗可能会压制人们提供创意的积极性，而团队成员的过分支持会遏止怀疑精神。在一个高凝聚力团队里，用以维持和谐氛围及友善关系的强有力规范可能有碍坦白沟通。人们可能有不同意见，却并不宣之于口。他们可能会压抑自己的真实想法和感受，有时候甚至会付出巨大的个人代价，因为那个作为自己在集体内的行为规范的"沉默是金"规则，是他们害怕违反的。此时，领导者的职责是要注入不同的观点并敦促整个团队对其进行处理，还要鼓励反对的声音，引进思路迥异的新人并让他们发声，从而人为制造出不和谐因素。[2]

由于创新成果有赖于各种各样层出不穷的创意，所以要想具备创新的能力就得处理好上述这两对矛盾。协同性工作意味着，团队成员要包容彼此之间的摩擦，将自己置身于易受攻击的环境，还要允许别人提出令自己难堪的问题。然而，即便在最好的情况下，这些辩论也可能会令人在情感上精疲力竭，不论它们的初衷是多么用心良苦，多么富有建设性。

## 发现性学习的矛盾：学习发展 VS 绩效表现，即兴化 VS 结构化

领导者及其所在组织需要执行力，而结果永远是成功与否的终极测试。所以，大多数领导者更愿意系统性地长驱直入，奔着自己想要的结果而去。他们会说，设立一个目标，制订一个计划，并跟踪进度，直至目标达成。这种方法在很多情况下都适用。于是，他们自然而然地就将其运用到创新当中：确定目标，详细规划，分配任务。

不幸的是，这种方法鲜少能够产生任何创新事物，因为肯定没有人能够提前确定解决方案，甚至在问题尚不明确的情况下就能找到症结所在。这就是为什么创新通常需要一个试错递归的过程，其中充斥着失败的开端、中途犯错和失策。通过这一系列的试验，比起事先规划，创新型的团队更重视执行力，而解决方案也往往会以超出任何人预期的形式出现。

因此，创新需要投入大量的时间、精力和其他资源，领导者也需要在这个过程中有耐心地主动去学习，并适时调整方向。与遵循某些线性计划中的流程相比，真正通往创新的途径要显得混乱得多，也不可预测得多。一些我们研究过的领导

者将其称为"一场数字游戏",其挑战在于如何令创意层出不穷,如何提供质询通道,以及随后如何尽可能快地检验那些选项。

不过,除了创新可能需要的时间和不确定的途径之外,进行创新的组织还需要高效的执行力。所要达成的目标永远都是一个解决方案,没有哪个领导者或者项目组能够把成就归功于自己。从组织进行创新时所需要的结果中,又引出了接下来的两对矛盾。领导者是否有能力将这些矛盾引上正轨,将决定其所在组织是否有能力进行试验、收集反馈并进行修改。

### 矛盾 3:学习发展 VS 业绩表现

在没有忽略必要成果的前提下,我们所研究的这些领导者都愿意让自己所在组织的成员去试验、迭代、询问和学习,然后,如果有必要,就再来一遍。在皮克斯,参与一部电影制作的工作人员会被鼓励不断尝试新方法,但其背后所有的"变数"都要基于一个巨大的"常数"——必须要在电影发布前结束所有工作。导演承担了一部电影的全部责任,包括它的及时发行和成功与否,但是在整个制作过程中,实际上导演身边的制片人才是确保电影按时完成又不超预算的那个人。制片人的主要工作就是这些。

《玩具总动员 2》是一个如何在尝试新方法和追求业绩之间寻找平衡的例子。在《玩具总动员》获得巨大成功之后,皮克斯在 1997 年和 1998 年把重心都放在了下一部故事片《虫虫特工队》上。与此同时,皮克斯只安排了一个小组继续去制作《玩具总动员》的续集。不过,这部续集与上一部不一样,它是一个试验,原定只发行 DVD 版本,而不在大银幕上映。结果,它的预算和制作周期都按计划进行了缩减,因此,皮克斯就做出了只分配一个小团队去做决策。而且这些工作人员的工作地点还被放在了与皮克斯主工作室分开的一栋楼里。

在一段时间里,由于工作室把重心放在了《虫虫特工队》的制作上,《玩具总动员 2》一直被忽视,几乎总是在最后才被想起来。但在某个特定的节点上,一位关键人物好好看了看《玩具总动员 2》，决定不能再这么试验下去了。首先，这个故事还不错，但也算不上精彩，因为它的可预见性太强了。其次，就像卡特姆事后说的那样，故意做这么一部看起来很廉价的二流影片"有损皮克斯的精神"。以其目前的状态来看，皮克斯羞于把自己的名字放到上面。

工作室立刻决定大幅调整方向：《玩具总动员 2》将作为一部成熟的大电影在院线上映。于是，第一版的制作工作被叫停，整个故事被推倒重来，以制作一部能够达到皮克斯最高创意水平和最高工艺水准的电影。

问题是，原来定下的发布日期没办法改了，因为围绕这个时间点所做的计划已经太多了。于是，在 1998 年年底，皮克斯给所有的员工都放了假，并提了一个建议：好好休息一下，因为我们马上就要在 9 个月的时间里做出一部具备皮克斯品质的电影了。

皮克斯做到了，《玩具总动员 2》取得了巨大的成功。但为了这个成功所付出的巨大代价是，所有员工都被卷了进来。无论是体力上还是情感上，工作人员都承受着巨大的压力和痛苦。很多人每周工作时间长达 100 个小时，反复遭受由于重压而造成的身体伤痛。很多人都精疲力竭。所有人都说，他们再也不想经历第二次了。

当这部电影完成之后，工作室竭尽全力系统地阐述并吸取了这个教训，以帮助自己在未来避免再次遭受这种痛苦。试验性学习是受业绩表现需求约束的，二者的矛盾令这些惨痛的教训变得一目了然，也帮助工作室改进了制作伟大电影的方法。

"学习和业绩表现"这一矛盾的困难程度只能被不可避免的事实提升，而其中大部分创意、备选项和试验（比如为制作一部二流的皮克斯电影而做的努力）都会失败，而且也不可能预见哪些会成功。当事实可能已被引入歧途，时间就会被浪费在对那些试验和学习的追求上。规模经济和效率经济就可能在短期甚至更长时间内蒙受损失。因此所有相关人士都必须要接受这样一个真相，即失误、犯错和失败是会发生的。我们所研究的领导者则一直把这个真相当作学习的源泉，而非谴责和惩罚的机会。他们坚信人们的工作是迅速而灵活的。基于真实的紧迫感而产生的速度，是他们把业绩表现需求和试验需求相匹配的关键。例如皮克斯制作《玩具总动员2》，他们从经验和试验中学习，同时仍然满足了对业绩的需求。

接受试验和学习的需求，以及与之相伴的不可避免的失误，并不意味着领导者可以完全甩手不管，接受所有的混乱。[3]试验必须与电影相关，必须经过恰当地设计，还要被严密地执行，这样人们才能真正学到东西。此外，还要设定边界条件，也就是"防护栏"，这样的话，失败就不是灾难性的。试验结果要能产生好的数据，它们可以被用于客观分析，以便做出基于现实的决策。举个例子，皮克斯在电影制作过程中记录并追踪的数据量之大，要远远超出一个外人所能想象到的程度，其中包括每个部门每周拍摄几个镜头、每一帧多长时间、影片的长度如何。像皮克斯的每日工作例行评述一样频繁的评议会，能让人们彼此了解对方的工作内容，以及关于最后期限和预算的终极现实。

### 矛盾4：即兴化 VS 结构化

创新常常从试验和错误中诞生，这使得它显得高度即兴化。一个努力想要创新的团体或者组织如果表现得像一个爵士乐队而不是仪仗队的话，那么它们成功的概率将会提升。不过，很多组织更喜欢采用高度结构化的仪仗队的方式——演奏提前规划好的一套音符，而不是在演奏过程中去探索一个主题；每个演奏者的角色都是提前定好的，明确而严格；每个人都在一个编排紧密的方阵里朝着某个既定的目标前进。

相反，我们调研的这些领导者都会给予员工很大范围的自主权，只不过没有人会享有完全无限制的自由，总有一些限制和条件。哪怕是爵士乐队，也不是盲目发挥的。就连即兴表演的演员也不只是简单地在说自己想说的话，他们的表演是基于一个有关环境或者背景设置的初始创意，并且这个创意经发散之后已经被他们的同伴演绎过了。某种程度上的限制总会存在，这不一定是坏事。

皮克斯的人相信，一个固定的发布期限和预算在敦促人们生成更优秀创意时发挥着关键作用。在第 1 章里，我们用一幅图展示了计算机动画电影制作过程如何混乱、复杂，从中可以看出整个过程中无休止的反复、反馈回路和即兴发挥（图 1-2）。那些表面的混乱无序是真实的，但在之前的一幅图中（图 1-1），我们也展示了该过程更整洁、更概念化的表现形式。这两幅图的重点不在于说明第二幅才是真的，而第一幅则是几乎不存在的理想状况。它们都是真实的。第二幅表现混乱的图说明，制作一部动画电影的工作实际上看起来和感受到的就是那样；而第一幅图只提供了与制作过程相关的核心步骤的简化版本。每个人都理解电影制作中更深层次的结构，所以当大家一起工作的时候也不会感觉被压垮。类似地，皮克斯的开放沟通训练（也就是每个人都能为正在制作中的电影发表自己的评论）并没有造成什么歧义或困惑，因为决策权很清晰，每个人也都很理解。

每个主要项目结束后都会召开总结会，这是结构化的另一种表现形式，我们所研究的大多数公司都在使用这种形式。皮克斯也不例外。几乎从一开始，这家工作室就在引导员工在每部电影完成之后发表评论。多年以来，这个方法的具体操作已经进化了很多，但其目的一直都是在学习如何让电影制作流程在下一次的时候运行得更好。在试验过各种方法之后，皮克斯采纳了这样的策略，即要求相关工作人员找出五个曾让这部新出炉的电影顺利完成的方法，同时也要找出五个无效的方法（并提出改进方案）。[4]

无论多么必要、多么有利，约束、目的、界限和条件等所有这些结构的表现形式都会一直处于紧绷之中，因为只要有可能，你就会一直想要尽可能地探索更多的创新和变化。并不是每种可能性都值得进一步探讨，也不是所有可能性都值得平等对待。

约束分为好几种表现形式。详细的规划，具体想要达到的效果，甚至一个概括的总体目标，肯定都有必要作为靶标和界限，但在某一个节点上，它们可能会超出有效引导的范围，然后扼杀学习和创新的自由。人们显然需要知道自己该干什么，但是任务分配和职责描述也有可能会因为太过详尽而约束他们的想象力和思维。有关确切成果先入为主的模式和期待或许是有帮助，但它们也可能成为阻碍探寻某种解决方案的不必要束缚。严格的流程、规则和工作方法可能会让一个团队变得更加迅捷而高效，但假如过于严格的话，也可能会导致成果有限或者完全在预料之中，毫无惊喜。

当然，层级制度也可能会阻碍信息和多样化创意的流动。我们已经看到，皮克斯如何小心翼翼地从人们的自由沟通中区分出它的决策层级。结构化的意思是，简化并聚焦于重点，但同时也意味着结束。我们见过太多凭空设想出来的生活及其理论基础了，同样，计划和规则往往会顽固坚挺到最后，甚至在其根基不存的时候仍然如此。

最后，专业技能或者经验本身可能变成一种限制性的结构。我们大部分人都见过这种情况：某个人加入了一个群体，并且提出了一个更好的建议，却被告知"哦，我们已经尝试过了，不行"，于是这个新人放弃了自己的想法。但是，再往深层想一想的话可能就会看到事实真相——他们尝试过的那种方法并不是真的跟这个新人刚才建议的一样。或者也许一样，但此一时彼一时，这个建议现在更有可能取得成功。

的确，很多领导者喜欢结构，因为结构提供了一种舒适的控制力。很讽刺的是，且不论其天然倾向如何，组织都会发展出大量用于控制的结构性元素（具体目标、详细规划、进度报告、政策等），成功的组织亦然，即便在进行创新时也是如此。它们既不理解、也不适应创新所需要的即兴发挥和自主权。

我们所调研的这些高效的创新型领导者都能理解这些危险因子。他们意识到自己不可能为创新制订计划，但是能够以鼓励创新的形式有所组织。他们控制团队和小组的规模，以促进成员之间的交流和相互影响；他们创办论坛，让各种各样的小组既能在正规场合交流意见，又能自发讨论；他们有意识地为试验创造空间。他们需要的是恰到好处的目标和计划，还有恰到好处的业绩指标，仅供团队成员用于判断工作是否有所进展，别无他用。他们总是从广义上来理解员工的话，职责分配时也会有所重叠，但会尽可能详尽地告诉大家可以期待从彼此身上获得何种反馈。高效的领导者会让人们了解彼此的工作都是什么，鼓励专业交叉的合作，甚至允许员工在工作时间去钻研自己的特殊爱好和创意。他们不断地从实践中学习。他们也知道，层级不可能消失，但可以通过努力去打破强加在沟通上的由层级、专业或经验所造成的壁垒。他们鼓励同行反馈，同时抵制不必要的结构或系统。[5]

简言之，创新型领导者把各种形式的结构都看作推动合作进程和发现性学习的工具，也有所保留地使用这种工具。那么，到底是怎么使用的呢？恰到好处。

## 综合性决策的矛盾：耐心 VS 紧迫，自下而上 VS 自上而下

许多创新都来源于已有的想法，包括那些曾经看起来彼此毫不相干的创意。要想做出创新，需要把"要么……要么……"的思维转变成"不仅……而且……"。用这种方法找到一个能够利用群体内各种各样想法的解决方案，需要一个做出综合性决策的环节。

说得直接一些，要想把各种各样的想法整合到一起，领导者就得努力解决两个矛盾。

### 矛盾 5：耐心 VS 紧迫

我们所研究的创新型领导者都明白，创造力遵循它自己的计划表，是无法被催促或命令的。为了把已有的创意以一种新的形式结合到一起，这些领导者及其团队成员需要时间去吸收和消化它们。整合极少发生在一夜之间。

做出综合性决策需要耐心。但是在一个竞争激烈的世界里，也得考虑紧迫性。在皮克斯，电影发布日期定下了就无法更改，已经投入的数亿美元都指望着在这一天看到效果，此外，数额不菲的预算也不是无限的。此时，公司里就会弥漫着无比巨大的紧张氛围和压力。

我们可以从皮克斯如何解决故事片《怪兽电力公司》中角色毛发的问题看出平衡紧迫性和耐心的必要性。在这部电影中，有一个角色名叫萨利，是一头浑身覆盖着皮毛的怪兽。由于在计算机动画电影中逼真地描画动物毛发很困难，所以就出现了一个问题。从某种程度上说，毛发就是计算机动画行业里人人都想得到的那座圣杯。这个问题之前已经解决了，但是还从未在《怪兽电力公司》这种规模的电影中应用过。这就给人们提出了多重挑战——从如何恰当地展现发型的阴影，到如何防止一缕头发看起来像是要倒向另外一边，再到如何才能开发出把动画师从一根一根画出头发动作中解放出来的设计软件（鉴于萨利的外套上有超过200万根毛发，一根一根地画是根本不可能的）。

一度有来自工作室 20 个不同部门的人花费几个月的时间去试错，目的就是为了逼真地做出皮毛和头发的动画效果。这部电影把宝全押在这上面了。而随着时间的流逝，那些决心找到最终解决方案的艺术家和系统技术部门的人变得越来越绝望。"我们不再找适用于所有情况的方案了，只聚焦于如何在特定情况下满足我们的需求。"这是一个山寨的模拟计划，通过随机往某些单绺的头发里添加跳跃效果，可以让毛发动起来，并且多多少少能让毛发的阴影看起来逼真些。这是一个通过即兴发挥得出的办法，只是权宜之计，甚至还有些简陋。它没办法用在长头发上，但很适合这部电影中的萨利。

光是严格的预算和无法更改的发布日期就已经够艰难的了，然而还有其他压力在起作用。整合本身就要求有一种与生俱来的不舒适感，无论从情感上还是理智上，都是如此。通常，领导者都不知道应该怎么处理完全对立或者看起来不兼容的可能性。人非圣贤，大家都无比渴求简化和选择时的确定性，特别是在紧急状况下。设想有三个看起来彼此排斥的选项 A、B 和 C。大多数领导者都会初步选择一个选项，淘汰掉其他的。至少，他们能够辨别出最不可能实现的那个选项并淘汰掉它，以使决策过程变简单。在某些组织，这样的迅速和果决被认为是领导力的标志。

领导者承受的这种快速解决问题的压力可能会十分强烈。彼此对立的创意作为备选方案存续的时间越长，人们就会变得越来越沮丧和不确定，不知道哪些是重点，也不知道该做什么。由于讨厌不确定性，他们可能会想："现在我们需要的是领导力！需要一些知道自己正在干什么又愿意拍板做决定的人！"面对如此反应，领导者需要勇气坚定不移地去寻求最佳可行性方案，特别是当他们极度渴望把自己视为行事果决的领袖人物时。这也是引领创新与传统领导力观念背道而驰的另一种方式。

最后，除了过早地做出武断的决定之外，许多领导者都接受或者追求另外一种能够早早解脱的办法，比如妥协或投票。不幸的是，这些办法很少能带来最可能出现的好结果，难以令任何人满意。如果一个团队及其领导者既缺乏耐心，又在面对压力时无法表现出应有的胆识，他们就会采用这些方法来让事情进展得更顺利。结果，他们会牺牲掉全部价值，而后者原本可以借助耐心和更深刻的考虑，通过在诸多创意中寻找通往更高级模型的过程中被人们意识到。

然而，正如我们在之前的矛盾里看到的那样，紧迫性不见得是一件坏事。我们研究过的大部分领导者都把"迫切需求"视为"创新之母"。他们强烈地感觉到，约束条件能够加速推动创新。他们觉得，领导者的一部分工作就是让自己的团队更好地应对严峻的最后期限或者预算现实，而通过大力推进对关键性设想和机会重构的评估，后两者就可以促进创造性思维。一个领导者曾经说："除非发生'硬停机'，不然我们的创意过程就会永远进行下去。约束条件似乎能够让思维变得更犀利，因为它们会强迫团队找到那些突破限制的解决办法。"

为了让综合性决策变成可能，领导者必须要知道在什么时候允许争辩和发现，在什么时候该前进到做决定和执行的阶段。他们必须提供支持和资源，特别是时间，以及能令人免遭额外压力的庇护所，以便发展出更多创意并且对其进行整合。他们知道，创意需要长时间地酝酿和发酵，也知道该在什么时候前进。

### 矛盾 6：自下而上 VS 自上而下

大部分创新都是草根努力的结果。所以，最终的矛盾反映了对一种微妙平衡的需要，即自下而上的主动性与自上而下的干预之间的平衡。我们所研究的领导者们明白，如果不是他们鼓励位于组织基层的人源源不断地提出各自的想法，那么创意和创新就会少得多。

这些领导者鼓励由同辈驱动的自组织和自管理下的审核过程。就像我们在Web 2.0 惯例、在线多人游戏和社交网站中多次见过的那样，创新组织是这样的地方：在创新的过程中，天然的层级往往会替换掉组织本身既有的更正式的层级制度。个体所具有的影响力和地位更多地由其所做出的贡献决定，而非职位。

不过，要想为那些成果创造出必要条件来，领导者就得有选择性地及时进行引导。即便在创新能力特别强的组织里，也存在层级，只不过它们可以很好地发挥作用。但层级也只是在有需要时才会用到，而且被有选择性地用。

除了如何在电影制作过程中保持开放之外，我们还在皮克斯注意到了如何真正地让每个参与其中的工作人员都能贡献创意出来——或通过他们各自日常的工作，或通过在每日工作例行评述时发表评论，或通过他们递交给制片人和导演的便条。不过，制作电影终究不是一个民主的过程，没有投票，也不需要努力让所有人都取得共识。一部电影的导演是最终决定观众能够在大银幕上看到和听到什么的那个决定者。但最优秀的导演是那些对外界开放，广泛征询各种意见的人，他们也愿意让员工尝试各种不同的方法，并且能够一直在头脑中对所有可能性保持开放的态度。还记得在第 1 章里写到的那个故事吗？一位动画设计师为一个故事角色的性格添加了一个具有讽刺意味的转折。起初，导演拒绝了那个看起来微妙但意义重大的转变，但是后来他再回过来头来看时，把它吸收到了电影里。在皮克斯，尽管导演最后要对整部电影负责并且拥有终极话语权，但他们的权威也是有局限性的。当他们无法按计划进度向前推进时，工作室的负责人有时的确会在中途替换导演。在这种情况下，问题的原因通常是在解决问题的过程中，导演没能力赢得或者不愿意接纳别人的帮助。

请考虑这些关于创新型领导者如何运用权力的重要特征。我们所研究的领导者创造了一个能够促进自下而上创新的地方，同样也知道这个地方需要约束和界限。他们毫不犹豫地发挥自己强有力的引导作用，但所用的方法并非设定一个方向或者强制推行一种观点，而是为创造一个创新得以诞生的沃土提供支持。例如，他们会提醒员工最后期限、预算额度以及其他一些总体上的约束条件。他们要确保员工拥有所需要的信息和其他资源，要让团队的重心放在最根本的目标和组织的总体需要上。当有人打破参与规则时，特别是当冲突演变至个人层面而非聚焦于理念本身时，他们便会指出来。这里所说的规则就是，人们期望彼此之间如何相待。

这些领导者提供有价值的新鲜数据或者洞察力。他们利用外部资源或重要信息建立起桥梁。他们不断地问引导性和探索性的问题，比如，这个……怎么样？如果……怎么样？什么时候……？为什么……？这些问题的目的在于鼓励一个团队去检验自己的创意是否可行，去仔细审视正在学习的东西，更加严谨地进行分析，或者收集更多的数据。而且，这些领导者在催要更好的解决方案时从不迟疑，也坚决不接受妥协或因权衡取舍而放低要求。

在图 2-1 中，我们对之前描述过的六对矛盾进行了总结，因为它们都与其背后那个最根本的矛盾"释放和驾驭"相关。

领导者面临的难题是，如何通过不断地调整，帮助一个组织在每一个级别的矛盾上都能游刃有余地游走在"释放"和"驾驭"之间。无论哪一个时刻，组织应处的位置都要取决于当时的具体情况。不过，无论处于什么位置，都要以永远能够促进有助于创新的协作、试验以及必要的整合为目标。那些站在"驾驭"一方的领导者永远也不能把自己团队成员的才华全部释放出来，而那些永远站在"释放"这一边的领导者则永远都会为持续发生的混乱而困扰，永远不能以群策群力的方式解决问题。

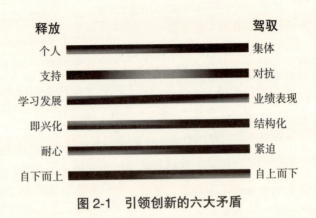

图 2-1　引领创新的六大矛盾

我们所研究的这些领导者都明白，如何根据即将面临的情况调整自己的行为。有关领导力的传统观念会让领导者在面临冲突和失去控制权时感到不适。而个人偏好也会限制领导者想要进行大规模战略性转变的意愿。许多人都发现很难不去走极端。领导者要想变得兼收并蓄，就得不断调校其所在组织的需求，相应地，要修正自己的行为，也需要杰出的判断力、勇气和毅力。

## 破解矛盾的关键：组织的意愿和能力

请思考一下，在引领创新的过程中，上述这些矛盾意味着什么。

首先，它们解释了为什么创新这么艰难。创新当然很艰难，因为要找出真正新鲜有用的解决方案不是件容易的事。但它的艰难之处还在于，创新的过程十分混乱，而且在每一对矛盾中都充满了紧张的气氛。每个参与者都必须不停地绞尽脑汁去处理由这些矛盾所引发的紧张和压力。而这种紧张气氛永远不会消失，因为那些矛盾一直都在，也一直吸引着人们的注意力。这就是为什么创新天生就很难，而且这些困难只能被控制，无法被永久解决。了解矛盾并且知道它们为何会存在是很有帮助的，但也这并不意味着它们容易应对。

此外，这些矛盾解释了为什么组织性创新既需要整个组织层面的意愿，也需要一个组织具备相应的能力。显然，任何希望有所创新的团队都必须能够进行协作、试验并把可能的解决方案整合起来，也就是说，必须要掌握能够卓有成效地进行上述活动的技能。但是，鉴于上述矛盾透露出的所有创新壁垒，领导者及其团队成员也必须愿意去做创新这项艰苦的工作，并且愿意忍受这项工作带来的紧张和压力。这种观念对于领导天才团队很重要，我们将在后面的章节里详细讨论：首先，当然是意愿，如果没有渴望或者意向，那么什么事都不会发生；此外，就是能力了。

最后，这些矛盾有助于解释为什么引领创新需要的不仅仅是领导力，还需要获得领导力的不同方法，也就是一种关于领导者职责的全新思维。正如曾执导奥斯卡最佳动画长片《海底总动员》的安德鲁·斯坦顿（Andrew Stanton）从他的导师约翰·拉塞特身上学到的那样：

> 　　我意识到，好吧，我不是一个个性化的导演。我需要借助别人来表达自己，我需要大家在工作时彼此提出反对意见。这不是什么自我探索——这与我本人无关，而是与如何制作出最好的电影有关。一旦接受了这样的事实，我马上就惊讶地发现员工们的士气是因何被激励的，而且突然间每个人都变成了我的后盾。如果你承认你并不知道自己正在做什么，那么，你就还是负责人，还是在当一个电影导演……在制作《玩具总动员》的时候，我从约翰那里学到了这些——每一次，当他带着自我检讨的语气说"各位，我想我只能抛砖引玉了"的时候，我们就都挺身而出帮他解决问题。[6]

领导者如果想打造一个更具创新力的组织，或许都需要重新思考一下自己必须要做什么。这就是我们在下一章要探讨的问题。

# COLLECTIVE GENIUS
## The Art and Practice of Leading Innovation

## 领导你的天才团队 —————————————————

### 1. 创新的根本矛盾：释放 VS 驾驭

- 释放：各种创意和选项如何被发现或者创造出来
- 驾驭：这些创意和选项如何被塑造成一个终极解决方案

### 2. 创新的六大矛盾

- 协同性工作的矛盾

  协个人 VS 集体：是鼓励个体差异，还是聚焦于整体？

  支持 VS 对抗：如何既不遏止怀疑精神，又不压制积极性？

- 发现性学习的矛盾

  学习发展 VS 绩效表现：如何从试验和迭代中学习，又能满足业绩需求？

  即兴化 VS 结构化：是给予员工更大的自主权，还是享受舒适的控制力？

- 综合性决策的矛盾

  耐心 VS 紧迫:是为创意的发酵留足时间，还是快速解决问题？

  自下而上 VS 自上而下：如何既鼓励基层的主动性，又保有高层的干预和引导？

3

## 天才团队的领导方式

当创新成为目标，传统的管理方法为
什么不再管用？

天才团队的领导者应该扮演什么样的
角色？

我相信，如果 CEO 一直认为自己才是组织的所有者和执行者，那么他就干不成事。无论目标是乘火箭上月球还是钻探石油，或者是使印度脱离英国独立，都一样。我再回来说一下我心目中的三位英雄：圣雄甘地、纳尔逊·曼德拉、马丁·路德·金。我认为他们并非事必躬亲。相反，他们能让人们去做自己想做的事，也就是那些人在心中认为正确的事。这就是领导力的未来。

**维尼特·纳亚尔**
HCL 科技公司 CEO

创新型领导者要创造这样一个组织：在这里，人们愿意并且有能力在工作中创新，每个人都有机会把自己某一方面的天分和才华贡献出来，最终汇聚成作为一个整体而存在的集体创造力。

这或许看起来是明摆着的，又平淡无奇，但大部分位于掌权者位置的人都被灌输过一个实际上是在压制创新的领导力观念。他们认为领导者的工作是先拿出什么高见或者妙策来，再发动员工去执行。不知何故，他们总认为自己才是那个发明创造者。但是，当你的目标是从 0 到 1 的原创时，这种方法就没什么用了。在那样的情境下，从定义的角度来看，没人能够提前知道会有什么结果产生，就连领导者也不知道。[1]

因此，许多真正在设法培育创新的领导者必须在一开始就摒弃那种"跟我来！我有办法！"的方式，而这种方式正是许多人所认为的领导力的内核。他们需要更换一种关于领导者如何培育创新的思维，那就是要充分发挥其所在组织中每个成员的才华。

在这一章，让我们来讲一讲维尼特·纳亚尔的故事。作为 HCL 科技公司的总裁以及 CEO，他领导一家止步不前的印度计算机公司转型为一家充满活力的全球创新 IT 服务提供商。HCL 拥有数万名员工，是一家比皮克斯大得多的公司。从他身上，你将看到一个在运用自己的权力采取行动时同其他传统 CEO 大相径庭的领导者。创造一个让人们愿意并且有能力创新的组织机构需要领导力，他的例子就是这种领导力的完美例证。[2]

## HCL 公司的组织管理挑战

"我们不需要创可贴，而是需要止血带！"纳亚尔正坐在位于德里的 HCL 总部的椅子上。外面，是德里尘土飞扬的街道，街上有牛群、摩托车、配备了专职司机的小轿车、卡车，还有为谁该先走过去而争执的路人。浑浊的空气夹杂着热浪，还有永不间断的汽车喇叭声。

对于纳亚尔来说，窗外这一派喧闹的景象恰好映射出了 HCL 公司内部的混乱。那是 2005 年 4 月 5 日，他担任 HCL 总裁的第一天。在迄今为止他所经历过的那么多个第一天里，这一天真的很糟糕。当午后有两个客户想要取消合作时，他意识到了这种糟糕的程度。不幸的是，这不算意外。

HCL 公司隶属于 HCL 集团，是印度计算机行业的先锋，当时年收入已达到 7.64 亿美元，市值 23 亿美元，员工 2.4 万名。作为印度曾经最具创新力的公司，HCL 那几年的年收入已经跌出了印度 IT 业排名前五的行列。目前，HCL 的累积增长率为 35%，尽管比大多数对手速度慢，但它仍然在吃老本儿。更可怕的是，员工的流动率很高，这个公司不再能吸引到最优秀的人才，而市场竞争每一年都变得愈加激烈。

1976 年，希夫·纳达尔（Shiv Nadar）在一间印度的车库里创建了一家优秀的初创公司，后来就发展成了 HCL 集团。20 世纪 80 年代是 HCL 集团欣欣向荣的时代，一名员工说，那是公司的"黄金时代"。也正是从那个年代起，HCL 就种下了变革的种子。那时，个人电脑出现了，开源系统也开始取代专有系统。更重要的是，行业的重心也从硬件转移到了软件上，后者逐渐成为最基本的 IT 商品。这个时期，也正好是印度软件公司崛起并声名鹊起的时代，涌现出了威普罗、塔塔咨询服务和印孚瑟斯等一批知名企业。

尽管风云变幻，进入 20 世纪 90 年代的 HCL 集团却仍然决定固守在硬件业务上。但是，到 20 世纪末，希夫·纳达尔终于意识到了有必要把公司的战略重心拓展到软件业务上。1998 年，他把 HCL 集团分拆成了两家公司：HCL 信息系统公司，一家面向印度本土市场，以硬件和软件一体化为重心的公司；HCL 科技公司，一家全球化的 IT 服务公司，提供基于软件的 IT 解决方案、远程架构管理服务和业务流程外包。

到 2004 年，印度 IT 行业的年收入粗略估计已达 360 亿美元，而且增长迅速。HCL 艰难地想要维持自己的收入。一位 HCL 的员工说，服务领域是"新型游戏"，"而我们进来晚了"。鉴于 HCL 集团之前的形象一直是印度第一大硬件制造商，要树立起一个服务型公司的新形象并不容易。客户想要经验丰富的外包商，能够提供实际的商业价值，而不只是硬件和低成本的基础工作。

纳亚尔的家庭熏陶帮助他为自己的新角色做好了准备。由于很小的时候父亲就去世了，所以他说"传统的命令—控制结构在我的家庭里并不存在"。于是，他的成长中少了很多灌输式教育，而大多数同时代背景下的人则要更加敬畏层级制度和形式上的权威。

纳亚尔在 1985 年加入 HCL 集团，作为一名年仅 23 岁的工程师和一名 MBA，他很快就以一个顶尖人才的身份建立起了巨大的声誉。当他用自己的方式在不同的管理岗位上一步一步上升时，他清楚地看到了公司正在发生的事情，而他对于领导力的看法也在发生演变。"我经常会被我的下属问很多问题。"他说。

　　起初，我感觉非常好。我很享受被仰视的感觉。这让我感到自己很重要，很成功。但是，慢慢地，我开始看出来这种管理风格很有局限性。对于公司正在发生的每一件事，我永远都无法完全了解。有时候，我给出的答案被证明是错的，给大家带来了麻烦。有时候，我已经给出了答案，但有人在问我的时候其实根本没注意我说的话……我感觉，一定有更好的方法去管理一家公司。为了找到这种方法，我决心要离开HCL，自己创办一家完全不同类型的公司。可能它几乎没有层级，但创造力强，行动快。

当希夫·纳达尔听说纳亚尔的计划时，他提出了另外一个方案：在HCL集团内部创业。当时的印度政府想创办一个新型的证券交易所。纳亚尔意识到，使用基于卫星的技术研发一种更可靠、更透明的电子证券交易所，这是一个很诱人的机会。他接受了挑战，招募了几个同事，于1993年创办了Comnet，该公司所使用的IT基础设施以及网络均属于HCL集团。

纳亚尔及其在Comnet的同事花了两年的时间提出了一种利用卫星技术对证券交易所进行现代化改造的建议，之前从未有人这么做过。"我们当时正在跟世界上最优秀的公司竞争，"一位早期的Comnet员工说，"风险太大，我们不得不创新。"Comnet最终赢得了合同，为了让印度国家证券交易所在1994年开业，公司解决了巨大的组织管理方面的挑战。

到了20世纪90年代末，纳亚尔因把Comnet变成HCL集团内最灵活、最具创新性、最成功的业务板块而赢得了声誉。由于跟数千员工都保持着密切的关系，Comnet达成了很多著名的交易。"本质上，我们都是创业者，"时任Comnet首席运营官的安南特·古普塔（Anant Gupta）说，"我们不断地在根据市场动态调整自己的模式。"

规律性的变革是Comnet企业文化的一个核心部分。正如纳亚尔所说："我们相信，如果我们不大概每18个月就创新一次，如果我们不为市场带来新的产品或者服务，我们就不会再具有竞争力，也会失去我们在市场上的领先位置。"2002年，Comnet成功实现全球化，并在11个国家开设了办公室。

Comnet 的急速增长一直从 20 世纪 90 年代持续到 21 世纪初，而同时期的 HCL 则持续在竞争对手面前节节败退。希夫·纳达尔开始为 HCL 寻找新的领导层，并把总裁的位置提供给了 Comnet 这位年轻的领导者。纳亚尔有些犹豫。他明白创建一家成功的创业公司与在一个巨大且正在衰落的集团里扭转乾坤是两码事。最后，他还是接受了这个职位，但提出了一个条件："我要按自己的方式来。我要大刀阔斧地进行前所未有的改革。这有风险，但希夫同意了。"

接下来的几周，纳亚尔拜访了几十个客户和 HCL 位于印度、美国、中国和欧洲的办公室。他自己完全沉浸在公司事务中，逐渐意识到了公司问题的严重性。客户们还是不高兴，威胁要取消合作；新的业务发展缓慢；公司人员流失率超过 20%。"我原来一直是在 HCL 内部鼓捣自己的小店铺，"他说，"并不了解公司在过去几年里究竟跌落到了何种地步。几周之后，我不再客气了。"

## 将价值区提到核心地位

接管了 HCL 的领导层之后，纳亚尔明白，IT 业务在大多数公司的作用已经发生转变。IT 不仅仅是这些公司在经营层面成功的核心要素，也开始变得具有变革性，能够在战略上改变它们的商业模式。不过，他仍然从中看到了更大的机会以应对这种转变，而不仅仅是跟风加入提供软件和服务的大潮。他想利用 IT 服务具有变革能力的潜力，让 HCL 变成客户的全面合作伙伴。

纳亚尔对此的思考是出于对在哪里能为客户创造价值的考虑。在旧的 HCL（事实上，是在所有销售实体商品的传统公司），最能为客户创造价值的地方大多是那些生产产品的环节。纳亚尔称这样的地方为"价值区"（value zone）。价值区基本上都处于公司内部，是最需要创新的地方。

要变成一家服务型公司，特别是一家有志于用创新的 IT 解决方案启发客户变革的公司，价值区就得改变。在新的 HCL，价值区将会位于公司更边缘的地带，也就是 HCL 的员工为了解决客户的问题而与之共同工作并最终改革了客户商业模式的地方。简言之，新的价值区应该在 HCL 员工与客户之间的关系中。新 HCL 最急需创新的地方就在这种关系上，不在公司内部，而是在边缘，在与客户的交互层面。

纳亚尔看到了这种新思维方式所带来的可能性。他了解到，HCL 的竞争者们在提供基础的 IT 服务层面已经远远超出了硬件的范围，但是还没人和客户共同工作以运用 IT 的全部潜力。他看到了超越竞争者的机会，方法就是向价值链上游移得更远，聚焦在更大、更复杂、更具变革能力的业务上。那个市场空间里尚无对手，特别是当 HCL 把自己的新方法与传统的印度式物美价廉结合到一起时。

## 真正的问题

要抓住这个机会很困难。为了变成客户的一个具有变革力的搭档，HCL 必须要先经历自我变革。纳亚尔需要一个能够聚焦在这个新价值区的组织，但他不能像在 Comnet 时那样抓人重建一个，而是要改造这个传统的组织，而后者的设计目的原是要支持位于公司内部的价值区。新的价值区需要公司在和客户保持长期合作关系的同时创造价值，而这又需要一个创新能够自下而上从价值区员工而非管理层那里诞生的组织，那里的员工愿意并且有能力持续创新。

他面临的挑战是，这些员工及其背后的组织从来没被要求这么做过。在最初的几周里，到处弥漫着紧张的气氛，他去了公司全球各地的办公室，发现有太多员工对此都表现得满不在乎，又反应很大。他们不和别人分享自己的想法，更别提一个想法接一个想法地互相讨论了，而且他们不觉得自己要对公司的业绩负责。最要命的是，他们不愿意为了满足客户日益复杂的战略性需求去创新。

不过，纳亚尔知道自己不应该为员工的态度和表现而责备他们。跟在许多公司一样，在 HCL，管理者通常都把重心放在设立目标并确保没人偏离轨道上，所以员工习惯性地想要向上寻求指示，正是这种行为妨碍了他们主动创新去解决问题。他意识到，HCL 的组织架构"给员工戴上了枷锁，阻止他们以自己渴望的方式全力以赴地工作"。

阻碍纳亚尔按自己的意愿和计划去改造新 HCL 的根本障碍是，员工正在被什么样的方式领导着。HCL 能给客户提供的正是这些员工本身。"价值区位于员工和客户之间，而不是我和客户之间，"他说，"没有那个员工价值区以及创新型员工在那里所创造的价值，HCL 就什么都不是，不过一个空壳而已，全是一层又一层的管理。"

"那太可笑了，"他又说，"你能想象一家公司只有高管吗？管理层可不会给客户递交创新型的解决方案。我们必须得找到一种方式把价值区提到公司的核心地位。"

## 早期步骤

纳亚尔明白自己的动作必须要快，所以他采取的第一步就是不再让员工按老规矩行事。他意识到，空间有限且周期不长的小项目无法令 HCL 产生那种他期望中原本能够给客户创造的价值。7 月初，在加入 HCL 三个月后，他召集全公司最顶尖的 100 位管理人员开了一个为期三天的会议，名为"蓝图大会"。在会上，他宣布了一项新的经营战略。HCL 将不再谋求当前公司正在做的那种大部分基于项目本身的小型合作，而是要寻求大单子。为了实现这个目标，他们必须利用能提供"综合性服务，以及有助于客户商业模式改革的唯一提案"这个特点，让 HCL 在市场上脱颖而出。他们将要开始与全球化的大企业进行竞争，例如埃森哲和 IBM，"所以让公司内部一切就绪至关重要"。

为了实现这一新的战略，他开展了一项切实的挑战任务。凑巧的是，一家重要的欧洲电子设备零售商迪克森（DSGi）刚好出现，时机正好。这家公司正在寻找（本地的）销售商，这样就能够把印度国内的 IT 支持业务外包给对方。拟一份提案需要好几个月，但纳亚尔说"这能让 HCL 的每件事都走上正轨，也可能借机把员工全部号召起来，我认为我们应该争取"。

为了支持这个新的战略，他采取了一系列措施：围绕业务线而非地区对公司进行了重组；在全球范围内的全线业务板块都部署了自动一体化系统和流程，这样所有员工就能及时收到一致的信息；推动一个广泛的人才发展计划，将业务目标与每个员工的个人学习需求联系起来。

他还专门把注意力放到了重振销售和交付部上，因为甫一上任，他得到的是一个之前遗留下来的意志消沉、已习惯了丢单的销售队伍。新的销售部负责人是从 Comnet 过来的，他意识到这个团队要以垂直市场为中心，并且为之配备了全新的销售工具、激励政策，以及相关程序，鼓励和支持员工赢得大单子。

他还组建了一个企业财务团队，和销售与交付部一同工作，以确保 HCL 和客户在每一次合作时都能赚得真金白银。为保证 HCL 立即就能开始交付大型合作的单子，他组建了综合性服务交付部，并配备了 200 名精挑细选出来的技术人员，这些人除了技术水平过硬之外，还兼具商业和社交技能。这个精英团队的任务只有一个，那就是"赢"。然后，他们再去帮助交付那些超大型的独家合作项目，例如 HCL 想要与迪克森达成的那个项目。

纳亚尔通过上述措施及其他变革来推进自己的计划。由于在实施的时候伴随着一种真正的紧迫感，他把促进 HCL 创新所需的运营架构和工具安排得恰如其分，这些都有助于 HCL 赢得大型合作项目并成功交付。

然而，只是通过这些重要且必需的步骤并不会创造出一个纳亚尔想要的组织。他不能用下命令的方式让这个组织按需要的那样运转。他可以利用 CEO 的权力来重组或者强制推行新系统、新流程，但他不能直接命令员工去创新。他也不能简单地告诉 HCL 的高管去改变管理方式。要达到目的，就需要通过另外一种不同的途径。

正当纳亚尔苦苦思索如何应对这一挑战时，一个大胆的想法冒了出来。"如果，"他说，"我们把每件事的顺序都颠倒过来会怎样？如果管理人员对价值区负责的同时也把员工算在内呢？"正如他考虑过的那样，HCL 将只剩下三部分：首先是员工与客户进行互动的价值区，然后是针对价值区及其中人员的支持部门，最后才是管理层。

## 员工第一，客户第二：反转组织金字塔

2005 年 7 月，在出任总裁三个月后，纳亚尔组建了一个包含 30 名年轻员工的团队来完善他的这个想法。他称这些员工为"年轻火花"（Young Sparks），并把他们的办公室安排在高管办公套间的同一层，就在 HCL 位于印度德里郊区的总部。他频繁地跟这个团队见面，当时后者正计划发起一个旨在促进员工参与价值区活动的内部竞赛。"我想改变员工在 HCL 工作的体验，"他说，"我知道这需要一个品牌来支撑。"

"年轻火花"被授权为"员工至上"想一句宣传口号，以及一个符合此主题的企业内网门户。经过深思熟虑，试过各种各样旨在抓住新 HCL 精神的标语和用词之后，"我们想到了'员工第一，客户第二'，"该团队的一名成员说，"因为它具有冲击力，可以显示出我们正在做一些不同凡响的事。"

这个团队还想找到一个符号可以表现个人和集体力量的重要性。最后，他们选中了"Thambi"这个词，在泰米尔语里的意思是"兄弟"，这是印度南部的一种主要语言。因其以骄傲、热情和注重结果来代表一个杰出的个体，Thambi 的存在是为了提醒员工大家同属一个集体，拥有整个公司的支持，这个创意是在 HCL 品牌口号"一人战队"（The Force of One）的启发下想到的。每个员工都能调动全公司的力量去为客户解决问题。

纳亚尔非常喜欢"年轻火花"的构想。Thambi 代表了那些能够在价值区有所创新 HCL 员工。2005 年 7 月底，这个团队发起了一项活动，向"HCLites"（他们给 HCL 员工取的称号）介绍"员工第一，客户第二"（Employees First, Customers Second，简称 EFCS）。

起初，一些印度籍员工和外籍员工对此颇有微词。"我们大部分人都采取了观

望的态度。"一个人说。另一个人说："在蓝图大会上，我们已经清楚地知道 HCL 现在有多么千疮百孔了。用这种'员工第一，客户第二'的方法来补救看起来好像没什么用。"

尽管如此，纳亚尔仍然在坚持强调 EFCS 其实是一项"艰难的工程"。因为客户—员工的交互过程才是价值诞生之处，他说："我希望那些以价值为重心的员工既愿意也有能力为我们的客户创造一种全新而高级的体验。"EFCS 就是要"投资员工的个人发展，释放其潜能，以产生出一种显著的底线成效。终极目标是从根本上改变商业模式"，纳亚尔说。

EFCS 就是纳亚尔所说的，如何让公司为那些通过在价值区进行创新而直接或间接地为客户创造价值的员工服务。尽管它在公司内部和外部都引起了注意，但这只是纳亚尔设法用以"反转组织金字塔"的几种途径之一（见图 3-1）。

要把这座金字塔倒过来，就得改变组织结构——客户在最顶层，管理层在最底层，这样，重心就很明显地转移到了为价值区及其中的员工服务上了。

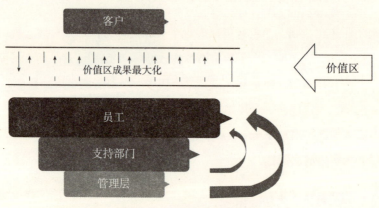

图 3-1 反转组织金字塔

至于让员工也承担起对公司的责任，纳亚尔认为，公司得用多种方式来证明其对员工的信任。他把为此所做的努力称为"信任来自透明——创造为变革而生的文化"。他清楚相互信任很重要，因为这样能实现坦诚的双向对话，进而让员工毫无顾虑地说出自己的想法。信任能够让员工接受他的干预而不觉得自己受到了不恰当和不公正的控制，与此同时，坦率可以让员工在认为这种干预变得令人反感时，直截了当地予以回击。

有一个值得注意的做法是 HCL 所谓的"信任薪资"（trust pay），它被应用到了 85% 的员工身上，其中大部分是初级工程师，而非高管或者销售人员。"在业内，支付给工程师 70% 的固定薪资和 30% 的浮动薪资是很典型的做法，" HCL 的人力资源部门负责人说，"但是很多公司设定的目标过于不切实际，以至只有很小一部分人能拿到那 30%。所以，与其告诉员工他们的薪资结构是每月 14 000 卢比的固定薪资加上 6 000 卢比的浮动薪资，我们不如直接付给他们 20 000 卢比的全额薪资。"这的确增加了公司的成本基数，纳亚尔说，"不过这个理念其实是，我们在全额支付的同时，也相信你能够百分百完成工作。这种做法让公司重新变得生机勃勃，突然间，就连对手都开始加入我们了。"

最重要的是，纳亚尔相信，信任的最大驱动力就是透明，而他的许多行动也都是为了让公司及其管理层更加开放。HCL 开始更加广泛地把企业内网作为一个活跃而个性化的平台进行使用，在这里，员工可以获取其工作所需的大部分信息和流程。这个内网令信息的传播更加及时，更加一致，也更加透明。这是与员工就 EFCS 进行沟通的最重要途径。此外，通过每周的调查，它变成了一种有效收集员工数据的方式。

透明化意味着对于公司情况更加直接的了解。通过一项被称为"魔镜，魔镜"（Mirror, Mirror）的活动，纳亚尔在跟员工交流的时候仿佛举起了一把"镜子"，它能够反映出 HCL "在过去的 25 年里非常好"，在最近的 5 年里却不太好。他想让员工抛弃原来"失败也无所谓"的思维方式，把视野放得更远，然后再承担起公司变革的责任。"谁都不能软着陆，"他说，"我正举着镜子照着整个公司。我们必须进行由内到外的转变，我希望员工也是真正想要这么做，他们只需要知道怎么做就行！"

"智能服务台"（Smart Service Desk，简称 SSD）是一个从 Comnet 带过来的在线系统。就像一个打开的电脑桌面，员工可以登录并提交几乎所有与自己工作相关的问题——人事、财务、IT、培训，等等。这个系统会发给员工一个凭证，员工可以用它来跟踪解决问题的过程。SSD 与众不同的一点是，只有员工可以宣布这个凭证不再有效，问题解决完毕。这个设计的目的就是要给员工一种感觉，让他们觉得有权通过自己的能力提出问题并跟进，直到得出解决方案。如果员工觉得这个问题还没被解决，那么它就仍然存在。

"你和我"（U&I）是纳亚尔创造的一个在线门户，员工可以在这个渠道向他问任何问题。他每周回答上百个问题，而且所有问题及回答都会向所有员工公开。员工的问题如此之多，以至 HCL 不得不找一个专人来负责公布、上传和分类。纳亚尔会花好几个小时亲自回答这些问题。"我大开方便之门，邀请批评者进来，"他说，"我们都变得很诚实，而这正是一家公司健康发展的信号。"

在一年一度的"大势会谈"（Direction meeting）上，纳亚尔会和高管到 HCL 位于全球各地的办公室，举办面对面的"市政厅式"讨论。纳亚尔花了超过一半的工作时间造访公司全球各地的办公室。"'大势会谈'在全公司创造了一种通用的语言，"他说，"所以每个人都知晓并能清晰地表达出 HCL 的理念是什么，主要战略是什么，以及自己怎样才能融入公司的大愿景。"

一位员工评论说，以前 HCL 的沟通方式是"由上往下层层传递"的，但是纳亚尔用视频会议、在线工具和面对面谈话的方式替代了以前的方式。"在英国，"这位员工说，"我们频繁地聚在一个房间里观看纳亚尔在世界某处的讲话。这样我们就都很清楚工作应该朝哪个方向进行了。"

用以建立信任的透明度同时也意味着对公司业绩更加开放。纳亚尔让公司安装了一个平衡计分卡系统，使用自动的项目入口来追踪具体的客户项目工作。每个项目的业绩和客户利润贡献度都会完全开放给所有项目经理。

纳亚尔的另一项举措是，激起人们对于"360 度评议"的更大关注。8 月，在就任公司总裁四个月后，他宣布，到 9 月份的时候，所有经理都要接受 360 度的反馈意见。纳亚尔强调，这个流程的目的是促进公司发展，而不是评估。他解释说，在过去的五年里，Comnet 将这个方法用得很成功。他还宣布，他会把对自己的反馈发到公司内网让所有 HCL 的员工看到，甚至还保证说，如果这个 360 度评议的结果低于某个特定的水平的话，他就辞职。一位早期对他进行过评议的员工说他是一个"强悍的监工"。他说自己并不强行命令公司的高级经理去发表评论，而是寻求志愿者，结果更多的人都在他的带头下参与了进来。

纳亚尔对这个过程很满意："当公司遍布全球各地的 3.7 万名员工都有机会透明地看到他们的高管层时，我想人们是第一次明白'这家公司真的脱胎换骨了'。这个变革的过程变得不那么独裁专制，而是更加具有协商性。"正如一位高管注意到的："在 360 度评议的推动下，我们迎来了一个变革的临界点。在相当一段时间里，公司中没几个人相信变革能成功，而那之后，突然间公司里没几个人不相信了。"

很明显，正如纳亚尔保证的那样，EFCS 和"反转金字塔"并不是免费午餐。它们都对员工寄予厚望。这实际上是一种心理契同（即领导者和员工彼此之间的一系列预期，大多数情况下是不成文的）重建工作，这种重建把公司里的动态权力和进行变革的责任移交给了员工。其传达的信息很明确：HCL 的领导者有义务对员工说明自己的责任。有些业务经理被这种透明和控制力上的损失吓到了，于是离开了公司。

到 2006 年 9 月，纳亚尔及公司高管举办了第二次"大势会谈"，他们从员工那里听到了不同的问题。"在第一年里，"他说，"更多的是事务性问题。现在，所有来自各个层级的员工都在问未来如何，问战略，问如何才能增值。你可以说，这才是一个正处于变革之中的组织。"

## 重塑领导者角色

然而，尽管纳亚尔推动了这些转变，HCL 从根本上仍然是一个中央集权的组织。纳亚尔从 2007 年的时候开始担任 CEO，他意识到，这个职位仍然是这个组织太阳系中的太阳：

> 无论我去哪儿都能收到问题——这些问题都与某些重要议题相关，很好也很有用，但令我困扰的是，员工认为我知道所有问题的答案。他们就是养成了这种习惯，这种习惯在印度公司甚至全世界都太常见了：问问领导。还有一个困扰是，我知道自己并不能回答员工的问题，但他们自己也许能回答。

他想让员工承担更多的责任。为达到这个目的，他决定必须重新构建员工心目中 CEO 的形象，这样他们就不会再认为 CEO 才是转变的关键所在了。"只有这么做，"他说，"当公司不断发展壮大的时候，我们才能持续聚焦在价值区，并且坚持'员工至上'。"

他修改了"你和我"这个在线门户，也就是他之前建立的那个任何员工都能向他提问的平台。他意识到，这个门户的确让高级管理层变得更透明了，但同时也强化了"全知全能 CEO"的观念，即 CEO 是那个能回答所有问题的人，而这一观念才是他真正想改变的。

为什么提问题的时候不能双管齐下呢？他也有很多努力想要解决的问题。为什么不能问问员工呢？他在"你和我"里创建了一个板块，名为"我的难题"（My Problem）。在那里，他向员工询问一些他自己不能解决的战略问题。"我得到了意想不到的答案，"他说，"每个人都愿意帮助他们那个可怜的、无知的 CEO！"他想把 HCL 的所有权从自己身上转移到员工身上。实际上，他是这么告诉员工的："我不知道该怎么使公司运转起来，这是你们的工作。"

2006 年 7 月，所有员工都经历了一次全新的、自动的 360 评议过程。这一次，1 500 名经理级别的人员都发布了他们的评议。尽管之前的经验再一次起到了积极作用，但还是有一些人拒绝分享自己的意见。不久，纳亚尔命令所有经理都发布自己的评议。

"员工至上委员会"（Employees First Councils）是员工自愿组成的在线社区，围绕着不同领域员工的共同兴趣而形成。话题范围十分广泛，从艺术、音乐到企业团体的社会责任，但大部分都集中在如何让客户满意上。这些都是"假如我们能……"类型的计划，它们能够真正让 HCL 的产品和服务在市场上脱颖而出。这些社区很快像燎原的野火一样流行起来，每个委员会都有一名推举出来的代表"驻扎"在公司的每一个办公室。最终，HCL 总共有 2 500 名"员工至上委员会"的领导者遍布在世界各地。

这种委员会的流行令人印象深刻，HCL 于是增加了一些社区，话题聚焦于针对业务层面的工作热情上，比如某个特定的技术或者某条业务线。这些新的社区很快就开始产出各种各样的创意，并且帮助 HCL 完善新业务的计划或提案。BAIT（业务对接 IT）就是一个从这些社区中诞生的提议，旨在让 HCL 的服务更快、更密切地与客户的具体业务流程对接起来。在一个试点项目之后，HCL 推出了流程长达几个月的完整计划。

"当其中有些创意开始产生新的收益时，"纳亚尔说，"我们就意识到，我们在无意中发现了另一个意料之外的好处——通过非结构化的创新生成全新的商业创意。"而这些"社区性的热情是围绕着个人兴趣和业务问题迸发出来的"，这种热情有助于把创新的责任从领导者身上转移到"社区成员身上，他们彼此协作，共同创造出超越层级界限的其他可供选择的解决方案"。

2009 年，HCL 在做业务规划的时候，纳亚尔又把众包的元素添加了进去。直到那时，他手下的 300 位最高级别的经理已经把各自的业务规划递交给了更高层的管理团队，但是他开始怀疑自己是否就是那个应该接收所有上述规划的人。他对这 300 位经理的工作都了解多少呢？他并不在价值区，但这些经理都在。他想，如果这些经理能够互相分享自己的计划和经验，那就更好了，也许这会在他们各自的业务领域里触发新的创意或新的解决方案。纳亚尔希望改变业务规划的流程，原来是自上而下由高层主导进行评估，以后要变成"一对一"同级评议的方式。

尽管受到一些来自高级经理的阻力，纳亚尔还是在公司内网创建了一个名为"我的蓝图"的入口，HCL 的经理们可以在那里发布自己的规划，以便接收来自公司内部不同级别的其他 8 000 名经理的公开评议。他回忆说，此举效果惊人。首先，他惊讶地发现，这些经理的规划听起来跟他在面谈时听到的讲述非常不一样。分析的深度和战略思想的品质都有所提升，他推断，原因是这些经理知道自己的团队和其他同级同事都会对此进行评议。这些经理对当前面临的挑战和机遇所做的评判也很坦诚。而且，他们不怎么表达自己希望能够完成的任务目标，而是更多地谈论他们想要采取何种措施以获得什么样的具体结果。

HCL 的内网开始热闹起来，人们都在讨论"我的蓝图"上的各种规划。知识共享的增速大大超出了纳亚尔最初的预期。人们希望在业务规划的改善方面互相帮助。很多业务经理发现，他们已经提前收到了来更高层的简要回复。他们还发现自己收获了大量来自自己团队的支持，远超想象。"结果，"纳亚尔说，"公司管理层和我都参加了这个过程，提交了评论和意见反馈，不过我们的声音在这8 000 人中显得微不足道。"

纳亚尔发布了一个名为"iGen"的限时在线平台，每年的面对面"大势会谈"结束之后启动。员工可以在那里提交 HCL 所面临问题的解决方案。与另外一个电子意见箱特别不一样的是，iGen 要求提供的是一个成熟的意见，包括执行层面的支持信息和建议，以及对成本节约或对公司影响程度的预估。iGen 会用 10 个问题引导一个员工完成整个流程。纳亚尔说："一般情况下，员工提出的确切建议远不如他的创造性思维重要，而 iGen 就是为了形成一种人人都能提出创造性意见的文化氛围。"

## 让员工成为解决问题的高手

在上述所有改变的催化下，某些根基性的东西开始在 HCL 产生，它们正是那些大型且长周期的交易最终得以成功的基石。HCL 的员工开始在价值区进行自下而上的创新。以下这个例子只是成百上千个、甚至上万个此类创新中的一个。

一名和一家全球化制药公司共同工作的 HCL 员工在阅读一些有关客户的商业报告时注意到，这家制药公司已经研发出了一种针对宫颈癌的疫苗。在没有经领导审批的情况下，他自己就决定开始组织一次面向 HCL 内部女性员工的交流活动。后者可以在这个活动上了解到更多与宫颈癌这种疾病相关的信息，如果她们愿意，还可以现场接受疫苗注射。这个活动肯定不好组织。人力资源部门的人提出了很多合情合理的问题。我们为什么要这么做？这种疫苗安全吗？经过检验了吗？这名员工克服了重重障碍，和自己的编程团队一起开发了一个用于组织和举办活动的外展系统，终于成功举办了一次活动，而且公司还给 1 500 名在活动上接种疫苗的女性员工提供了津贴。

就在那次活动前后，该制药公司的首席信息官就在印度，他偶然看到了一张贴在 HCL 自助餐厅的活动宣传海报。他向 HCL 的业务部门提到了这套程序。业务部门的人这才意识到，这个已经设计好的外展系统可以很方便地作为一项服务推到市场上。这套程序就变成了 HCL 新兴的"业务流程外包"业务（Business Process Outsourcing，简称 BPO）的一个早期组成部分。后来，这个外展系统的适用范围不再仅限于关注宫颈癌的女性，还拓展到了糖尿病患者身上。它的出现一举两得，一方面可以帮助制药行业的客户扩大销售规模，另一方面还能作为 HCL 提供给制药公司的一项用于新兴市场的 BPO 服务。

正如一位与该制药公司有广泛接触的 HCL 业务经理所说："这只是一个小创新，但当你想到成千上万的员工每天在这样创新，那就有可能聚沙成塔、集腋成裘。"

## 自上而下的努力带来自下而上的成功

距纳亚尔第一次在蓝图大会上宣布"大订单"战略仅 6 个月，HCL 便如愿与迪克森达成了价值 3.3 亿美元的协议。这个数额超过了 2005 年时由塔塔咨询服务公司创下的高达 2.5 亿美元的印度最大外包交易额。[3] 很多员工一度不相信 HCL 能够打败全球巨头赢得这么大笔的交易，特别是在这期间公司还正在进行自我转型。纳亚尔说："我们真的在努力争取这项合作。要是在过去，我们可能会放弃这一单，但现在我们会说'这次不行'。"

对于随后接踵而至的几个大协议而言，迪克森只是一个开端。起初，是与总部在美国加州的软件服务公司欧特克（Autodesk）签订了数额为 5 000 万美元的多年合作合同，从时间上看，与欧特克的谈判开始得其实比迪克森还要早。然后，是与日本系统集成商 EXA 公司签订的价值 1 亿美元的战略合作协议，后者是由 IBM 日本和日本第二大钢铁企业日本钢铁工程控股公司（JFE Steel）组建的合资企业。这些正是"我们想要的那种工作，"纳亚尔说，"复杂程度高，周期长，交易额庞大。"随之而来的是更多的合作，例如，与一家波士顿的自动检测设备领先提供商泰瑞达（Teradyne）的合作，与网络设备生产商思科在基于版权收入分享的基础上进行的合作，与波音公司就其突破性产品"787 梦想客机"进行的合作，与总部位于多伦多的全球领先电子制造服务商天弘集团（Celestica）合作成立了一家"身价"1 亿美元 ① 的合资公司，后者推出了 HCL 的"从概念到生产"服务。

HCL 的很多交易都是从与全球巨头（如 IBM、埃森哲）以及印度的主要 IT 企业（如威普罗和塔塔咨询服务公司）的艰难竞争中赢得的。而这些合作机会即使只提早一年出现，HCL 也不太可能会去争取，更别提打赢对手了。其中有一些合作，如与思科和天弘的合作，就代表着 HCL 下一个阶段的改革方向——与对方形成战略合作关系，共同开拓新的、尚无竞争对手的市场。"我们开始赢了，"一位 HCL 的高级经理说，"因为纳亚尔把我们其实早就具备的所有成功要素都拉到了一起。'员工至上'真的是一种特别棒的黏合剂。"

由于这些成功的合作以及其他方面的改变和提升，HCL 开始吸引投资者、商业媒体和潜在员工的注意力。《今日印度》（India Today）把 HCL 评为"十大最具投资价值的企业"之一。国际数据公司（IDC）称 HCL 是一股"破坏性力量"，并且说它"非常有可能在不久的将来成为领导 IT 服务行业的竞争者之一"。[4]《经济学人》把 HCL 列为"值得观察的公司"，特别是因为它独特的战略。该杂志还说，

---

① 此处原文有歧义，经查当年《印度教徒报》及印度在线商业杂志 domain-B 相关报道，此合资公司未来 5 年内收益或可达 1 亿美元。——编者注

IBM 和其他全球巨头对 HCL 的态度都"变得越来越紧张"。此外，"在很大程度上被人们忽视的是，HCL 已经赢得了好几个交易额在 3 亿至 7 亿美元之间的基础设施管理和商业模式转变方面的合同"。[5]

HCL 的业绩表现彰显了纳亚尔的领导才能所带来的成果。在 2008 年至 2009 年的经济衰退期，HCL 的所有印度竞争对手都眼睁睁看着其各自的收入下跌，而 HCL 却发布了收入增长超过 23% 的消息。在纳亚尔带领 HCL 成功转型之前的五年里，公司的年复合增长率是印度 IT 公司里最低的，为 11%～14%；到 2008 年至 2012 年期间，这一数字就是最高的了，为 6%～9%。

这种增长的驱动力之一来源于 HCL 在 2008 年斥资 8 亿美元并购 AXON 公司，后者是一家领先的企业系统集成商。并购之后，通行的做法是把 AXON 整合进 HCL，但纳亚尔没有这么做，而是新创立了一个单独的业务单元 HCL-AXON，并把 HCL 在自己的企业应用中的实践和员工反向整合到了 AXON 的运营中。他说，这个方法"即使在经济衰退加深的情况下，也达到了加速 HCL 增长的预期效果"。纳亚尔长远计划中的下一步是，为客户提供创新性、综合性的服务，而且这些服务要能够影响到，甚至能够重新定义对方的核心业务。

谈到 HCL 的所有成功，纳亚尔很快指出，公司的改革是一个持续不断的过程，并非所有事都能按既定计划发展。举个例子，并购 AXON 以及对其进行反向整合的过程不时夹杂着混乱和喧嚣。并不是每一个客户的项目都进行得很顺利。我们跟很多在与 HCL 合作过程中见过该公司重大创新的客户谈过，有些人表示很失望。纳亚尔说，随着 HCL 慢慢开始取得一些成功，就越来越难让人们保持不满状态并且渴望改变了。无论是他还是我们研究过的其他领导者都不相信，他们所在的公司过去取得的成就以及当前的成功可以保证未来的任何事。

担任三年 CEO 之后，纳亚尔在 2010 年的时候成为 HCL 的副董事长。随后，2013 年时他辞去了 CEO 的职位，转而把精力放在他多年前成立的一个基金会上。该基金会致力于改变印度的社会状况和教育水平。

从 2005 年到 2013 年，在纳亚尔执掌 HCL 的这段时期里，公司业务拓展到了 32 个国家，收入增长到了原来的 6 倍，从 7.64 亿美元变成 47 亿美元。利润和市值的增长也是出于同样的因素。在他的领导下，拥有 8.5 万名员工的 HCL 成为所有印度本土公司中员工人均收入最高的公司。如此激烈的变革令《财富》杂志认可 HCL 是"全球最现代化的管理者"，《商业周刊》称 HCL 是"全球最有影响力的公司之一"。2012 年，HCL 被国际外包供应商协会评为"全球三大外包行业领导者"之一。同一年，《福布斯》将其纳入"亚洲企业 50 强"榜单。该公司还获得了许多受尊敬的嘉奖，如美国 Workforce "Optimas 人力资源创新奖""英国顶级雇主""亚洲最佳雇主"等奖项，还有很多。2012 年，纳亚尔本人入选《财富》杂志首个全球"高管梦之队"（Executive Dream Team），该团队被描述为"一个全明星管理阵容""可以合并、主导任何行业"。此外，他还登上了 2011—2012 年度"全球最具影响力的 50 大商业思想家"（Thinkers 50）精英榜单。

即使在纳亚尔离开之后，他深深植入 HCL 灵魂的管理理念还在继续发扬光大。看起来自相矛盾的是，作为一项自上而下的努力，"员工至上"真的开始激发自下而上的积极性了。就在我们撰写此书的时候，因这一理念而备感兴奋的 HCL 员工正在把自己的积极性向下一个阶段推进。他们请求，在某些情况下甚至是要求公司促进、庆祝、激发并且奖励草根创新。在他们的努力之下，有一些计划诞生了，如 MAD Jam，意为"狂欢大会"，即一个年度员工创新庆祝大会，该活动包括一个竞赛，员工要对不同团队在各自的常规工作过程中产生的创新进行票选；此外，还有价值门户（Value Portal），一个信息搜集所，用于搜集那些原本专门为某一客户打造，却有潜力令更多客户受益的创新；还有 MAD LTD，意为"发挥影响，引领不同"，是一种面向工程及商科专业大学生的"黑客马拉松"，旨在从大学生那里发掘出用于社会实践或其他方面的创意。

### 一位不同类型领导者的经验

了解了维尼特·纳亚尔和 HCL 的故事之后，你很难不会得出这样一个结论：

纳亚尔所倡导的管理理念与人们通常所见到和想象到的不一样。的确，他是一个高瞻远瞩者，但他明白那不是他的主要角色。他可以时不时地拿出自己的领导架势，直接发号施令，特别是当他觉得有必要移除创新障碍，或者应该创建培育创新的组织结构时。但是，他认为他取得的成功并不是因为自己的领导才能，而是因为他有勇气不墨守成规。尽管执行的时候要承受巨大的压力，他还是接受并实践了那些在大多数领导者看来颇具革命性的思路和方法。[6]

鉴于在上任 HCL 总裁第一周的时候了解到的情况，纳亚尔感到自己别无选择。他接手的是一家曾经辉煌过的硬件公司，但由于在风云变幻的市场上遭遇发展更快的对手而正在衰落。HCL 主要提供的是单独的软件解决方案，但客户还想要更多，而且也早已经过了那个单纯用 IT 产品使传统商业模式自动化的基础阶段。他们想要一个能够创新地利用技术帮助自己公司进行改革的 IT 服务供应商。

纳亚尔明白这种要求对于 HCL 的领导者来说意味着什么，而第一个就是他自己。最重要的是，作为一个领导者，他对自己职责的思考与众不同。正如我们所说，他从来不把自己看作那个可以带领 HCL 走向光辉未来的伟大领袖。相反，用他自己的话说，他认为自己是一个"社会建筑师"（social architect），要创建一种鼓励并能实现创新的组织架构，而这些创新才是未来公司的附加值。他积极、公开地拒绝成为那个能够回答所有问题的人，他也鼓励手下的管理人员同样拒绝扮演这一角色。他知道自己并非无所不知，也不够聪明 ——其实哪个领导者都一样。我们在许多纳亚尔创建的系统和论坛上都看到，HCL 的员工可以自己提出问题，然后自己解决。他告诉员工，不要太过被动地仰望领导者（用他的话说就是"上帝之手"）来发出所有指令。"我相信，"他说：

> 领导者必须摆脱那种想要回答所有问题或者为每个问题都提供解决方案的迫切欲望。相反，你得开始提出问题，把别人看成是创新的源泉，同时把促进组织发展的主人翁意识转移给他们……最大的影响是可以释放许多人的能量，同时令一些人从束缚中解脱，从而提高创新和决策的速度与质量——每天如此。

纳亚尔敦促员工为公司的改变贡献自己的一分力量。他非常努力地转变员工原有的那种对领导的期望。他不关注"我们要朝哪儿去",而是把重心放在"我们是谁?""我们为何存在?"上面。他想让员工把自己看成是 HCL 客户的搭档,创新性地使用技术来推动客户的业务转型。

这就是纳亚尔那个"年轻火花"团队想出来的"Thambi"如此重要的原因。那些出类拔萃的个体,那些理想化的、充满积极性的 HCL 员工,他们有能力,也期待能成就一番事业。Thambi 背靠的基石是"一人战队",即一个人就能代表整个 HCL——HCL 公司的集体创造力。"一人战队"的含义是,即使一个员工也能运用整个 HCL 集体创造力的力量来解决客户的某些问题,或者帮客户抓住某些机遇。

纳亚尔明白,每个人都有各自才华出众的一面。他不相信创新只有少数天才才能做。相反,他相信大多数从事能够发挥自己特长的工作的个体,并且相信他们都能真正有所贡献。如果他创造出恰当的环境、系统和时机的话,人们就能把他们各自的才华、各自天才的一面合为一体,从而形成集体创造力。这些洞见只有极少数领导者才能意识到或付诸实施。尽管大多数领导者可以理智地去欣赏每个人富有创造性的灵光闪现的时刻,却不明白自己的工作就是要利用这些智慧的火花。

为了带来改变,纳亚尔采取了一系列广泛的措施,实际上也是在做试验。他也在持续不断地对这些措施进行评判和审视,并不断从试验结果中汲取经验。HCL 这个庞大的组织遍布全球,纳亚尔不仅要自己践行不同的领导方式,还得培养公司的 8 000 名经理级人员也做出相似的改变。在一个倾向于服从权威的文化氛围中,这是一项艰巨的任务。正如一位 HCL 经理提到发表自己的"360 度评议"时所说的那样:"在印度,人们很看重阶层,透明机制不容易在这种文化氛围中建立。这样的曝光让人觉得不舒服,特别是对于某些资历较老的人来说。"

几十年以来,HCL 的领导层都是先制定好方向,然后确保每个员工都紧跟其后。

人们已经被训练得凡有重要事宜必仰望领导的指示。纳亚尔知道，有些管理者仍然不适应自己的新角色，还在挣扎。考虑到当时糟糕的经济状况和无休止的压力，他必须提防形势出现倒退。的确，一些管理者被不断转移的权力动态，即意料之中的控制权丧失和大力度的透明机制给吓跑了。一些员工也被吓跑了，他们没有准备好接受新的自由与职权，以及随之而来的责任和义务。纳亚尔并没有因公司组织结构的翻转而变得仓皇失措，而是在某种程度上将其看作一种质量管理。

他明白，当创新成为目的时，传统的管理方法没什么意义。他也知道，如果每个人时时都要依赖指示的话，那么得到的可能就只有挫折和失败。

对于那些希望引领创新的人来说，这个经验已经很清楚了。如果你希望你的组织能够做出真正新鲜有用的东西来，你无法知道到底应该怎么办。这就是为什么引领创新并非只需要一个提出愿景的战略家，也不能是这样。你最不想拥有的就是一个这样的团队：人们遵从你设定的路线，让你做首席创新官，而他们只是简单地贯彻执行你的想法。纳亚尔接手过来的就是这样一家公司，为了挽救局势，他必须对其进行改造。

如果你的目的是创新，那么你的职责就是要创造一个环境（一种情景、一种语境、一个组织），让置身其中的人自己愿意，同时也能够去做创新所需的艰苦工作：彼此协作，通过试错去学习，做出综合性决策。

纳亚尔及其他我们研究过的领导者都令我们确信，如果领导者不重建自己对于创新和领导力的观念，那么在他的组织里，创新就仍然只是一种特例。我们不能说，在那么多鲜有创新的组织与少数像皮克斯和HCL那样以创新为基因的公司之间，只有领导力这一个差别。但我们坚信，这是最为常见的一个关键差别。如果一个组织没有我们所研究出的（以及在这里描述过的）这一类领导力，我们相信它很难开足马力去创新。

# COLLECTIVE GENIUS
## The Art and Practice of Leading Innovation

## 领导你的天才团队 ─────────────────

### 1. 天才团队的领导者

　　天才团队是领导者是"社会建筑师"，他们创建一种鼓励并能实现创新的组织架构，把员工看作创新的源泉，鼓励员工自己提出并解决问题。

### 2. 天才团队对领导力的新要求

　　引领创新不能靠传统的管理方法，而是要创造一个环境，让置身其中的人既有意愿、也有能力去完成实现创新所需的艰苦工作——彼此协作，通过试错去学习，做出综合性决策。

### 3. 来自 HCL 公司的启示

　　天才团队的领导者从不设定愿景，再发号施令让大家跟随自己。他们会转变对于创新和领导力的观念，完成角色重塑，让创新不再偶然并能够持续出现。

- 将组织的价值区提到核心地位
- 为价值区打造一个"品牌"
- 尝试为员工支付"信任薪资"
- 推动管理人员 360 度评议
- 构建业务层面的员工社区以激发创意

# COLLECTIVE GENIUS

## 第二部分

## 领导天才团队：目标 1，激发创新意愿

THE ART AND PRACTICE OF LEADING INNOVATION

在前三章里，我们展示了在过去 10 年间对于创新型组织领导力进行研究的主要成果。我们认为，高效的领导力是能够连续创新的公司与鲜有创新的公司之间的主要区别。我们还认为，创新之所以这么困难，是因为它包含着几对基本矛盾，而这些矛盾在不停地制造紧张关系。平衡并驾驭这一紧张关系是引领创新所面临的最核心挑战。我们还指出，引领创新需要领导者如何重新思考自己所扮演的角色和职责。

我们观察到的最重要的结果是，最好的创新型领导者并不认为他们的职责是凭空想出一个远景目标，然后让大家紧跟其后。这并不是说他们没有能力展望未来或鼓舞他人，通常他们都能做到这些；而是说，他们已经明白自己最重要的职责是要创造出一个环境，让别人在这个环境里共同进行创新工作。就像 HCL 的维尼特·纳亚尔说的那样，领导者是"社会建筑师"。

现在我们要继续关注这个问题：究竟是什么样的社会建筑师？这就是接下来的五章内容的主题，我们要仔细查看一下这些领导者具体都在做些什么，他们的时间和注意力都聚焦在什么上面。

在引领创新的过程中，他们面临着两大挑战。首先，他们必须创建一个组织，人们愿意在里面做那些天生就充满紧张和压力的创新工作。其次，这个组织还得让人们有能力去做创新所必需的工作。无论是主观意愿还是能力，都不能以想当然的态度去对待。

## 让大家心甘情愿去创新

开明的领导者都明白，创新是自发的。你不可能强迫哪个人去做贡献或去关心某一问题。如果人们不是在无所约束的状态下开放自己的头脑和心胸，那么他们就不可能提供自己的最佳创意，也不可能忍受创新本身所带来的脆弱感和焦虑感。人们为什么要去创新呢？这是领导者必须要解决的首要挑战。如果没有创新的意愿，空有创新的能力也不会收获硕果。

在第 4 章里，我们会看到，卢卡·德梅奥在大众汽车公司接手了一个四分五裂的市场营销团队，面临着一个迫在眉睫的问题。他的团队及其工作方式并不鼓励创新。他发现，公司的文化倾向于认为创新是那些产品研发部门的工程师要做的事，而不是市场营销部的人的责任。此外，这个部门的工作流程和组织结构使工作本身变得碎片化，呈彼此不相关联的线性步骤状态，也正因为如此才让市场营销方面的创新变得困难。但是，如果不能持续创新的话，市场营销就不能支持公司实现其既定目标，不能让公司在业绩和环保两个层面同时成为世界领先的汽车厂商。德梅奥的第一个挑战就是，培养和激发他手下的员工想要冒险尝试新鲜事物的强烈意愿。

他的反应跟我们在许许多多创新型组织里见过的一样，即创建一个属于市场营销人员的社群，把他们联合起来，用对共同目标的强烈追求去激励他们。在他就任之前，遍布全球 154 个国家和 24 个时区的市场营销部员工还像是在一个个封闭式的筒仓里工作，各自的职责范围划分得极其狭隘，彼此之间的关系就像一个松散的联盟，极少密切合作，更别说跟本部门以外的同事合作了。相反，德梅奥希望的是，让他手下的市场营销人才觉得自己像是一个生活在拥有强大凝聚力社区里的公民，愿意像一个整体那样通力合作，去打造公司急需的创新性解决方案。这些方案可以帮助大众汽车塑造一个强大且唯一的品牌形象，在全球各地统一发声。

　　但是，由于这在根本上是要创造一种社群意识，所以其目标必须建立在一整套共同价值观以及参与规则的基础之上。在第 5 章，我们来看看五角设计公司。这是一家由世界一流设计师组成的合伙制公司，自 1972 年成立以来一直繁荣发展至今。尽管它的每一位合伙人各自都已经是非常成功的设计师了（一位设计师要想成为五角设计公司的合伙人，必须在全国甚至全球范围内享有盛誉），但他们仍然选择在一起工作。作为一个团队，他们之所以成功，不只是因为他们拥有共同追求的目标，而是因为他们也共享同样的价值观并且遵循某种参与规则，后两者最初由五角设计公司的创始人树立，再由接下来的合伙人持续不断地强化。这些价值观和参与规则指导着他们如何以合伙人身份在一起工作，如何做到权责分明。在五角设计公司的故事中，我们可以清楚地看到，目标、共同价值观和参与规则是如何创造并维持一个有能力创新的团队的。

# 4

## 构建拥有共同目标的创新社群

市场营销不仅是一种公司功能，更主要的是一种态度。
我们非常努力地在市场营销领域创建一个全球化的社群，
态度端正，齐心协力，实现能够让人愉悦和惊喜的创新
型市场解决方案。

**卢卡·德梅奥**
大众汽车公司前首席营销官

2012 年夏末，在等待航班的间隙，卢卡·德梅奥在 iPad 平板电脑上玩了新的 Think Blue 游戏 [1]，它旨在帮助司机在驾驶过程中提高环境可持续性的意识。对于德梅奥来说，这真是一个令人愉快的提醒，让他回想起过去三年里自己带领的大众汽车公司市场营销团队所做出的种种努力。[1]

2009 年，他作为市场营销主管加入大众汽车，工作是帮助公司创建为实现其全球化所急需的市场职能部门。不到一年的时间，德梅奥就已经把产品营销的工作也承担了起来。2010 年年末，他又担任起公司一个新增的职位：首席营销官，职责范围涵盖 9 个品牌。

当德梅奥加入大众汽车的时候，这家公司的业绩已经开始起飞了。即便在全球经济衰退的形势下，公司当年也卖出了差不多 630 万辆车，这是一项新的公司交付纪录；与此同时，大众汽车的销售收入高达 1 138 亿欧元，年增长率为 4.5%。公司成功地把业务拓展至巴西、印度和俄罗斯，早在 2008 年的时候，中国就以 120 万辆车的销量（20% 的市场份额）成为其最大市场。大众汽车已经决心恢复

---

① 中文名"蓝·创未来"，大众汽车公司发起的一项游戏化比赛，旨在激励人们提供更多创新解决方案以帮助减少油耗和排放，倡导环保的驾驶方式。——译者注

其在美国的市场份额。这是一个巨大的市场，大众汽车曾经在那里做得很好，但近几年来业务开始下滑。

但大众汽车的领导层渴望做的不止于此。由于不满足于屈居丰田和通用这两个汽车巨头之下仅排名第三的现状，大众汽车的首席执行官马丁·温特科恩（Martin Winterkorn）在 2008 年时就设立了一个目标：大众汽车要在未来 10 年里成为全球第一大汽车制造商。在竞争如此激烈的行业里，这无疑是一个相当冒险的目标。

德梅奥接纳了这个目标，并利用它把自己碎片化的部门团结成一个创新型团队。在刚加入大众汽车没多久的时候，他就在一次自己部门的会议上向员工们解释了公司目标的含义，也就是他们必须"成为汽车界最好的市场营销团队"。他的想法很简单，也很令人信服。你可能会称之为"I+I+I=I"理论。为了成为市场领导者，公司的各个组成部分都必须做到最好；同样，为了达成公司名列业内第一的目标，德梅奥及其团队也必须成为汽车领域最具创新力的市场营销团队。

在大众汽车工作的三年里，他为了创建一个能够胜任上述挑战的市场营销团队而孜孜不倦地工作，而公司也在此期间取得了显著的进步。2012 年，他将去往慕尼黑赴任自己的新职位——奥迪汽车的销售和市场品牌总监，并加入奥迪的管理董事会，成为高管团队的一员。奥迪是全球领先的高端汽车制造商，也是大众旗下最赚钱的品牌系列。

德梅奥掌管大众汽车市场部这三年的案例，帮助我们把关于如何引领创新的故事又向前推进了一步。它揭示了德梅奥如何解决我们在第 2 章里提到的那个基本挑战：鉴于创新本身固有的矛盾和压力，一个领导者如何培养人们创新的意愿？

对于任何一个试图引领创新的领导者而言，这都是首要任务。如果人们没有创新意愿，那么无论领导者怎么做，也都没有用了。

## 大众汽车市场部：打破筒仓式工作的挑战

加入这家德国汽车巨头时，德梅奥已经是一位在欧洲汽车行业经验丰富的从业者了。20 世纪 90 年代初，他在意大利获得了商学院学位之后，进入雷诺汽车工作了 6 年，后来又加入了丰田汽车（欧洲），并在那里升至产品管理部门的总经理职位。2002 年，他加入菲亚特汽车，使蓝旗亚（Lancia）品牌重获新生，并在 37 岁的时候被任命为菲亚特汽车意大利公司 CEO。后来，他成为菲亚特集团旗下阿尔法·罗密欧（Alfa Romeo）品牌的 CEO。他在菲亚特的团队发布了对符号化的 Fiat 500 型号汽车的升级版，这款车被一个由 58 位来自 22 个国家的记者组成的小组评选为"欧洲年度汽车"。他在 2008 年的时候被博斯管理咨询公司（Booz & Company）① 评为"年度 CMO"。

尽管已经精通五种语言，德梅奥加入大众汽车之后还是学了德语，从一开始，他就把自己沉浸在这家德国公司的历史、文化和组织结构之中。加入后不久，他就安排与自己的每一位下属进行"30 分钟会面"，倾听了将近 100 个人关于自己工作的描述。此外，他还与在大众汽车总部的其他部门的同事进行了会面，并且出差至全球各地与各个负责地区市场工作的管理团队进行面对面的交谈，包括在他管辖之下、遍布 154 个国家和 24 个时区的市场营销专业人士。

在出差和与员工交谈的过程中，他很高兴地发现，在公司位于沃尔夫斯堡的总部以及市场部有很多才华横溢的市场营销人才，他们对公司充满爱戴之情。他还确认了，大众汽车是一家产品及工程师驱动型的公司，其核心价值是卓越和优质，这也是他所认同的价值观。自从在 7 岁的时候第一次乘坐过赛车后，他就变成了一个汽车的狂热爱好者，尽管不是一个受过正规训练的工程师，但他掌握的知识已经足够让他跟汽车工程师进行专业水准的对话了。

他还发现了自己需要担忧的理由。从历史的角度来看，大众汽车的市场决策

---

① 博斯曾为全球顶尖的管理咨询公司，在 2014 年与普华永道合并，并更名为 Strategy&，成为普华永道全球网络的一员。——译者注

一直都是去中心化的。公司沃尔夫斯堡总部的市场部门会设定一些参数指标，但是各地的市场部都会发展出自己的市场战略并实施。

较小的市场由独立的进口商负责，它们通常会从不同公司买入多个品牌的产品，那么可以理解的是，它们要比像中国、美国、巴西这样的大市场更加依赖大众汽车集团的市场策略。在这些大型市场上，大众是有全国性的销售公司的，但是那些公司的市场预算由销售额而非市场策略决定，而且它们的市场负责人并不向沃尔夫斯堡总部报告，而是向当地的 CEO 或者总经理报告。因此，公司总部与各国市场部之间的关系通常只是行政管理上的，正如一位该领域的市场营销人员所说的那样："有时候这种关系也太行政了。"

集团的市场策略与各地市场之间的关系很复杂，有时候也会变得很紧张。举例来说，2007 年的时候，大众汽车集团发起了一个新的全球性广告活动，结束语是 "Das Auto"，这个短语在德语里是 "汽车" 的意思。公司的每一则广告原本都应该以此为特色，但是很多地方的市场部都很抵制，原因是他们觉得这个短语在自己的文化背景或者语言里没什么实际意义。在某些语言里，它甚至会传达出多余的含义。在印度，das 只是一个很普通的人名，而 auto 的意思则与加油站有关联，跟汽车没关系。在巴西，大众汽车被市场接受和认可的时间之长令很多本地人认为它就是巴西生产的汽车。市场营销人员担心，Das Auto 会提醒巴西消费者大众是一个外国品牌。德梅奥在这一趟踏遍大众汽车全球各地市场的旅途中听到了不少关于 Das Auto 的抱怨。

德梅奥在自己所在的沃尔夫斯堡公司总部市场部门也发现了同样的问题。尽管大众汽车是一家跨国公司，但几乎没有市场人员有过在德国以外工作的经历，而且大部分人只了解自己所在的市场区域，对其他市场几乎一无所知。事实上，在他的团队，几乎没有人在除自己所在小组之外的地方工作过。

虽然他非常热爱汽车，但是也担心工程师及产品驱动型的公司文化会在某些方面对他的团队起反作用。正如许多以产品为核心的组织经常会发生的那样，市场营销可能会被认为是一种必要且无法避免的开销——总得有人去应付媒体、制作广告、印刷宣传册。但对于达成公司目标来说，它并不是一种重要的战略性功能。他很担心他的下属中已经有太多人接受了这种状况。

当调查完自己部门的工作方式后，他发现，员工的工作首先是聚焦在执行上，他称之为"高度线性化流程"。人们已经发展出了一种筒仓式的封闭工作方式，职责被狭隘地限制在特定的范围内。他们彼此之间很少见面或者互动，跟市场部以外的同事就更是如此了。举个例子，发布一款新车时的市场策略是经过计划的，也要按步骤执行。在新产品发布前的几年时间里，产品营销人员要和工程师、设计师碰面，共同确定产品的模型及其市场定位。然后，产品营销人员把工作转给市场沟通人员，后者的工作是在新品正式推出的 12 至 14 个月之前制定出一套与消费者沟通的策略。那时候，有关产品的所有信息都已经确定了。

鉴于上述所有特征以及工作方式，德梅奥发现一切都在意料之中：所有跨国的市场工作几乎完全没有战略性，丝毫不全球化，也不具有足够的创新性。结果，大众汽车的品牌认知度在全世界各个不同市场上的差别非常明显。当然，它在德国是最高的，也是最正面的；在欧洲的其他地区次之；而在欧洲之外的那些有待持续提升的市场则要差得多，例如在印度和美国。

据德梅奥所在部门的一位经理介绍，当时的状况"有时令人沮丧"。他说，尽管每个人的出发点都是好的，但在整个活动中市场工作还是常常不能"统一发声"。"举个例子，在传统的广告中，例如电视广告和印刷广告，我们会倾向于选择更偏生活方式的风格，但在互联网广告中，我们则会传达不一样的信息。"

**德梅奥的挑战**

德梅奥面临的挑战显而易见。由于那种线性和筒仓式的封闭工作方式，他负责的市场部门并没有准备好去做公司所急需的创新性工作。总而言之，这个组织里没人愿意、也没人有能力去进行协同性工作、发现性学习以及综合性决策。的确，德梅奥刚到公司的时候就发现，上述工作与大众的公司文化和传统实践格格不入。

最重要的是，他手下的许多人已经接受了这样一种信条——他们每天都在做的市场工作是一项必要但非战略性的职能。公司需要他们，却并不是依靠他们才获得最终的成功。结果，在这个工程师及产品驱动的组织里，他们也认为创新是那些设计和研发产品的人的事，跟市场部的人无关。据市场部的一名员工说，当德梅奥极力促使整个团队都变得更加具有创新精神时，这是一个"比较新鲜"的想法。

于是，德梅奥所面临的首要问题就是，培养员工创新的自主意愿。他说，"我不确定"，为了支持公司实现其成为世界第一的汽车制造商的愿景，"人们是否已经意识到自己必须要改变工作方式"。

## 创新的基石

幸运的是，德梅奥有一个可倚赖的基石。由于他下了很大一番功夫去学习大众汽车的公司文化和历史，同时还了解过自己的员工，所以他发现了隐含在公司内部的一种潜在的自豪感，以及它的作用和全球性成就，还有它在现代德国社会里的重要地位，甚至连遍布全球各地的市场人员都认为自己是大众公司的一分子。人们知道，大众汽车是由传奇的汽车工程师费迪南德·保时捷（Ferdinand Porsche）为了打造一部大众消费级别的"国民汽车"（这也是 Volkswagen 这个词的字面意思）而在 20 世纪 30 年代末创建的，其目标是让普通人也能享有移动的自由，而在一个只有极少数人才拥有汽车的时代，这不是一件小事。自那时起，大众汽车就已经为促进德国"二战"后的经济复苏起到了作用，也成为德国经济中最重要的公司之一。

人们也意识到汽车工业的主导性地位及其在社会中持续发挥的作用。对于这个观点，德梅奥的表述是"汽车并不仅仅是汽车，它还强烈地影响了人类社会"。他说，尽管汽车工业很容易被看作"旧经济"模式，但从全球经济来看，它仍然是重要的就业岗位来源，同时也是创新的持续驱动力。它是首个发展出具有广泛协作性供应商网络的行业，他指出，一辆汽车上 70% 的价值并不是由汽车制造商自己创造的，而是由这个供应商网络创造的，后者在全世界提供了数百万个工作机会。甚至在新经济中，汽车工业仍然在很多领域持续引领着前沿性研究，如更高效的内燃机、电池技术、可替代燃料和超轻型材料等。

大众的员工都明白是什么最终推动了公司目标的实现：在广告语和宣传活动的背后，公司领导者热衷于谈论大众汽车会对社会、人和技术进步起到什么样的影响。"他们痴迷于技术进步，"德梅奥说，"因为他们知道，正是技术进步为这个国家和社会创造了附加值。"

在上述更广阔的语境下，大众公司的领导者在建立公司品牌形象的时候选择围绕以下三个核心价值：创新、责任、价值。他们相信，如果每个地方的人都认为大众汽车是最具创新、最负责任、最有价值的汽车制造商，那么它就会成为世界上最领先的汽车公司，实至名归。

当温特科恩设定大众公司那个十年目标时，他所说的"世界领先"并不仅仅指销量、收入或者利润，还意味着公司要在整个行业生态中具有领导力，同时还要拥有满意度最高的消费者和员工。"只有当一家汽车制造商达成所有这些目标时，它才有理由说自己是'世界第一'。"他告诉《福布斯》杂志。[2]

## 品牌是关键

建立起大众汽车的品牌，是德梅奥解决公司市场所面临难题的关键所在。首先，对于一家公司而言，在全世界范围建立起一个强有力的品牌至关重要。大众汽车需要在欧洲之外的地方有更强劲的增长，那里的市场潜力要高得多，而其品牌形象却弱得多，也不统一。

"产品是大众公司的核心，未来也应该一直如此，"德梅奥告诉他的员工，"但是我们必须得超越产品迈出一步，努力建设大众汽车这个品牌本身，这才是把消费者与产品联结到一起的纽带。"如果他们不围绕"创新、责任、价值"这三个核心价值建立一个在全球都能统一发声的品牌，那么公司就无法实现其成为世界第一汽车制造商的抱负——在任何意义上都领先于别人。

德梅奥建议他的团队所创造的不仅仅是一个在汽车行业内领先的品牌，而是一个在全世界范围内的所有产品和行业里排名前十的品牌。那个时候，大众汽车在品牌咨询公司 Interbrand 发布的全球品牌（包括汽车在内）排行榜上的位置是第 55 名，而另外四个汽车品牌福特、梅赛德斯、宝马和丰田的排名都比它高。

其次，如果品牌的地位很关键，那么市场就会起到战略性作用。它对于公司的成功就至关重要，而不再仅仅是一项必不可少的开销而已。那样的话，建立品牌这件事就成了一个强有力的目标。这个目标可以使德梅奥团队成员的理想抱负和价值观与公司的相一致，也能把员工凝聚成一个富有创新精神的社群，促使他们愿意为了创新去改变自己现有的工作方式。

在刚刚加入公司的时候，德梅奥在一次会议上对自己的团队说：

> 我们为什么都来到这里？我加入大众汽车也是出于同一个原因。这家公司有野心成为世界上最好的汽车公司。为了实现这个理想，我们必须变成世界第一的汽车品牌、最具创新的汽车品牌、所有行业排名前十的品牌。为此，我们必须成为汽车行业里最优秀的市场团队。

他们必须"作为一个团队发挥出大众公司的最大能量"，同时，品牌的核心价值（创新、责任、价值）也必须成为市场工作的基因。

在德梅奥加入之前，大众的市场营销是任务及流程驱动型的，每个人都聚焦在一个特定的任务上。现在，市场部门将会是一个目标驱动型的社群。正如德梅奥所说的："当管理层不只盯着关键绩效指标（KPI）和流程，还关注各种不同的创意和观点，也就是工作的意义时，员工更有可能进行协作。"

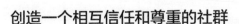

## 创造一个相互信任和尊重的社群

和 HCL 的维尼特·纳亚尔一样，德梅奥明白自己的任务并不是成为创新的源泉，他不是要让自己去做那个创新的人，而是像纳亚尔说的那样，要成为一个组织中鼓励并且促使创新发生的那个"社会建筑师"。他的工作是创造一个环境，每个人才华横溢的一面都能够在那里展现出来，并且汇聚到一起成为集体创造力。

建立品牌是关键，不过要通过建立品牌来克服根深蒂固的思维定式和行为习惯，光嘴上说说是不够的，德梅奥还有更多的事情要做。他总结出的问题根源是，公司和各地市场团队完全没有足够的动力和充分的机会去"作为一个团队共同工作"，去"分享各自的秘诀和创意"。在他的经验中，创造一个社群所需的相互信任和尊重只能来自"互动和对话"，而在大家惯常的工作过程中，这两者中的任何一个都太少了。

### 把人们召集到一处

刚加入公司不久，德梅奥就从自己的团队中挑选出三名基层工作人员，和一家由意大利同事毛里齐奥·特拉瓦利尼（Maurizio Travaglini）带领的外部合作公司一起工作，共同创建了一个为期两天的设计实验室，人们可以聚集在这里，就一系列重要的市场营销问题展开协作。他知道他必须少说多做，以便让人们适应一种全新且与以往截然不同的工作方式。跟我们调研过的其他领导者一样，他让员工置身于一种环境，这个环境可以迫使他们摆脱积习，并共同催生出一种新型的、更具创新力的工作和思维方式。他在菲亚特时就这么做过，用他的话说就是，他看到"人们纷纷涌出来重塑自我，聚集到一起，把各自的才华和技能都贡献出来，用于实现一个共同目标"。

人们称这个实验室为"市场百宝箱"（Marketing Worx!）①，并把它设计成为一个能够把来自总部及各地市场部的员工都汇聚到一起共同创建全球化品牌的地方。

---

① Worx 为德国一个生产专业电动工具的品牌，直译为"威克士"。——译者注

这个实验室没有幻灯片演示，也不举办演讲，人们在这里实际所做的事情是不断进行原型设计、不断测试、不断争论，直到找出最好的解决方案。

策划团队为实验室的参与者找到了几个高风险的项目去操作，当然也是采用那种鼓励新鲜想法涌现的方式。不过，这么做的目的其实已经超越了某些特定的项目需要，而是为了让人们去体验并变得越来越熟悉这种过程——通过协作、试验和想法整合去创新。德梅奥回忆道：

> 我们决定在柏林市中心最鼓舞人心的建筑（设计师为弗兰克·盖里）中举办一个为期三天的大会。我们和一家意大利公司合作，按照他们独特而非正统的方法共同策划了这个活动。我们把这座大楼改造成了一个真正的21世纪的实验室：到处是艺术品，室内播放着声音响亮的摇滚乐作为活动与活动之间的过渡信号，用快照的形式来展现汽车工业的历史，中间还夹杂着关于未来出行方式的对话。我们感到，为了解放人们的思维和态度，必须得引发某种形式的"正向冲击"。与平时循规蹈矩的日常工作不同，团队中的每个人都被邀请（有的甚至是被强迫）去作为解决方案的共同设计师，而不是只作为想法的执行者。

2009年12月寒冷的一天，这个实验室的参与者在柏林相聚——总共有72名市场沟通人员，其中很多人都几乎没在现实中共同工作过。与此同时，与这次活动的设计相关的流言蜚语开始蔓延，一些参与者充满热情，而另一些却心生疑虑。

"品牌并非无足轻重，"德梅奥告诉他们，"那些伟大品牌的成就是实实在在有据可查的。那都是真实发生的事，不是魔法。"众所周知，一些强大的品牌（他引用了可口可乐和苹果的例子）可以促使消费者优先选择并进行分享，有助于提高忠诚度和产品保留率。他指出，在口味盲测时，可口可乐和百事可乐得到的评价都差不多。但在参加测试的人提前知道品牌名称的情况下，65%的人更喜欢可口可乐，而喜欢百事可乐的人只有35%。对于汽车而言，品牌的溢价率为10%或更高。

"强大的品牌都具有明确的身份认知,"他说,"它们独一无二,始终如一。"这些品牌"可以影响大脑理性和感性这两个方面,但通常只对消费者承诺一个方面"。

来自拥有强大品牌的公司的信息"都只有一副面孔,一种风格"。不过,他又补充说,对于全球化的品牌而言,"'始终如一'并不是'一刀切',我们确实需要在全球各地讲述同一个故事,但要用适合当地市场的语言和表达方式"。最后,他说:"我们的挑战是要成为一个全球化的品牌。"为了达到这个目标,他们必须作为一个团队在一起工作。

接下来,实验室的参与者再分成数个二级小组,但在各自操作单独的项目之前,他们全都忙于完成同一个任务,即定义"这个品牌当前以及未来可能代表的含义"。根据供参阅的市场沟通素材,他们可以看到不同市场消费者之间的巨大差别,包括年龄、性别、收入和已支付的价格,还能看到全世界的人对于大众汽车品牌的理解有多大差异。德梅奥回忆道:"公允地说,一开始的时候,大家是真的受到了冲击,因为他们被召集到一个真正的实验室,那里的每件事——地点、过程、每个人要扮演的角色,无一不令人惊讶。对于公司总部的市场人员来说,参与'市场百宝箱'实验室成了一次极具变革性的经历。"

在实验结束的时候,德梅奥觉得,这些参与者无论是在各自分配的项目操作上还是在和同事协同工作方面都有了进步。举例来说,尽管许多细节仍有待解决,但他们已经勾勒出了"KPI驾驶舱"的大致轮廓,还制订了一个推进可持续发展项目的计划。通过参与者彼此互动的方式,比如表现力、眼神接触、手势和肢体语言等,德梅奥就能看出来他们开始建立起连接,并且在与建立品牌有关的关键问题上获得了全新的见解和观点。

一位参与者这样向他描述"市场百宝箱"的意义:

> 我以前从来没有这样的机会去和不同国家的同事见面……在我的意识里,大众汽车首先是德国的,其次是欧洲的,最后才是其他地方的。现在我

的看法完全不同了。现在的感觉就像是，我们自己要推动这家公司，而且我们每个人都是大众品牌的一个组成部分。卢卡（德梅奥）并不只是在嘴上说说，而是在召集起一个团队，试图和大家一起共同承担责任。

"市场百宝箱"展示了员工能做的事情，德梅奥说："当他们在一起协同工作时，就不像以前那样在筒仓式封闭的环境中按部就班了，而是各展所能，带着使命去创新。"这是一个生动的示范，告诉人们如何在一个更高、更创新的市场层面像一个团队那样工作。

## 不一样的发布会

让人们的注意力聚焦在品牌上需要更多像"市场百宝箱"这样的一次性事件。德梅奥也改变了其团队做持续性工作的方式，例如为新款大众汽车车型制定并执行一项发布策略。虽然新品发布活动要求与几乎每一个其他部门进行协调，还会进行无数现场操作，但公司的市场部门历来所做的发布会都跟别的市场活动差不多——封闭、线性、重流程，千篇一律都是这种风格。不过，正因为发布活动需要这么多的独立的部门共同工作，德梅奥才认为这是绝佳的机会可以让市场部实践并且提升跨部门协作的工作方式，同时还能创造出一个更加强大、更加统一的世界性品牌。

因此，在加入大众公司不到一年，他就创建了一个跨职能的团队来负责下一个 up! 系列的新款车型的发布。对于大众汽车来说，up! 系列是一个相对比较新的概念，该系列车型的定位是人们日常出行的城市代步车，用于与戴姆勒公司的 Smart 和菲亚特的 Fiat 500 进行竞争。

在菲亚特公司的时候，德梅奥经常依靠年轻人的活力和新鲜视角想出创新的、高强度的市场方案，包括行业内最早尝试和消费者共同设计汽车的互联网营销模式。对于 up! 系列的团队，德梅奥挑选了一个由年轻的市场部人员组成的核心小组，加上其他部门的员工，一共 11 个人。他让这个小组全方位地负责新车的发布事宜，也就是说，这个小组要制定出一个覆盖 up! 系列车型整个生命周期的综合性市场战略，而不只是简单地进行推介而已。

这个小组直接向德梅奥汇报，办公地点也被安排在距他办公室很近的地方。德梅奥希望，在整个项目持续期间，这个小组的成员都要全职在此工作。他说："我们需要在一个巨大的组织机构里重塑一种小（创业）公司的精神。"于是，他用这样的话来刺激员工："我不会告诉你们应该怎么做。你们必须得自己做。一个月后见。"德梅奥经常这么干。"他们之前从来没经历过这样的事，"他说，"以前的规则是，老板过来，事无巨细地告诉大家都要做哪些事——这个，这个，还有这个。"

一位小组成员在回忆这个项目召开的首次会议时说："我们问，'好的，你想让我们什么时候开始？'他说，'马上！'几个小时后，德梅奥朝我们工作的房间里看了看说'人都哪儿去了？'因为那里一个人也没有。我们必须得完成工作之后才能离开自己的部门。"

德梅奥没有给员工指明确切的方向，但设定的期望值很高，他跟员工的沟通方式就是顺便和大家一起喝个咖啡，迅速了解一下整个小组的工作，这也就是他所说的"非结构化的方式"。他可能会"朝某个方向适当点拨一下员工"，但总的来说是鼓励他们逐步推进并实施自己的想法。他敦促员工敢于冒险大胆尝试，并让他们打消内心的顾虑，把错误作为整个过程中不可缺少的一部分来看待。他"希望他们努力尝试"。

后来，德梅奥还记得，这个小组的人时不时就会陷入困境，不知所措，对一些重要难题的讨论好像永远都没有结束的那一刻。他觉得他们的想法是好的，其中很大一部分都不落窠臼。他也很满意大家都发现了跨界工作的好处。

遗憾的是，这个小组未能单凭自己的力量达成最终的结论。距向公司董事会做演示仅剩两周的时间了，德梅奥还是答应了这个小组要找一位正式领导者的请求。但是，他并没有直接提名哪位高管或者干脆自己来领导，而是从这个小组之外挑选了一名同样年轻但有过其他发布会经验，也向管理层做过演示的人。德梅奥告诉他要把自己想象成是"同行中的第一"。这位年轻的领导者发现，up! 小组已经得出了非常好的数据，并且"工作方向完全没错，我们只需要去证明，"他说，"减少其复杂性，切中要害，然后'游说'公司接受这个方案。"

公司董事会对于 up! 小组长达 130 页的发布计划印象深刻，"这可能是大众公司近期做出的最具综合性的发布策略了。"德梅奥说。尽管 up! 小组遇到过一点儿挫折，但他仍然相信这次发布会是一个完美的机会，可以用来持续测试"不同部门的人能够协同工作……这是一种非常犀利的测试方法……真刀真枪地干，而不是纸上谈兵"。在发布 21 世纪全新甲壳虫车型的时候，他也用了同样的方法。

**再次把人们召集到一起**

加入大众公司 8 个多月后，继市场沟通部之后，德梅奥又接管了产品营销部的工作，至此他开始全权负责大众汽车的市场部门。他认为自己已经在创建一个更具协作能力的市场社群方面取得进展，人们想的不再只有工作进度，而是还时刻想着如何创新、如何建立一流的汽车品牌。他越来越多地听到人们提到"市场团队"和"市场部的社群"。员工们明白，他们身上被寄予着合作、学习、发现和共同决策的期望。

现在，两个市场部门都归他领导，德梅奥决定举办第二次设计实验室活动，名为"市场百宝箱 2"。这一次的目标是让两个市场部门的员工合作制订出一个下一年规划。在向来自世界各地、各不同部门的所有参与者发表讲话时，他再一次强调了建立品牌的需求，所用方法是把每个经验丰富和有相关专长的人聚集在一起，共同合作。

参与者要像上次那样进行跨小组工作，专注于一个全新的高相关性项目，后者反映出四个关键的驱动力：创新、可持续性（"责任"的一个关键要素）、品牌价值以及客户满意度。实际上，这次实验室的目标不仅仅是鼓励参与者发现合作及共同学习的价值，而是要提高他们对于那些处于关键领域的项目的思考能力。

项目带头人通报了小组成员在过去 6 个月内所取得的最新工作进展，并且就下一步的工作寻求建议。德梅奥要确保少数派的意见得到倾听，甚至不受欢迎的，或者那些用他的话来说会"减缓进度"的观点，也会得到倾听。他想让人们挑战传统的思维方式和工作流程，此外还要尝试更多新鲜的创意、冒更大的险。与此同时，他敦促人们的行动要更加敏捷，速度提高 50%，还要采取综合性更强的工作方法。

活动结束之后，他觉得这两次实验室活动已经给员工提供了机会，去体验像一个团队那样协同工作是什么感受。由于不同市场小组的人员彼此之间更加了解了，所以许多人后来表示他们开始更频繁地互相打电话交流想法、寻求建议和获得反馈。

## 架构重组

和维尼特·纳亚尔在 HCL 的时候一样，德梅奥发现，要想促使改变发生，他需要以支持更多协作和创新的方式对许多架构和系统进行重组。

## 市场圆桌会议

在德梅奥加入之前，大众汽车的欧洲市场团队和公司总部的市场人员每个季度都在沃尔夫斯堡碰一次面，花一天的时间讨论各种想法和计划。"过去是这样，"他说，"你过来告诉我你正在做什么，然后我告诉你这样做好还是不好。不同的国家之间的市场人员没有任何交流互访，因为每个人都在忙自己那摊子事儿。"

德梅奥用每季度的"市场圆桌会议"代替了原来的那种碰面，各地区所有主要的市场部门都会参加，会议持续两天。与会者一起讨论各自的当务之急，并为最重要的活动制订出将会由跨职能部门、跨国界的团队共同实施的具体计划。

在建立大众汽车品牌的过程中，由于采用了这种与众不同的工作方法，他的团队能够明确地把握好自己在公司和在各自国家市场上所应承担的职责。沃尔夫斯堡的团队会支持各地本土团队，并且以陪练员的身份提供帮助，和后者共同寻求可能的解决方案。而为了建立起品牌影响力和达成双方的共同目标，本土团队会在识别挑战和调整行动以适应本土化需求的时候一马当先。由于他的员工越来越多地在战略制定和关键活动策划阶段就开始参与市场工作，德梅奥注意到，他们对于"沃尔夫斯堡来的那些人"的抱怨大大减少了。

### 卓越中心

为了表示对"创意无界"的认可，德梅奥开始把那些已经在某些特定领域展露出自己专业性的市场命名为"卓越中心"。如果一个市场已经在某些方面表现得特别好，比如说，在某些方面变得特别具有可持续发展能力，那么它就会获得额外的资金支持，从而进一步发展自己的创意，并与其他市场分享这些创意。当德梅奥发现美国的市场团队非常擅长数字业务战略时，他在沃尔夫斯堡的下属就开始和美国团队协同工作，共同为大众汽车无处不在的客户研发一种更好的数字化体验，并分阶段交付相关成果。

### 全身心投入的发布团队

由于对 up! 系列和新甲壳虫发布团队的工作感到十分满意，德梅奥随即组建了一个永久性的、能够为所有大众公司的车型制订并执行发布计划的团队，直接向自己汇报。这个团队将会为每次发布会编制一份凝聚了销售、市场沟通和售后服务等诸多部门心血的行动指南。它的第一个项目是负责在高尔夫 GTI 这款运动型掀背轿车诞生 35 周年的时候为其发布一款特殊的车型。该团队的负责人卢卡斯·卡萨诺瓦斯（Lucas Casanovas）对结果很满意。这次发布会之后，他说："其他成功的发布会接踵而至……结果越来越好。你能发自内心地感受到那种氛围，某些改变已经发生，并且运转良好。"

### 国际化管理

为了解决沃尔夫斯堡的市场人员国际经验缺乏的问题，德梅奥和时任企业销售与市场营销管理发展主管阿丽亚娜·莱因哈特（Ariane Reinhart）设定了一个目标：在 2012 年年底之前，他们要让 50% 以上的市场经理都具备相关经验。为达到目标，他们双管齐下：一方面，雇用那些有过国外工作经历的员工，例如，把在全球各国市场工作的优秀人才召至公司总部；另一方面，把经理们从沃尔夫斯堡送往其他地方市场进行工作。

## Think Blue：为共同目标设置语境

在德梅奥领导下，有一个市场营销方案值得特别注意。Think Blue 是一个最佳案例，可以用来说明在品牌建立的过程中，他的市场团队以协同工作的方式在全公司范围内达成了怎样的效果。

德梅奥要求原"市场百宝箱"的策划团队把环保项目也纳入其中。生态环境的可持续发展是大众汽车的核心品牌价值"责任"的一个关键组成部分，已经有一个小型市场团队在此领域努力了一段时间，而且德梅奥及其同事都对此充满热情。他认为，这可能是一种方法，能够围绕品牌在本地及全球的意义把手下的市场人员团结在一起。

在大众公司，对环境表示关注其实算不上什么新鲜的想法。这家公司在 1970 年的时候就首次设立了环境保护部门，并在接下来的几十年里采取了大量积极措施。后来，公司董事会主席马丁·温特科恩为大众汽车描绘了这样一个理想，即"成为世界一流的汽车制造商，无论从经济上还是生态上都要领先"。

所以，德梅奥特别高兴看到关注环境可持续发展的团队在两天的实验室活动期间能取得切实进展。他们的核心举措是要把可持续发展变成一个大型的市场营销概念——"蓝·创未来"。这个概念可以把公司当前正在零零散散做着的与环保相关的活动都统一起来。

"市场百宝箱"的团队更倾向于蓝色，而不是传统意义上更多被用于代表环保的绿色，德梅奥说原因是"绿色意味着限制和对抗，也意味着拒绝科技和回望过去。相反，蓝色意味着寻求机遇和可能性，意味着拥抱未来和发展"。他还指出，蓝色是天空和海洋的颜色，也是"大众汽车品牌标志的背景色"，同时还是几十年前甲壳虫车型最原始的广告创意"想想还是小的好"（Think Small）上所采用的颜色。

实验室活动期间，该团队还为 Think Blue 创作出了一个能概括出该方案背后原则的宣言。活动的最后一天，当德梅奥的上司克里斯蒂安·克林格尔（Christian Klingler）和大众汽车集团负责销售和市场工作的董事会成员到达实验室时，德梅奥也签署了该宣言，这表明了他个人对于宣言内容所做出的承诺。

Think Blue 的团队主要由 10 名全职市场部工作人员组成，此外还包括相关的实习生和外部合作伙伴进行辅助工作。德梅奥已经清楚表明他希望这是一个雄心勃勃的计划，要兼具可执行性和可测量性。因此，该团队制定了一套战略性方案，以便实施并监控一个可靠的、始终保持国际化的计划的推广工作。这套方案设定了四个基本目标：第一，支持大众汽车成为最具生态可持续发展能力的品牌；第二，在公司上下推行一种生态可持续发展的观点；第三，借助 Think Blue 打造一种独特且特色鲜明的品牌形象；第四，推动并确保 Think Blue 的国际化传播，也就是要建立起更高的市场意识。

团队成员开发出了一个非常前沿的、能在全公司范围内进行传播的计划，该计划把产品的生产方法和他们的工作方式结合到了一起，还包括此前谈到的四个关键驱动力在支持可持续发展时所采取的步骤。据一位团队成员描述，他们发明了一种"Think Blue KPI 指数季度报告"来跟踪相关进度，还开发了大量的工具来帮助同事每天都思考和践行环保。例如，他们制作月度简报，用于展示相关项目和重要的议题；创制标准化演示模块，比如一批关于 Think Blue 各个方面的图表；确定 Think Blue 的设计风格；提供展览服务，这种服务有助于 Think Blue 概念的发展，也能协助相关展会和活动的举办；负责管理活动物料，比如电视广告、印刷广告和户外广告牌；开展事件营销，比如节能冠军活动；开发适用于不同线上渠道的模块，如 Think Blue 的网站和脸书页面。

在日内瓦车展上，这个团队将 Think Blue 作为大众汽车品牌的关键组成部分正式进行了发布，同时发布的还有大众汽车最节能的车型 Polo 蓝驱版"我们马上让消费者参与了进来，"德梅奥说，"并在公司内部阐释这个活动计划，让其他职能部门也能在各自的专业领域对 Think Blue 进行演绎。在发布后的头一年里，我们向 30 多个国家进行了推介。"2011 年，超过 25 个基于 Think Blue 的项目在全球付诸实施，2012 年时这个数字上升到了 320 个。自正式作为公司计划发布两年后，单在市场营销领域就诞生了 600 多个基于 Think Blue 的项目，遍及 40 多个国家。

或许，最令德梅奥和 Think Blue 团队感到骄傲的是"蓝色工厂"（Think Blue Factory），这是一个被广泛关注的跨部门活动，面向大众汽车分布于世界各地的工厂。它的目标是实现对能源、材料和水的更高效利用，降低二氧化碳和污染物的排放。Think Blue 团队将目标设定为，到 2018 年的时候，把每个大众汽车工厂所造成的环境影响降低 25%，一个全新的 KPI 系统将对此进行跟踪。

"正常情况下，一家公司的市场部和产品部并不是两个彼此相邻的部门，"Think Blue 团队的负责人杜尔特·哈特曼－克尔（Doerte Hartmann-Kerl）说，"而我们采用这种方法将这两个部门的距离尽可能地拉近了，这样对于双方而言都很有吸引力。找到这座联结的桥梁，是公司迈出的一大步。"

由于受新 KPI 系统的测量，Think Blue 团队的行动正在对公司品牌起到积极的影响。在大众汽车最重要的 27 个市场上，Think Blue 强有力地支撑着外界对于大众汽车作为一个环境友好品牌的形象认知。

公司的管理层同意把 Think Blue 整合到公司的品牌战略中去，同时宣称，大众汽车不仅仅要成为世界上最成功、最创新的汽车制造商，还要成为世界上最具可持续发展能力的厂商。此外，大众汽车公司还承诺在接下来的 4 年里投入超过 500 亿欧元的资金，以减少公司所产汽车及所设工厂对环境造成的影响。

Think Blue 引起了人们的广泛兴趣。在德梅奥的支持和祝福下，它变成了市场部门乃至全公司优先级最高的一个项目，是大众汽车品牌"负责"这一价值观念的核心。可持续发展是"创新领域的最新战场，因此也是保持领先的关键所在，"德梅奥在当时的一次演讲上表示，"时刻怀有环保的意识并不难，难的是每天都要践行。"

Think Blue 是市场部门正在公司起到催化作用的一个例子。起初，它只是一个市场计划，后来逐渐变成整个组织的指导原则，变成公司每个部门都可以共同追寻的事业。

"蓝色市场营销已经深入人心，"德梅奥说，"它是一套思维模式，深植于公司业务的方方面面，贯穿于产品的整个生命周期。蓝色具有协作精神，能吸引所有员工参与其中。从这个层面上看，蓝色营销才是有意义的营销。"

它的兴起并不是因为德梅奥的发明和命令，而是因为他创造了一个允许它发生的环境和语境。"卢卡（德梅奥）是 Think Blue 的守护者，"哈特曼 – 克尔说，"他设计的工作架构和网络真的太重要了……假如我们还是用五年前的那套架构和沟通方式，这一切都不可能发生。"

## 大众汽车的收获

德梅奥在沃尔夫斯堡工作期间，大众公司的发展总体上保持着成功，如果要说有什么变化，那就是这种成功得到了加速。正如《经济学人》杂志在 2012 年评论的那样："去年，大众汽车集团的利润翻了一番还要多，达到 189 亿欧元（合238 亿美元）。当欧洲市场上大量其他汽车厂商正在设法关闭工厂和裁员时，大众汽车却不仅在此攻城略地，还在中国市场大爆发，更是在美国上演了一场东山再起的大戏。它计划到 2016 年的时候在新车型和新工厂上投入 760 亿欧元。目前，它在全球的员工总数已经超过了 50 万人，并且这个数字仍然在增加。"[3] 据该新闻杂志的合理推算，大众汽车已经在 2011 的时候成为世界上最大的汽车制造商，这个时间点比原计划提前了七年。[4]

一年之后，《福布斯》杂志一篇名为"最佳计划"的文章提到，大众汽车原定在 2018 年的时候成为汽车界领导者的计划已经"看起来太保守"。自从 2008 年该公司制定了这个十年目标之后,其销售额已经上涨了 49%,收入上涨 63.5%。2012 年,公司销售收入达到 2 500 亿美元,税前利润率为 13.2%,远远超过原计划要在 2018 年达到的 8%。而且,大众汽车在全球的市场占有率上升了 0.5%,达到了 12.8%。[5]

大众汽车成为世界十大品牌的旅程仍然在有条不紊地行进中。到德梅奥从离开大众汽车去奥迪的时候,大众的品牌已经从世界排名的第 55 位上升到了第 39 位。

另外,德梅奥还鼓励员工为他们所做的卓越的市场营销工作寻求外部认可。这是一种以品牌为核心来刺激合作的方式。德梅奥在大众汽车工作期间,该公司收获了大量的荣誉。2012 年,国际品牌咨询公司 Interbrand(基于客户调查)将其评为全球顶级绿色环保品牌,主要原因便是 Think Blue 计划。最受人尊敬的克里奥广告大奖将大众汽车评为"2012 年度全球广告主",以表彰其在广告创新中所表现出来的富于创造性的领导精神和责任感。在戛纳国际创意节上,大众汽车创纪录地赢得了 23 座"狮子"(奖杯)。

## 社群意识激发创新意愿

面对诸多困难,德梅奥是如何激发员工去做创新所需工作的意愿呢?任何一个引领创新的领导者都面临着同样的问题。

这个问题的答案说起来容易做起来难。当人们感觉到自己是某个社群的一员,在参与某个重大事件,并能在此过程中达成更高的成就时,他们就会愿意直面个人的创新挑战。而这种参与感和成就感是任何一个人在作为单独的个体存在时都无法体会的。

社群意识力量强大,因为它有关归属感,以及最重要的身份认同[6]。社群中的成员把社群对自己的接纳视为自我认知的重要部分。社群用集体性的"我们"来帮助每一个成员塑造个体的"我"。因此,社群成员能够感受到彼此紧紧地联结在了一起，同时也热切地期盼着能够为支撑社群的活力、促进社群的事业发展而贡献自己的力量。他们觉得自己既有义务这么做，也要为社群负责。他们相信，社群的生存和发展要依靠他们每一个人。没有人想让自己的同伴感到失望和沮丧。在某些关键方面，当"我们"像"我"一样重要，或者比"我"重要得多时，那种视角上的切换就会让每个成员去做他们并不熟悉，或者有些冒险却有益于整个社群的工作。

没有哪个领导者可以宣布一个社群的成立，这与命令无关。相反，我们所调研的领导者都是在围绕一个令人信服的共同目标而去建立协作型的创新社群，社群成员认同这个目标的重要性，并会为了实现它而共同奋斗。这些领导者不会为了满足其个人目的而凭空捏造出一个目标。这个目标必须是早已引起人们共鸣的东西，德梅奥建立品牌所采用的方式就是利用员工对于大众公司的感情基础。

目标经常被人误解。它的意思并不是说一个团队做了什么，而是这个团队为什么这么做。它不是目的，而是动机，也就是它存在的理由，它要满足的需求，以及它能给予的援助。它是每一个团队都应扪心自问的问题的答案：如果我们今天就消失的话，明天的世界将会有什么不同？[7] 目标可以是任何能够在某种形式上造福人类和社会的东西，从创作一部能够给人带来欢笑与泪水的家庭电影，到通过 IT 服务改革公司的商业模式，再到为人们提供世界上最具创新性、最负责任，同时可能也是最有价值的出行工具，不一而足。无论表现形式如何，目标都是变一己之力为众志成城的黏合剂。它提升了人们的不懈努力，使之超越了日常以自我为中心的行动。

正是目标创造了社群并令其保持活力，而非领导者、权威或权力。也正是目标让人们愿意齐心协力去做艰苦的创新工作，并能忍受这个过程中不可避免的冲突和压力。

跟我们研究过的所有领导者一样，德梅奥非常谨慎地不去具体定义应当如何去追求团队的目标。他知道他不能强迫人们去合作，但他运用自己的职权去安排实践、论坛等活动，还构建了相关的组织架构，便于人们自己去挖掘协同性工作、发现性学习和综合性决策的益处。

他把人们猛推到新的平台上，让他们可以在那里尝试各种不同的互动和沟通方式。[8] 人们仍然承担着各自的职责，但在新的语境下，他们必须在承担自己职责的时候更加积极地与别人配合，工作不会再像以前那样跟在消防队一个接一个传递水桶似的了。就像德梅奥说的，他想让他的员工充分地彼此了解和信任，这样就能在工作的时候"怀有赛车维修站技师般的敏捷和热情"。

德梅奥的成就建立在以下这些基础之上：公司历史、员工对公司的自豪感、大众汽车文化中与生俱来的责任感和纪律性，以及一个认为市场工作至关重要的新树立起来的信念。由于他的努力，一个以驱动人们日复一日地去合作、去试验、去整合创意为目标的市场社群出现了。在这里，每个人都愿意贡献出自己所能发挥出来的最优秀的才能，在致力于比自己更伟大的事业的过程中去打造集体创造力。

# COLLECTIVE GENIUS
## The Art and Practice of Leading Innovation

## 领导你的天才团队

### 1. 为天才团队树立共同目标

天才团队的共同目标，可以是任何能够在某种形式上造福人类和社会的东西，但它必须能够引起共鸣。这个共同目标并非目的，而是动机；不是我们做了什么，而是我们为什么做。

### 2. 培养社群意识以激发创新意愿

共同目标创造了社群，并令其保持活力。社群意识涉及归属感和身份认同，它将社群成员紧密联系在一起，所有成员认同这一共同目标，并为之努力。

### 3. 来自大众汽车公司的启示

领导者要打破筒仓式封闭工作方式，鼓励互动，并为团队树立共同目标。同时，也要避免让自己成为创新的源泉和执行者。

- 把不同业务部门和地区的工作人员聚集在一起
- 树立创新典型并给予支持和推广
- 用互动和对话打造一个互信和相互尊重的社群

## 为所有人树立共同价值观和参与规则

COLLECTIVE
GENIUS

对于一个组织来说，什么才是真正
重要的东西？

作为规则的破坏者，创新为什么仍
然需要规则？

干我们这一行的人，必须不断创造新鲜事物。你需要自信。你需要知道你的合伙人信任你，如果你束手无策了，他们会帮你找出一个新的或者更好的解决方案。我们这类人总会把自己灵魂的一部分暴露在作品当中，而且我们知道彼此之间持续地互为动力有多么重要。

**基特·希瑞奇**
五角设计公司合伙人

基特·希瑞奇正在对明天要进行的演示做最后一刻的修改。这是在怀俄明州滑雪胜地杰克逊霍尔的一个傍晚，他和五角设计公司其他合伙人一起在这里举办半年一次的合伙人会议。五角设计公司是一家国际知名的设计公司。

希瑞奇是一位平面设计师。他将要演示自己给位于旧金山的加州科学博物馆所做的设计方案了。这个标志性的机构是旧金山这座城市里最具吸引力的一处所在，150 多年来，这里一直都是加州人民文化生活的中心。1989 年发生的旧金山洛玛普列塔大地震严重破坏了这座地标性建筑。希瑞奇和他的团队被选中帮助科学博物馆进行彻底的改造。

希瑞奇对于自己及团队广受好评的作品非常骄傲。在他的履历中，这个项目就好像是王冠上的那颗宝石，每个世界一流的设计师都梦想着能够做这样一个具有超高影响力的项目。普里茨克建筑奖 [1] 得主伦佐·皮亚诺（Renzo Piano）是这座耗资 5 亿美元的创新环保型博物馆的建筑师。要打造皮亚诺口中的"下一代博物馆"，希瑞奇及其团队就必须发挥出超一流的水平。他要依赖这个房间里的某几位合伙人帮助自己解决一直以来都存在的大量"可爱而刁钻的问题"。

①  该奖项有"建筑界的诺贝尔奖"之称。——译者注

不过，他对于这次演示感到很焦虑："真难以置信，活到现在这个份儿上，我仍然会因为要向自己的合伙人做演示而紧张。我是真的很紧张。而且每个合伙人都会告诉你同样的感觉。他们个个都在国际上享有很高的声誉，所以这可不像是在给一群学生做演示那么轻松。"

合伙人会议是五角设计公司的惯例。与会者是被强制出席的（当你变成合伙人之后，这就可以理解了），而且每个合伙人每隔一次会议都要大致地演示一下自己的作品，也就是说，一年演示一次。大家随后在发表意见和进行讨论时都会直言不讳，甚至有些不客气——但并不针对个人。毕竟，大家都是在各自领域里达到顶尖水平的专业人士。

"我们想从自己的搭档口中听到的是'哇，真是太绝了！'"希瑞奇说，"有时候你能听到，有时候不能。我们都知道什么时候自己做出了一件好作品，也知道什么时候没做出来。如果你只能得到一些礼貌性的掌声，那你就会说'今天感觉可不太好'。你懂的。"

想象一下：一个公司的合伙人都是像史蒂夫·乔布斯、比尔·盖茨、杰夫·贝佐斯、松下幸之助、拉里·佩奇、谢尔盖·布林、李嘉诚、稻盛和夫、拉丹·塔塔（Ratan Tata）[①]和英瓦尔·坎普拉德（Ingvar Kamprad）[②]这样的人，而且每个人要在公司的例会上向对方展示自己的创意以供评议。如果这一切看起来不太可能，事实上却果真如此的话，那么你就可以开始赞赏五角设计公司有多么与众不同了，因为它的每一位合伙人都堪称设计领域的摇滚巨星。事实上，一位设计师在被邀请加入公司成为合伙人之前都必须已经享有全国乃至国际声誉。

五角设计公司的组织和运营方式令它在众多设计公司中脱颖而出。尽管汇集了世界顶级的设计人才（这群满怀热情和创造力的人向来以不善于合作而著称），这家公司却已经成功地运营了将近 40 年的时间。（截至此书撰写之际，它仍然在

---

① 拉丹·塔塔为印度塔塔集团第三代掌门人，前董事长。——编者注
② 英瓦尔·坎普拉德是瑞典宜家家居创始人。——编者注

蓬勃发展。）一方面，每位合伙人都负责直接与客户对接，直接招募员工并维持一个拥有相对自主权的设计师团队；另一方面，每位合伙人都要作为一个富有创造力的成员在合伙人的社群里有效地履行自己的职责。[1]

但是，为什么这些大明星在明明可以独当一面又能赚更多钱的时候，选择加入一个必须和别人共担职责的社群呢？这个问题的答案也是我们选择五角设计公司作为研究案例的原因，因为我们在继续探寻"是什么让人们愿意创新"所衍生出来的更广泛的问题。在第4章里我们说过，人们之所以愿意去创新的原因之一是他们属于一个依靠共同目标联结起来的社群。那个目标激发他们为了更高层面的意义而协同工作，并且让他们能够忍受创新过程中不可避免的压力和混乱。

从这个非同寻常但又成功汇集了超一流人才的五角设计公司社群可以看出，创新型社群要想在更长的时间里高效运转，除了共同目标之外还需要更多。我们甚至还能看出，所有这些激发人们创新意愿的元素是怎么相互适配，共同作用的。从这个角度出发，我们就可以更好地理解领导者必须怎么做才能确保人们心甘情愿地一次又一次去创新。

## 五角设计公司：让超级大腕儿自愿隐姓埋名

五角设计公司于20世纪70年代在伦敦创建，创始合伙人为五位国际知名的设计师，其中包括三位平面设计师，一位工业设计师和一位建筑设计师。在成立后短短的几年时间里，它就跻身设计界最受人尊敬的公司之列，其客户都是那个年代大名鼎鼎的企业，如IBM、美国联合航空、奥利维蒂、英国石油、倍耐力轮胎、科艺百代、柯达、企鹅图书、路透社、罗氏制药、施乐、宝丽来、尼曼·马库斯百货和英国铁路公司。五角设计公司的作品以诙谐幽默、明白易懂又充满智慧著称，上述品牌只是该公司高知名度客户名单中的一小部分，一位记者称五角设计公司为"创造设计师的设计师"。[2]

世纪之交的时候，这家合伙人制的企业在全球开设了五个办公室——伦敦、纽约、旧金山、柏林、奥斯汀，拥有 160 名员工。美国平面设计协会的前任会长威廉·德伦特尔（William Drenttel）曾说，"要论能力、影响力和声望，它是最优秀的"。[3]

在成立后的前 20 年里，五角设计公司由一位创始合伙人科林·福布斯（Colin Forbes）掌管。尽管他的职位没有太多的正式权力，但他是公认的非官方领导者，也是每年两次的合伙人会议的主席。他负责着这个组织的日常运转，会在其陷入困境的时候适时调整方向，并且在创建共同目标和独树一帜的公司文化时发挥着超乎寻常的作用。

这种文化的关键就在于有那么几条原则从公司创建开始一直贯穿至今。它有两条直截了当的建立原则，就是平等和慷慨。所谓平等，就是公司没有初级或高级合伙人之分，只有合伙人；所有合伙人是平等的股东。真正的领导力，也就是有能力影响公司事务的职责，公平地落在每一位合伙人身上，无论其任期长短。

慷慨的意思是，每间办公室的每一位合伙人都拿相同的薪水和分红，而无论其个人的盈利能力如何（各办公室的盈利情况依据当地生活成本的不同而不同）。每间办公室都要上缴毛收入的 7% 给公司，以支付诸如合伙人会议、研讨会和交通等共同活动的费用。每间办公室的运营资源由各自负责，只有在业务小年需要补足亏空的时候，才能从总公司的账上获得资金。

公司的所有决议都需要全体合伙人达成一致。如果有一位合伙人反对某一项具体的政策或者某个未来有望加入的合伙人提名，那么这项决议就不会通过。福布斯曾经说过："对于我们来说，投票这件事很讨厌。我们宁愿一起漂流也不愿意带着少数不和谐的声音设定航向。"与此同时，也不存在"对少数派的暴政"。正如希瑞奇所言："如果有什么事情被争论得过于激烈，那我们会晚点儿再重新讨论。"

合伙人们几乎总是那些被有意邀请加入的外部人士。除了需要在国内或国际上享有盛誉之外，他们也必须能够在开拓业务、负责项目管理以及领导公司方面有所作为。此外，据福布斯介绍，他们还应当是"这个团队里的积极成员，关心Pentagram这个品牌及其他合伙人"。这意味着，在诸多繁忙的事务之中，他们必须要出席合伙人会议，必须参与公司正在进行的业务，最重要的是要演示自己的工作。事实上，这个演示被认为是公司最重要的一项传统。

所有这些特色鲜明、实际上有些苛刻的要求并不只是凸显了五角设计公司有多么与众不同，它们还再一次地提出了这个问题：在一个推崇名流和个人成功的时代，为什么这些超级大腕儿愿意放弃自己的自主权？无疑，一定有什么原因使一位优秀的设计师想要加入这样一家公司。由于日常工作差不多都是围绕独立团队组织安排的，所以五角设计公司能够为较小的团队提供艺术创作的自由和适度的行政体系。由于这些世界一流的合伙人之间存在着强有力的纽带，所以五角设计公司也能提供脑力激荡，让大家有能力承担高影响力的项目，并且能在更大程度上保证财务安全。简单来说，它实际上具有的是规模优势，因为它把大量共享同一个品牌名称、共用同一个办公空间、拥有一些相同业务职能的小公司都纳入自己的架构之中，而这些小公司的负责人又以一个合作性社群的方式在整个架构中进行运营。

这些人并不仅仅是好的设计师，他们还是社会精英。如果他们仍然保持独立的话，那么就能获得更好的财务回报，享有更多的自主权，也不必与其他人分享自己的名声。成为五角设计公司合伙人是有代价的，会在金钱或者其他方面有所损失。从成立之初，公司政策里就有一个关键的非财务属性的代价，即任何合伙人的名字都不会出现在公司的招牌上。这跟大多数设计机构的做法大相径庭，这些机构在命名时会想方设法地彰显其创始人的声誉。

希瑞奇便是成为五角设计公司合伙人之后放弃了自己的设计公司的人之一。他回忆起自己刚刚成为五角设计公司合伙人的那段日子："我放弃了自己在20多年的职业生涯中积累起来的名声。其他同事走进来把你的名字从门上抹掉，再把'Pentagram'挂上，门牌那个位置的地上还留有一小堆灰尘——整个过程只用了30秒。这不禁让我陷入思考。"

尽管如此，他和他的合伙人同事还是加入了。同样值得注意的是，他们大多数人都坚持了相当长的时间。在五角设计公司成立后的 40 年里，合伙人也来来去去，但平均任期都很长。为什么？这个问题的答案涉及有关创新型社群更重要的东西，以及它们要想成功地运营多年，都需要怎么做。

## 五角设计公司的目标

为了理解前面那些疑问，就像大众汽车那个案例一样，我们必须从目标开始说起，因为它是任何一个社群建立的基础。对于五角设计公司的合伙人而言，工作的目的很明确——为客户遇到的问题找出创新的解决方案，按时完成，不超预算。他们的目标源自他们认为"设计对于社会具有重要意义"这一深刻的共同信念。就像一位评论员说的那样，在这些合伙人看来，"设计不仅仅是提供给客户的一项服务……它还是一种呼唤，一种生命存在的类型，一整套生活方式"。[4] 他们相信，设计的力量可以从外在观感和智力两方面改善人们的生活品质。希瑞奇对此是这样描述的：

> 设计无处不在。广告，产品，交通系统，标识，品牌，建筑。所有类型的事物都与设计有关。对于我来说，设计的职责是变复杂为简单，变模糊为透明，变松散为凝固，变迟钝不明为敏锐易懂，变平淡无奇为美丽迷人。不对此掉以轻心是设计师的责任。

基于对美好设计重要性的信念，五角设计公司的合伙人还在其他方面具有共性，那就是对于社会影响力的一种渴望。这才是把他们汇集起来并紧紧联结在一起的黏合剂。他们致力于把美好的设计在整个社会里传播得更远、更广阔。作为个体，他们只能发挥有限的影响力，因此需要形成规模以吸引最大的客户。服务一家本地的小型企业客户所能发挥的影响力，显然无法跟服务于同时具有区域影响力和国际声誉的加州科学博物馆相比，也无法跟服务于 IBM、通用电气、ABB集团和花旗银行这样的跨国企业相比。

"五角设计公司的几位创始人从最宏伟的角度构想了设计所应承担的社会角色，"一位该公司的观察者说，"但他们也清楚地知道，设计师初心虽好却独木难支，缺少由客户带来的影响力，特别是那些更大、更有影响的客户，同时他们在社会和政治层面也难以发挥作用。"[5] 也正是出于这个原因，五角设计公司一般都会避开那些只能为一小群人所知晓的小型设计项目，这样的工作激不起什么水花。

"在五角设计公司，"一位名叫薛博兰（Paula Scher）的合伙人写道，"我已经获得了影响力、地位和信誉，更容易说服客户接受一个给定的设计方案。"[6] 正如希瑞奇所说："我们的长期理念是，要有能力影响到更大的组织，因为它们影响着世界。"他又补充道：

> 所有合伙人都明白，通过团结在一起，我们实际上能作为一个更大的组织在商业世界拥有更强的影响力，由于人才济济且名声在外，我们也许能改变企业对设计的使用方式。我想大家都能感觉到，如果我们可以齐心协力把各自的才华都发挥出来的话，那么就有可能对社会文化产生重大影响。表述虽然简单，理想却很崇高。而且，无论是否成功，我想这都是我们所有人为之奋斗的目标。

所以，我们在五角设计公司看到了和大众汽车一样的动力：一个激动人心的目标，也就是建立协作性社群的力量。无疑，加入这一公司会给个人及其职业生涯带来好处，不过更重要的是，他们全力支持一个更伟大的目标，即通过美好的设计对社会施加最大化的影响力。

然而，仅凭这些优势就足以令这家公司长久以来屹立不倒了吗？像这样一个由各种独立自主的人才组成的集体往往都持续不了几年，更不用说几十年了。瓦解的力量迟早（通常是"早"）会压倒凝聚的力量。瓦解的原因包括个体被认可的需求、平均收入的挫败感、有关发展方向的意见分歧，以及一大堆其他导致不稳定的因素。接着，一些危机、不同观点甚至一个机会都能造成这个社群分崩离析，要么就是慢慢解体。尽管社群里的成员仍然秉持着最初那个将他们聚集到一起的共同目标，这种情况也依然有可能发生。所以，仅有一个激动人心的目标还不足以维系长期的社群关系。

20 世纪 90 年代末，科林·福布斯的退休使五角设计公司经历了自我考验。许多外界人士都预言这家公司会四分五裂。事实上，福布斯的离开对公司的打击很沉重，一位纽约的合伙人说他留下了"又大又空的鞋子"①，但留下来的合伙人适应了这种状态。他们共同决定，董事长的位置每两年就换一次人选，目的是继续保持平等和慷慨的原则。这个职位将不会拥有额外的权力，而且会先根据合伙人的任期，再根据年龄来选择由谁来担任。这一职位上的人的首要责任是筹划并召开合伙人会议，当公司出现问题的时候还要负责协调解决，以及，如一位合伙人所说，他还要是"常识的拥护者"。尽管每两年换一次人，这个职位依然备受尊敬。任职者必须要指引公司走过艰难时光，比如在三位伦敦合伙人因财务业绩太差而被要求离开的时候。

在合伙人对公司首要原则的依赖中，我们开始明白超越目标之上的第二个既能把社群成员紧密团结在一起，又能让他们进行创新所需协同性工作、发现性学习和综合性决策的要素。[7]

## 共同的价值观：雄心、协作、学习、责任

一个真正的社群，其成员应拥有共同的价值观。他们对于什么才是真正重要的东西的看法是相同的。有时候这些价值观会被宣称出来。还记得品牌的价值要素么？在大众汽车，它们是创新、责任、价值这三个，然而，它们通常是隐含的。如果一个社群的共同目标定义了"我们是谁"，那么其价值观就定义了"我们认为什么是重要的"。通过影响优先权和选择权，它们还能影响个体和集体的思维与行动。

---

① 原文 he left big, empty shoes，此处应是一种比喻的说法，形容五角设计公司其他合伙人的"人去楼空、物是人非"之感。——译者注

社群和组织在目标及其背后作为支撑的价值观上存在明显差异，但是在对众多创新机构的研究中我们发现了它们共有的四个基本价值观。这些价值观并非一直沿用我们使用过的名称，但正如我们在五角设计公司发现的那样，它们仍然存在于这家设计公司，而且领导者正积极地对这些价值观进行培养、支持和奖励。这四个基本价值观就是：雄心、协作、学习、责任。

## 价值观 1：雄心

很显然，五角设计公司渴望成就一番伟业。它的合伙人不仅想为客户们解决难题，还想通过解决那些难题达成更大的目标——用美好的设计改善社会。

这就是为什么它的合伙人要寻找巨大而复杂的挑战作为实现这个目标的媒介。他们相信自己作为设计师要在其中扮演重要角色。一位五角设计公司的编年记录者贴切地评价："五角设计公司变得成熟而理想化……说成熟是因为他们承认并追求商业的现实主义，说理想化是因为他们真的相信设计的影响力能够调节商业不友好的一面。"

同样，我们研究的所有创新型社群的成员都想解决类似的难题。他们想承接那些无法采用传统理念或处理方法去应对的独特而复杂的挑战。他们试图竭尽全力去做那些需要找出创新解决方案的工作。他们尽最大的努力去发挥个人和集体的最高水平。但这不仅仅是为了表现出卓越的才能，他们还希望这个世界会因他们的优秀而有所不同，会因他们的作为而变得更好。例如，通过为加州科学博物馆所做的设计，希瑞奇在前者为了重建而得到公众支持并进行资金募集的工作中发挥了关键作用。

## 价值观 2：协作

创新型公司看重协作的价值，并且有意识地采取积极主动的步骤在工作过程中建立协作关系。他们明白，最出色、最具创新的作品只有在不同类型人才密切互动并把各自的创意整合起来的时候才会出现。他们也知道，要是人们都单枪匹马地工作，充其量也只能想到一个创意，完成一个项目。

五角设计公司的创始人和合伙人明白，他们只有通力合作才能实现雄心壮志，才能完成他们所期待的创新项目，也就是那种能对社会产生影响力的作品。希瑞奇指出："和制作一出戏剧一样，设计并非一项孤立的行动，而是一场需要把所有编剧、插画师、摄影师、策略规划师和技术人员的才华与精神都激发出来的合作。我们可以作为一个团队完成某些单个人无法做到的事情，这就是我们团结在一起的原因。"

从成立初期开始，五角设计公司的创始人就投入时间和精力去培养合伙人之间的人际关系。他们所采用的办法是确保有更多机会可以参与更有意义的互动，最关键的就是确保出席两年一度的合伙人大会。

五角设计公司最基础的运营原则是平等和慷慨（全部原则都源于薪资均等，合伙人无初高级之分，决策一致等），其目的主要在于培养并维系一个社群。在几乎所有方面，五角设计公司都以协同合作的理念为基础，而且就是靠着这种"人人为我、我为人人"的方法成功发展了 40 多年。合伙人薛博兰曾经这么描述她刚加入公司时的期待："我原来设想着他们可能要做这样或那样的事，我以为'他们要对我如何如何'。然后我发现，根本没有'他们'。一旦加入五角设计公司，就只有'我们'。"[8]

尽管合伙人都在各自的办公室管理着一支相对自主的团队，但他们也需要参与某些公司认为有利于促进开放和协同性工作的实践。举个例子，一位五角设计公司的建筑师把公司位于伦敦的办公室设计成私人办公空间，这样，合伙人就可以与他们的设计团队坐在一起工作。当五角设计公司在纽约开设第二间办公室的时候，一位伦敦的合伙人会作为文化信使飞越大西洋。到达之后，他要做的第一件事就是传播伦敦办公室的传统，即每天中午合伙人都要和他们的团队一起吃午饭，除非他们当天在外有约。

五角设计公司和客户一起工作时也充满协作。希瑞奇的重要项目之一来自

Muzak 音乐发行公司。五角设计公司是唯一一家愿意承接这个项目的设计公司，因为客户的预算有限，而工作又颇具挑战性。希瑞奇被雇用去帮助这家在困境中挣扎的公司打一场翻身仗。据他描述，他的任务是"彻底重塑 Muzak 作为一家通过音频架构创造听觉盛宴的公司形象"。他和他的团队与同事布赖恩·雅各布斯（Brian Jacobs）一同对该公司的市场和销售所用物料进行了全面的改革，并积极跟进该公司吸引授权经营商加入的管理流程变革。当 Muzak 需要一位建筑师来设计它的新总部时，希瑞奇推荐了他在纽约办公室的合伙人詹姆斯·比贝尔（James Biber）。当时他是这么想的：

> 我从未跟詹姆斯在同一个项目上合作过，但我通过合伙人会议上的演示了解了他的审美，我认为他会是一个好的人选。我也知道，一旦合作，我们不会遇到谁说话才最算数的问题。他也会知道，Muzak 虽然是我的客户，但当涉及建筑方面的问题时，他就拥有优先权，而涉及室内标志的问题，则由我来决定。我们是站在同一边的，没必要保护自己的地盘。

比贝尔说，基于对希瑞奇在 Muzak 项目上的工作逻辑的理解，他能够设计这样一座建筑，既能体现该公司全新身份认知的本质，又能提供一个可以满足这一新身份的重要结构——人们工作的空间。比贝尔解释称：

> 问题是，"你如何能在大仓库式的房间之外建立起一个社群？"从前期的工作看，我知道那个空间定义了人们的社交互动。我想这块地方可能会散发出一种都市能量，就像意大利的城市，拥有宽敞的公共空间和一个由私密性更好的道路交织而成的网络。

最后，据客户反馈，五角设计公司的多学科和协作性方法在帮助 Muzak 转型的过程中起到了至关重要的作用。后者从一家连员工都因其停滞不前而大失所望的公司变成了一个快速增长、重焕新生的组织。Muzak 的 CEO 提到，在改革之前，

Muzak 的股东公司曾提议把公司以 1 亿美元的价格出售给竞争对手。这个提议被拒绝了。两年后，该股东公司以 2.5 亿美元的价格成功将 Muzak 售出。希瑞奇和比贝尔都因这个项目赢得了奖项，比贝尔还因自己对 Muzak 大楼的成功设计而赢得了美国当时最抢手的一个项目，设计哈雷戴维森博物馆。

与许多合伙人在业务上互相竞争的服务公司不一样，所有五角设计公司的合伙人都把彼此看作帮助客户解决问题的盟友。每个五角设计公司合伙人都会把其他合伙人的作品作为五角设计公司的案例演示给潜在客户。没有人把别人的作品归功于自己，这传递出一个清晰的信息：因为公司是一个协作型的社群，所以当你雇用了一位五角设计公司的合伙人，也就等于获得了整个五角设计公司及其所有合伙人的资源和能力支持。通常每位合伙人的团队都聚焦在各自的工作上，但假如某个团队有所欠缺，比方说缺少社交媒体技能，那么它可以号召其他拥有这项技能的合伙人及其团队加入。只拥有一类设计人才，例如只有平面设计师的合伙人，也可以号召其他拥有不同类型设计师的合伙人，例如拥有产品设计师或者建筑设计师的合伙人，而不必担心失去对自己项目的掌控或者担心客户流失到自己的竞争对手那里。在驻扎着多个团队和合伙人的办公室里，非正式的协作每天都会大量出现。鉴于办公空间是开放式的建筑设计结构，像共同午餐这样的日常交往几乎是不可避免的，而合伙人之间的非正式亲密关系则很大程度上是通过合伙人会议结成的。

## 价值观 3：学习

学习的欲望是创新过程的核心，特别是在协作和发现环节。它让人们愿意去经历为了解决难题和实现雄心所必需的多重互动，还引导人们从创新所固有的失误中吸取经验。

比贝尔称五角设计公司是他的"研究生教育阶段"。他说："我们都渴望环绕在那些比我们自己速度更快、感觉更敏锐的人身边。当一个明星团队关系融洽又一直努力想做到更好的时候，那么它就能创造出伟大的作品。"

合伙人会议，特别是合伙人对各自作品的演示，是非常严肃而紧张的学习体验。事实上，他们都想在这个时候进行学习。每个演示结束之后都会有相关的问题和讨论，使得演示者及其同事都能从中受益。希瑞奇称这些环节为"五角设计公司的最佳时刻"。

另一位合伙人对此也表示赞同。"我总是能从我的合伙人身上学到点儿什么，"他说，"和聪明人在一起让我变得更聪明，也做得更好。"一位熟知五角设计公司的作家写道："五角设计公司的文化鼓励对不同观点保持开放的心态，并把求知欲看作创新的必要条件。这种富有创造性的对抗环节令人们痛并快乐着。"[9]

## 价值观 4：责任

所有的合伙人都对整个五角设计公司社群以及彼此充满深深的责任感。每一个人的作品和行为都能影响到其他所有人，因此他们觉得一定要达到对方的作品所设定的高标准。维持这些标准则是合伙人会议上作品演示的另一个关键功能。一个五角设计公司式的"我们"能够超越所有个体的"我"，每位合伙人都有义务维护这种集体身份。

合伙人的责任也延伸到了作品质量之外。他们要促成新的项目，也要亲自深度参与到某个实际的项目过程中去，而不是把全部或大部分的工作都派给自己的团队，还要在领导和管理团队方面是一位行家里手，此外，还要积极而高效地跟客户一起完成整个项目。

合伙人很享受在工作安排和团队管理方面所拥有的广泛自由。但他们的行为不能违反公司里人人都在遵循的良好工作惯例，或者不能给公司或者其他合伙人带来负面影响。例如，一位合伙人把自己的工作日程安排成傍晚去公司然后通宵工作，结果同事告诉他，这种工作方式在公司是不被接受的。这样会同时打乱他自己的团队和整个办公室的日程表，而当客户有需要的时候他却不在，这就给所有五角设计公司的合伙人造成了负面影响。

这种事件大多会在各地办公室的范围内解决，如果不行的话，那么合伙人会把事情拿到他们每半年一次的会议上想办法解决。"每位合伙人的地位会有微妙的不同，"希瑞奇表示，"因为我们都想成为这个组织的一员，而且我们知道自己肩上有责任。（公司）并非总一帆风顺。"

当涉及财务表现时，这种不同必然就会变得更明显。每位合伙人及其团队都应当在财务层面彰显出自己的地位。每个月，公司都会制作好当月的月度财务报表，上面会详细显示出每位合伙人或者团队的盈利状况、资产负债表上的资产净值、资金使用情况以及每位合伙人在整个公司中的价值。在合伙人会议上，这些财务信息和按盈利对所有合伙人进行的排名会被例行展示和讨论。

由于每个人都会知道其他人的业绩如何，就像一位合伙人说的那样，"你肯定不想出现在这个排名榜的底部。不过，如果你真的垫了底，你也知道你的合伙人会伸手帮忙的。"另一位合伙人解释，收益共享制度的一个主要好处就是，当一个合伙人无论因为什么而陷入困境的时候，其他合伙人都会被动员向其提供帮助。

然而，没有哪位合伙人愿意排在名单末尾太久，这也是不被允许的。伦敦的办公室就遭遇过这种情况，那是在 21 世纪初，各种因素碰到一起就带来了一段艰难的日子。由于五角设计公司在业内的名气很大，这个办公室的问题便吸引了几家行业媒体的报道，他们也因此给整个公司带来了负面影响。伦敦办公室的不断亏损成为连续好几届合伙人会议讨论的主题。最后，2005 年的时候，为了缓解压力，伦敦的合伙人全部都同意削减薪水。不幸的是，亏损仍在继续，结果三位持续亏损的伦敦合伙人被要求离开，并遵循多年前就已经制定好的标准流程办理了离职手续。

**光有目标和共同价值观还不够**

然而，尽管对于一个创新型社群而言，共同目标和共同价值观的确是促使其形成并生存下去的关键，但要想真正从事创新所需的工作（协同性工作、发现性

学习、综合性决策），同时还要解决与之相关的固有压力和矛盾的话，仅有这些还
远远不够。

　　还记得我们在第 2 章里重点讲述的几对矛盾吗？一个创新型的团队要想长期
高效运转的话，就要让这些矛盾持续地处于平衡状态。它们同样也都适用于五角
设计公司。我们已经开始关注个体合伙人和集体之间反复出现的紧张关系。一名
设计师必须已经在国内或者国际上建立起声誉，甚至被邀请加入成为合伙人之后
也应当继续保持，这一事实只会提高在这一领域产生潜在冲突的可能性。成为合
伙人后，这些明星设计师几乎肯定比自己单干时要挣得少，也不能享有更大的声
誉——想象一下，这种认识给每个人带来的持续冲击有多大。

　　其他矛盾也适用于五角设计公司。在前面刚刚描述过的财务标准层面，我们
可以看到压力同时存在于业绩表现和学习、耐心和紧迫感之间。在五角设计公司
的实践中，每位合伙人都能在合理范围内享有团队自治的权利，从中我们可以看
到自上而下和自下而上之间的压力，这种压力同样也存在于即兴化和结构化之间。
这些矛盾无论以什么样的伪装形式出现，通常都会成为公司讨论的主题。除了合
伙人的现场演示之外，它们构成了合伙人会议的大部分内容。

　　这些紧张关系时不时就能威胁到每一个社群的安定团结，创新型社群也不例
外。这时候，为了防止社群被瓦解，就需要我们所说的"参与规则"出马了。创
新和规则看起来好像是一对奇怪的搭配。创新和即兴发挥怎么可能需要规则呢？
难道创新不是规则的破坏者吗？人们不是愿意甚至渴望去挑战现状吗？大部分情
况下，的确如此。但即便是创新型社群也必须设定规则或标准，以便人们交流互
动和开展合作，例如，如何自我表达，如何回应不同意见。规则有助于保护协同
性工作、发现性学习和综合性决策的能力。如果目标和共同价值观是把各成员紧
密团结成一个有条不紊的社群的黏合剂，那么参与规则就是让成员间的互动保持
顺畅的润滑剂。

　　五角设计公司是一个能够体现出社群对规则有所需求的良好案例。"一加入五

角设计公司，就始终与规章制度相伴，"希瑞奇说，"大家相处时的氛围很轻松……但我们都明白，我们对彼此是负有责任的。"五角设计公司的运作方式就是一个创新型社群，因为它为牵涉到全体合伙人的基本行为提供了指南——如何加入，如何离开，如何在一起合作，如何分配各自工作产生的经济收益，如何评论彼此的专业水平、审美风格和财务表现。

## 参与规则：互动、思考

虽然每个组织的参与规则因工作性质的不同而不同，但是我们仍然在研究过的所有创新型组织中发现了潜在的规则模式。在创新的过程之中，要把这些规则当作维持社群稳定的非正式行为规范或者是指南。

我们发现的规则或标准主要分为以下两类：

◎ 人们在组织中如何互动
◎ 人们在组织中如何思考

规则是贯彻并专注于目标和价值观的重要途径，同时也是促进和实现创新过程三大要素（协同性工作、发现性学习和综合性决策）的关键手段。

### 人们如何互动

如果协作是创新工作的核心特征，那么人们的互动方式就是协作的精华所在。只要浏览一下我们在第 2 章里提到的那些矛盾，这一点就会显而易见。只有一套足以令所有成员都可信赖的明确期望或规则，才能让整个团队进行创新工作。例如，营造一种有心理安全感的环境，在那里，各种创造性的思维不停碰撞，火花四射，因为人人都愿意分享自己最疯狂的想法。假如知道别人有可能蓄意贬低自己或进行人身攻击，又或者从中占便宜，那谁还愿意无私奉献自己的创意呢？而这些创意正是协作的基础。如果不鼓励不同观点的存在，那么任何团队都不能从多样性中受益。而这种多样性也是协作的核心要素。此外，如果没有规则，人们会对试错心存犹豫。

## 相互信任

互信始于一个信念，即社群里每个人的动力都源于一种意愿，基于团队的目标及共同价值观而产生的一种意愿。[10] 该信念的含义是，每个人从根本上都出于同样的原因想要做同样的事，而且没有人的目标或者议程能够取代社群的目标或议程。

信任很关键，因为它鼓励着社群成员在创新过程中"明知山有虎，偏向虎山行"，同时也能忍受随之而来的各种无可避免的失误。信任还让人们甘愿冒着风险、暴露出弱点去分享自己的创意，也就是最原始的创造性思维的碰撞。只有感觉到自己的才华被认可并被应用于实现组织的目标时，人们才愿意无私奉献自己的想法和建议。

如果人们彼此之间缺少协同工作的直接经验的话，那么信任感就很难建立。这也是为什么五角设计公司要接纳一名新的合伙人要经历那么漫长而艰难的过程。五角设计公司认为，这个过程对于在潜在合伙人中建立起信任感而言至关重要，经历过之后，这些人才会被最终纳入合伙人队伍。公司一年两次的合伙人会议之所以重要，也是出于同样的原因。在会议上，合伙人互相观看和评论对方的作品，互相学习，共同讨论，并做出全公司范围内的决议。除此之外，更为重要的是要建立起私人关系，这才是他们共同做任何事的基础。

向一名候选合伙人发送邀请只是第一步。（要知道，这位候选人此时已经建立起了强大的专业声誉。）如果该候选人感兴趣，那么他接下来将要花一年的时间去拜访每个五角设计公司办公室，和每位合伙人都一一会面。然后，现有的合伙人再针对候选人进行投票，而且必须得一致通过才行。任何一位合伙人都有一票否决权。即使投票结果一致通过，这名候选人也只能成为"待任合伙人"，此时他可以公开露面，也享有所有合伙人特权，但还要再继续度过两年的试用期。之后，这名候选人可以自行选择是否离开，或者其他合伙人如果觉得他不合适，也可以公开宣布并要求其离开。这个漫长的过程就是为了建立信任。它解释了为什么五角设计公司在成立后的前30年里只邀请并接纳了40位合伙人，也解释了为什么大多数合伙人一旦加入就会供职很久。

## 相互尊重

相互尊重的意思是，尽管社群成员的长处各不相同，但他们都认可彼此的能力足以胜任当前的工作。这是一种信念，意味着每个成员都能为社群提供价值。这个信念很关键，因为它促使人们互相倾听，保持头脑开放和信息透明，而这些在创新型合作和共担风险时是非常必要的。

同时，五角设计公司漫长的合伙人遴选过程也确保了无法赢得所有人尊重的人是不会加入社群的。"不同的合伙人各有所长，这意味着大家的贡献也各不相同，"福布斯说，"我们当中，有人擅长带来新业务，有人擅长与客户维持关系，还有人在参与不是自己发起的项目合作时经常获奖。虽然我们的薪资水平相同，但各合伙人间的盈利差距可达三倍之多。不过，我们知道每个人都发挥着重要的作用。"

一位名叫洛伦佐·阿皮切拉（Lorenzo Apicella）的合伙人在谈及自己的同僚时说："在合伙人会议上，总有一些哗众取宠的元素想要说服你，你也得听着。我们在合伙关系中都各自保持着非常强大也非常鲜明的特色，没有人是旁观者。这样之所以行得通，是因为我们都发自内心地深深尊重彼此。"

## 相互影响

相互影响指的是一种期待和现实——社群中的每个人都有潜力影响最终结果，甚至做决策。如果社群成员感觉到自己可能会影响到整个组织的所作所为，那么他们就会觉得自己对整个社群通过努力所获得的成果负有责任，因为这里面也有自己的一份功劳。

高效的创新型领导者不断地告诉我们，他们最重要的任务之一就是要确保少数人的声音被听到，并且，他们觉得自己也有责任确保那些经验不足者提出的新鲜观点不被专家的思维定式所淹没。假如没有这样的领导力，那么一个组织就无法受益于其成员的知识、见解、经验和态度的多样性。

正如我们之前说的，五角设计公司所有公司层面的重大决策都是在全体合伙人协商一致后做出的。协商一致不同于少数服从多数的规则，没有正式投票，也没有人能正式行使一票否决权（除了在遴选新合伙人的时候）。如果不能达成一个人人都能接受的决策，那么五角设计公司会暂时把问题搁在一旁，晚些时候再重新商议，直到达成最终的共识。

相互影响在创新过程中产生了三个重要效果。首先，它确保了问题的解决是一个兼容并包的过程，即尽可能在最广的范围内寻求想法和建议，并吸收之；其次，它帮助排除了破坏性意见，即因其所发生的分歧和冲突是有关输赢与对错的，而不是关乎学习和前进的最佳路径；最后，它有助于确保决策制定将交由最好和最合适的人负责，而不是每次都落到那些影响力最大的人手里。公司合伙人及其团队在工作时享有很大的自由度，只有当别人的行为对所有人都产生影响时，其他合伙人才会介入。

有了所有明星设计师以及他们通常情况下的高度自爱，五角设计公司得以作为一个创新型社群良好运转，因为合伙人都遵守这些互动的规则。这种对于规则的自觉还体现在多个方面，特别是在合伙人演示自己作品的时候，亦即最能暴露人们弱点的时刻。希瑞奇观察到：

> 没人会说："呃，那个作品烂透了。"我们必须互相包容，一个作品的演示非常接近于你所做的个人陈述。你把自己抛到大庭广众之下。我们都知道那是一件非常个人的事。而对于佳作，我们向来不吝赞美之词。在整个演示期间，我们互相之间会一直文明以待。

## 人们如何思考

为了高效创新，每个组织都必须在如何解决问题的基础规则上达成一致。否则，组织成员不光会针对可能的解决方案而争论不休，还会争论如何向前推进，也就是，还会争论在接下来的环节如何识别和评估可选项，并从中选一个作为解决方案。

### 质疑一切

这句话的核心是，创新要求一个团队能创造出一系列创意的组合，并对其进行测试和提炼，最终挑出一个解决方案。整个过程都关乎人们对现状的不断质疑。宣称某些实践、政策、想法和假设是受限制的，只能把这个过程的每一步都扼杀掉。而创新型团队则会自觉地以质疑一切的方式进行实践。任何人只要观察到这样一个团队的工作状态，都会因其在进行质询甚至友好怀疑时所表现出的生机勃勃而感到震惊。

创新的领导者不断地告诉我们，基于他们的经验，"允许质疑一切"这个规则看起来能够吸引到最有才华的人，他们在应对挑战的时候就好像迫切的探险者进入未知的疆域去历险一般。我们在五角设计公司看到了这种情景，特别是在合伙人会议和作品演示的时候。在一本以五角设计公司合伙人访谈为依据的书中，作者之一的戴尔芬·希拉索娜（Delphine Hirasuna）这样描述他们的作品演示："如你所见，这些同行评议就像是不那么和谐的音符，意见的反馈、个人经验的分享和不同观点的碰撞都会刺激更新鲜的想法冒出来，并且向每一个人发出挑战，看他们是否能跳出自己的舒适区来考虑解决方案。"[11]

### 数据驱动

创新过程的第二个关键特征——发现性学习，说的是在寻找解决方案的过程中要对一系列可能的方案组合进行测试。如前所述，传统观点所认为的创新过于依赖原始创意和灵光闪现，好像答案早已完美无缺地在那里等人发现似的。事实上，创新解决方案并不是这样诞生的。创新需要一连串的试错步骤，而后者只能在一个尊重结果和数据的环境中发生。

如果"数据驱动"听起来平淡无奇，那么请回想一下团队罔顾确凿的证据而做出决策的情况有多常见，只因团队成员不喜欢那些证据所透露出的事实。每当这种情况发生时，一个团队能找到的忽视数据的最典型理由是"这数据不适用于我们，我们情况不一样"，或者"这个数据有缺陷，它收集的方式不对"，再或者"我们是这方面的权威，我们知道该怎么做"。有时，确凿的证据就那么被忽略了，只因它传达出了一个人们不想要的信息，或者它暗示的真相太难以面对了。不过，我们发现，创新者会持续关注数据。不仅如此，他们还会积极主动、如饥似渴地收集并分析数据。

为了在工作中释放出所有必需的创造力，五角设计公司作为一家企业，是受硬性测量指标驱动的，就像我们曾在大众汽车看到的那样，而其最重要的驱动力则是对如下事实的充分认识，那就是，如果不解决客户的问题就不算成功。五角设计公司相信，设计层面的成功，以及找到并制作出影响深远的设计作品的能力，最终能够带来商业上的成功。如果赚不到钱，那么公司也就不能实现自己的目标。因此，合伙人会议的一个重要部分就是讨论每个办公室和每位合伙人的财务表现。

我们之前了解到，经济损失如何导致了三位伦敦合伙人的离开。虽然过程艰难，但这是一个依据数据做出的结果，而非出于个人考虑。数据驱动的一大优势就是，它可以避免基于个人喜好或个人看法的不同而产生的分歧和冲突，而这种分歧和冲突几乎不可能在客观公正的基础上得到解决。

## 全面考虑

创新要求所有团队成员都时刻牢记整体问题，记住它的各个部分都是互相依赖的，而不是只专注于解决其中一个部分。最佳解决方案通常是那个能把互不相干的方法整合到一起的那个，而且这一方法只能通过对问题进行全面考虑才能找到。不然的话，那些起初看起来互相排斥的可行解决方案就不可能会被识别出来，就更别提把它们以全新的方式结合起来了。人们很容易过分强调自己独有的那部分困惑，这不过是人性使然，此时，他们需要站在多位利益相关者的角度来看问题。最后，创新解决方案应该适用于所有相关方。

想想我们描述过的五角设计公司的所有实践及相关原则，比如对潜在合伙人全面而彻底的审查，详细的财务报告，必须出席合伙人会议的要求，面向公司所有同行的作品演示，还有财务表现的标准。这些方法全部可以用来发展出创建社群和团结社群成员所需的目标、价值观和规则，也能对它们进行强化。

现在，我们希望，这些能在创新型组织追求自己目标的过程中给予其指导的价值观和规则看起来不再那么陌生。上述三个元素共同发挥作用，能使团队成员专注于最重要的事，防止工作效率低下，同时也能鼓励那些有利于促进协同性工作、发现性学习和综合性决策的行为。每个创新型组织都拥有这三个元素，即使它们是不言而喻的，或者很少被拿出来讨论。确切地说，它们到底包括什么内容、现在如何表述，又如何实现，都会依某一个特定组织及其特有工作而定。不过，在具体规则的背后有一套更加通用的标准，正是这套标准规定了团队成员如何一起工作，如何解决问题。

我们关于领导者如何激励团队创新意愿的阐述至此完满。出人意料的是，创新过程的社会特性，即人与人合作，不仅仅让这一过程充满了挑战性，另一方面还支撑着人们完成创新工作。在第 4 章研究大众汽车公司的卢卡·德梅奥的时候，我们讲到，通过把人们聚集在一个共同而激动人心的目标周围从而创建一个社群的必要性。在这一章讲五角设计公司时，我们又在目标之外添加了两个同等重要的因素，即共同价值观和参与规则。三者相互交织，共同激发出一个团队排除万难、锐意创新的意愿。实际上，德梅奥在大众工作的早期创造出了大量的空间，让他那个刚刚崭露头角的全球化社群可以打破成规，以一种全新的方式协同工作，而且始终秉持着参与规则，我们也看到五角设计公司是如何在公司里精心培育这种规则的。正因为五角设计公司能够让所有这些要素恰到好处且持续地发挥作用，进而保持了团队的活力，它才能在几十年里不懈地高效创新，甚至在创始人离开，合伙人来来去去的情况下也是如此。

COLLECTIVE GENIUS

The Art and Practice of Leading Innovation

## 领导你的天才团队

### 1.天才团队的共同价值观

- 雄心：寻找和应对巨大而复杂的挑战
- 协作：只有通力合作才能实现雄心壮志
- 学习：求知欲是创新的必要条件
- 责任：超越个体，维护集体身份

### 2.天才团队的参与规则

- 如何互动：相互信任、相互尊重、相互影响
- 如何思考：质疑一切、数据驱动、全面考虑

### 3.来自五角设计公司的启示

创新性社群若要长时间高效运转，除了共同目标之外，还需要共同的价值观和参与规则。前者影响优先权和选择权，后者是维持社群问鼎的非正式行为规范。

- 强制出席的合伙人会议
- 平等和慷慨原则
- 培养、支持和奖励共同价值观
- 协商一致做出重大决策（人人都能接受）
- 同行演示及评议

# COLLECTIVE GENIUS

**领导天才团队：目标 2，培养创新能力**

THE ART AND PRACTICE OF LEADING INNOVATION

十年来对创新型组织的观察令我们确信，最好的创新型领导者并不把自己看作那个全知全能、只需设定方向让别人跟随的人。这并不是说他们没能力做这样的事。通常情况下，他们出于各自身份和地位的原因而更富有远见。但是他们明白，作为一个领导者的主要职责是要创造出一个能够催生种类繁多且兼具创造性的冲突，能鼓励试验行为，能包容智力层面的失误，也能够接纳综合性决策的环境。简而言之，他们的工作是要创造一个能让人们自愿去创新，同时也具备相应创新能力的语境。

在第二部分的第 4 章和第 5 章，我们解答了创新之谜中有关创新意愿的那一半。现在，在第三部分的第 6~8 章，我们转而讨论三家在各自领域都是先驱的公司——皮克斯、eBay、谷歌，并且重点关注那里的领导者都做了哪些培养组织创新能力的事情。当然，这一半和意愿同样重要，因为无论单凭意愿还是单凭能力都不能真正做到创新。

组织层面的创新能力至关重要，因为创新实际上需要一些组织性技能，而领导者可以鼓励并帮助发展这些技能。这样的能力有三种，而且它们分别对应着创新过程的三个方面——协同性工作、发现性学习、综合性决策，我们之前说过，这才是高效的领导者应该投入精力的地方。

## 创造性磨合

这种能力可以创建出一个思想市场，以便通过交谈、争论甚至冲突的方式生产、提炼并发展众多的可选项。潜在的解决方案会从这个过程中诞生，而几乎从来不会依靠一个孤独大脑神秘的灵光闪现而完整地冒出来。

在第 6 章里，我们探究了在皮克斯，一个创新的解决方案是如何围绕着一个由致命技术挑战导致的冲突而产生的。不可预知的事件造成了这样一种情形，即两个重要的产品恰好在同一时间都需要使用公司数据中心的全部计算能力。从实际的角度来看，同时满足双方的需求已无可能，而制作计算机动画的特殊要求又意味着这项工作不可能在公司之外做。但公司必须得保证两部电影都按时完成，而且也没有多余的钱再扔到这个问题上了。

## 创造性敏捷

这是一种组织层面的才能，用于通过快速试验、快速反馈和快速调整来测试并提炼创意的组织性技能。创造性敏捷引发了创新过程的第二个方面，发现性学习，我们在第 1 章里重点阐述了这一点。一个问题的最佳解决方案不太可能很快出现。更多的时候，它会从充满活力又富于前瞻性的试错以及随后的学习过程中冒出来，也经常呈现出那种无心插柳柳成荫的情形。

在第 7 章，我们将会通过 eBay 德国的故事来全面审视这种至关重要的能力。eBay 是一个极具开拓性的全球化平台，它从根本上颠覆了全世界人的购物方式。而 eBay 德国则被广泛认为是这个平台上最创新、最成功的地区市场之一。eBay 德国最初只是一家增长很快的德国初创公司，名为 Alando.de，后来被 eBay 收购，成为 eBay 德国。当时，它由于受到公司总部的种种约束而奋力挣扎——直到发现了一种可以让它在那种处境下仍能继续进行试验的方法，这种方法为其带来了早期的成功。

## 创造性解决

这种组织层面的能力能够带来综合性决策。在我们看到过的许多公司里，分歧会被一个占主导地位的个人或团队消除，或者通过妥协来解决，某些折中的方案通常会结束冲突，但没人高兴。另一方面，创新型组织能够做出选择，即把互不相干甚至是根本对立的观点综合成一个更出色的解决方案。许多创新都是这类选择的结果，许多已有的想法在初看时可能互不兼容或者互相排斥，但是也能被整合成一个全新的创意。

创造性解决的能力可以让一个团队突破二选一（非 A 即 B）的限制，并且能对二者（或更多方面）进行综合，这样一来，效果远超任何一个单独选项。不选 A 也不选 B，创新型团队频繁地创造出能把二者都综合起来进而再行发展的第三种方法。

这种整合很艰难，在第 8 章，我们将会看看，谷歌高管比尔·库格伦领导下的两个团队的问题解决过程。这两个团队在探索一种存储快速增长的海量数据的可替代性方法。谷歌必须要很好地处理这些数据。

令人讽刺的是，传统的领导者一般会抑制这三种能力的发展。那些试图通过消除富有创造力的争议之声的人，会限制可供考虑的好选项的数量。那些通过让自己的团队直接朝着一个预定好的解决方案前进以便掌控局面的人，会阻碍有利于得出最好答案的试错过程。而一个以提早做选择为己任的领导者带领的团队，也不太可能找到那个最有创造性、考虑得最周到的解决方案。

## 创造性磨合：激发创意的协同性工作

COLLECTIVE
GENIUS

让各种创意进行碰撞甚至竞争的好处是什么？

天才团队的领导者如何促进创造性磨合？

约翰·拉塞特曾经说过："艺术挑战技术，技术启发艺术。"皮克斯的魔力之一是，这两条金科玉律一旦相遇，所能创造出的东西要比其各自单独发挥作用时好得多。

**格雷格·布兰德鲁**
皮克斯动画工作室首席技术官

创造性磨合是创新型团队所具备的三种核心能力中的第一个。[1]这种能力可以创建一个思想市场，让各种各样的想法以对话和争论的形式在此交锋。可能的解决方案来自一系列的火花碰撞，而不是出于灵光闪现，因为团队中的成员会互相竞赛，每个人贡献出的思想都会激发下一个更好的创意出现。

"磨合"的字面意思是，两种或者更多材质在一起摩擦。这才是一个协同合作型市场的关键动力，各种创意得以在此互相碰撞，彼此竞争。因而，那些创意慢慢发生变化、改进，甚至催生出更好的创意。

创造性磨合一直伴随着某种程度的冲突——分歧、竞赛、争论。这也是为什么这种能力在一个多样性社群里会发挥得更好的原因，后者的成员是基于共同目标、共同价值观和参与规则而联结在一起的，而这其中就包含着冲突；与此同时，让这个社群保持高效产出，而不是仅仅强调个人力量和无意义的破坏性，也有助于创造性磨合发挥作用。

## 皮克斯渲染农场①的"撞车风暴"

我们来看看创造性磨合的实践过程。在皮克斯，一个问题突然出现在格雷格·布兰德鲁的面前。他当时担任皮克斯的系统技术高级副总裁，负责公司技术部门的工作。

这个问题最初在 2008 年夏末的一次部门常规会议上露出端倪。当时，会议的参加者有布兰德鲁及他属下的三个关键人物：系统技术部门主管约翰·柯克曼（John Kirkman）、渲染管线部门经理安娜·皮亚（Anne Pia），以及该部门的技术主管克里斯·沃克（Chris Walker）。

"我们遇到了一个问题，"皮亚宣布，"《飞屋环游记》和《拖线狂想曲》（*Cars Toons*）需要同时渲染。"她和沃克共同负责渲染农场的管理工作，所有的动画渲染工作都要在这个数据中心完成。布兰德鲁的经验告诉他，当一个团队需要同时具备高水平技术和管理才能的领导者时，两个能力互补的负责人通常比一个要好。

皮亚的团队通过渲染农场来规划工作和安排日程，负责发现并解决那里发生的任何问题。她和员工要跟踪公司所有作品的进度，当它们进入最终渲染阶段的时候还要制定出它们各自所需的计算能力指南图。

《飞屋环游记》是一部故事长片，预计将会带来 10 亿美元的价值流。《拖线狂想曲》是基于之前发行的动画电影《赛车总动员》中的角色而制作出的一系列短片集，第一个系列包含四部短片，即将登陆有线电视。

渲染是制作一部动画电影的复杂流程中的最后一步。皮克斯的 RenderMan 是帮助公司多部电影获得奥斯卡奖的渲染软件。电脑使用这个软件来收集艺术家在之前的制作步骤中完成的所有电影元素的说明数据，例如人物外表如何、怎样移

---

① 渲染农场（Renderfarm）是一种形象的通俗叫法，其实我们应该称其为"分布式并行集群计算系统"。这是一种利用现成的中央处理器、以太网和操作系统构建的超级计算机，它使用主流的商业计算机硬件设备达到或接近超级计算机的计算能力。——译者注

动，或者灯光和物体如何布置等，并执行计算，也就是要创造出人们在影院看到的最终电影的每一帧画面。

渲染一部动画电影需要庞大的计算能力。由于制作的复杂性，任何单独的一帧画面需要的 CPU（中央处理器）渲染时间可能短至一小时，也可能长达数小时。按每秒 24 帧算的话，一部典型的动画电影的画面可达 12 万帧之多，其中每一帧都需要被单独渲染。难怪皮克斯数据中心是当时全世界十大私有大规模计算机系统之一了。

一个隐约存在的问题是，《拖线狂想曲》的制作已经落后于计划，所以皮亚和她的手下一直在跟这个团队一起工作，以便理清他们具体的渲染需求并重新安排。她刚刚意识到，《拖线狂想曲》即将开始渲染的时间正好与《飞屋环游记》碰到了一起。

布兰德鲁相信皮亚的判断。她 10 年前加入皮克斯，成为布兰德鲁的助理，一路升至当前的职位。尽管她缺少技术经验，但她很快就上手了，并显示出相当高水平的管理才能和在重压之下依然保持高效工作的能力。如果她认为有问题，那就很可能是真的有问题。

尽管如此，布兰德鲁还是很疑惑。他了解渲染农场的全部计算能力，明白资源有限，也知道故事长片、短片和宣传物的制作都需要使用渲染农场，因此那里的工作日程就越来越难安排。但他仍然不解。

"怎么会呢？"他问道，"《拖线狂想曲》是一部短片集。短片怎么会引起这种问题？"

布兰德鲁理解《飞屋环游记》的渲染需求。这部动画电影有技术上的野心，其故事内容是，一位失去老伴的老人，和一个小男孩一起，乘着一座由成千上万只气球带着飞起来的房子，做了一次洲际旅行。片中的很多角色都是人类，表现他们要比表现玩具（《玩具总动员》）、鱼（《海底总动员》）、虫子（《虫虫特工队》）

或者老鼠（《美食总动员》）什么的复杂多了。而且，这部动画片是皮克斯将要发行的首部 3D 电影。

皮克斯一直在做短片，《拖线狂想曲》和其他动画电影一样，都是出自该工作室之手。短片所代表的艺术和技术挑战，与人们在影院欣赏到的影片不同。短片没有动画电影那么大压力，人们在制作特效的时候有一定的自由度和灵活性去尝试新的软硬件。短片制作也是一个提供给新导演和新制片人的最好训练场。

令人难以理解的是，为什么《拖线狂想曲》需要在整整两周的时间内占用整个渲染农场的计算能力。每个人都知道，在皮克斯，短片所需的计算能力极少，就好比一曲波澜壮阔的交响乐中的几个小音符。动画电影中的画面帧数更多，把各帧画面提交上去的人也更多，因而需要海量的计算能力；相反，短片只需占用渲染农场的一点点空余计算能力即可。

但是，这次不一样，《拖线狂想曲》并不是普通的短片，它会遭遇技术上的最大挑战。它的画面渲染所需的时间跟《赛车总动员》一样，得花许多个小时，而后者是皮克斯迄今为止制作的技术难度最高的一部动画电影。这全都是因为皮克斯研发出了一种复杂的计算机动画渲染技术，名为"光线追踪"（ray tracing）。

在《赛车总动员》中，导演想要一个光芒耀眼的沙漠景观，影片在那里展现的部分场景看起来十分逼真——强烈的阳光把一辆汽车的车身照得如镜面一般；炎炎烈日下，一座高楼上的涂料正在剥落；尘土飞扬的黄昏中，一片沙漠台地散发着红宝石的光芒；一辆汽车轮廓鲜明的影子在炫目的正午骄阳下漂移过来。光线追踪技术让动画电影制作者可以模拟真实光线的许多形式和外观，比如反射和折射。

然而，这种令人震惊的视觉效果也意味着随之而来的高成本，因为应用这种技术的画面在渲染时所需的时间特别长，可达数小时。作为皮克斯首部大量应用光线追踪的动画电影，《赛车总动员》是一部技术层面上的杰作，它在制作过程中所需要的计算能力为同类型作品《玩具总动员》的 300 倍。

不过，《拖线狂想曲》的画面数量只有一部动画电影的一小部分那么多。就算使用了光线追踪技术，它也应该很容易让四部短片都适应渲染农场的日程安排。但问题是，还有三个额外的因素在起作用。

第一，这部短片集在技术上的挑战甚至超过了光线追踪技术能解释的范畴。一部分场景被设定在东京，那意味着设计师必须要创造出那座巨大城市的计算机动画版本。由于人手和时间有限，他们采取了这样的办法，即把设计时间缩到最短，增加渲染时间。他们通过在技术手段上走捷径又不降低最终品质的办法呈现出画面令人震撼的视觉效果，但这样也确实让画面的渲染过程变得更复杂了，也需要更多的时间。

第二，大部分作品的最终渲染都是等影片的镜头拍摄完并通过之后，一个镜头一个镜头地进行，也就是说，渲染的工作和制作过程差不多同步，分批完成，会持续较长的时间。但是，因为《拖线狂想曲》只有一组特别忙的工作人员，所以他们决定把最终渲染的工作放到整部片子的最末尾，一次性完成所有镜头的渲染工作。

第三，《拖线狂想曲》之前计划在夏天的时候开始渲染，那时渲染农场有50%的计算能力可用。但是，当影片制作人把他们的工作提交给皮克斯的重要人物看的时候，却被告知故事需要再改进，而他们自己也想按那样再修改一下，于是拍摄和渲染工作就被推迟到了9月。

加之《拖线狂想曲》的最终完成日期已无法更改，这些因素碰到一起就意味着，最终渲染将要在9月份紧张的两周时间内占用渲染农场的全部计算能力。

技术人员知道，《拖线狂想曲》会涉及光线追踪技术，但没人告诉他们东京的场景和拍摄的推迟。这不是任何人的错，而是与一直以来皮克斯的短片制作方式有关。它们对公司层面的资源所发出的需求之声一般都很小，跟噪声差不多，也几乎没什么直接相关的外部团队太担心它们的事。制作人员不会，或者说也没有必要太担心跟他们相配合的团队。典型的短片制作方式就是由一小撮员工完成的，其中包括几个全身心投入的策划或协调人员，因为这些职能从来也没有出过什么问题。这就是为什么《拖线狂想曲》的团队从来也没提起过上面所说的那些变化。他们只是单纯地假设过去的状态一直都是正确的，一部短片在有需要的时候总会得到相应的资源，因为它的需求少得跟背景音差不多。

结果，技术部门在9月初就要面临渲染农场的一个冲突，此时只剩下几个星期，时间正在飞速流逝。《拖线狂想曲》需要在两周的时间内占用渲染农场百分之百的计算能力，正好《飞屋环游记》也要开始进行最终渲染了，需要在6至7个月的时间内占用渲染农场百分之百的计算能力。

这就是问题所在，但技术部门没有人为此感到特别忧虑。他们能找到解决办法，因为皮克斯在制作过程中所遵循的不成文规则非常明确。皮克斯是动画电影制作领域的巨头，所以每个人都知道当前正在制作的动画电影永远拥有最高级别的优先权。如果它明天就需要使用渲染农场，那么明天它就能用上，而所有其他项目都要等。

迫在眉睫的是，目前只有布兰德鲁和他的团队知道这个冲突。《飞屋环游记》的团队自然而然地认为，只要他们需要，就会得到所有资源。而《拖线狂想曲》的团队显然也认为，只要一准备好，他们的短片就会尽快得到渲染。

所有这些都发生在皮克斯不断发展变化的一个大背景下。作为计算机动画电影的先驱，这家动画工作室长久以来一次只制作一部电影。但是现在它开始考虑提升到另外一个水平了。"现在感觉我们知道怎么做计算机动画电影了，"布兰德鲁说，"我们的步子捋顺了。所以，我们正在扩大规模，尝试一年发布两部甚至三部电影，而不是只发一部。"

此外，迪士尼刚刚以74亿美元收购了皮克斯，并且希望皮克斯每年既要生产更多动画电影，也要生产更多像《拖线狂想曲》这样的短片，以帮助建立起更多的电影授权经营网络。上述每一方面都将以各种形式给工作室带来严峻的能力考验，尤其是技术部门，要面临着对计算能力需求突然飙升的情况。

　　布兰德鲁和系统技术部的员工已经对越来越多的影片发布需求和随之而来的压力有所准备。他们一直为自己在预先准备和计划方面的能力感到非常自豪，哪怕是遇到最坏的突发事件。皮亚和她的团队一直在不断地创建和发展相关工具，通过运行长达 6 个月的滑动窗口算法来计算到底需要多少计算能力。这些工具可以在制作过程中精确地测量每一部影片的每一个镜头有多少帧被渲染了。利用这些信息以及各镜头应该何时被渲染的日程安排，技术人员就可以把所有影片的工作汇总到一张图表上，然后查看哪天的需求会达到峰值。由于有 6 个月的滚动窗口期，他们可以在需求突然飙升的时候及时做出反应，无论这种需求是在一个单独的影片制作过程中出现，还是在多部影片的需求互相重叠时。由于对计算能力需求的上升，技术人员一直在想方设法让这种计划工具变得更加复杂而精密。

　　最麻烦的是，《飞屋环游记》和《拖线狂想曲》的冲突不仅仅是双方的需求重叠了两周时间，而且技术人员对上述两部片子出现的情况毫无准备。他们没有预见到这一次汹涌而至的突然需求。"我们原以为知道技术系统的运行模式，也以为可以利用对它的认知来处理任何事情，"布兰德鲁说，"现在我们开始考虑，我们也许并不像自己想象的那么了解这个系统。"

　　布兰德鲁喜欢在前沿领域工作，这是他的"雄心壮志"，但他从来没有想到过自己会来到电影行业。在皮克斯，他把大规模计算能力用于制作前所未有的动画电影。他拥有两个麻省理工学院电气工程的专业学位，一个杜克大学的 MBA 学位，曾在乔布斯于 20 世纪 80 年代中期离开苹果公司之后创立的 NeXT 计算机公司担任运营负责人。皮克斯首部动画电影《玩具总动员》上映几个星期后，乔布斯把他叫到办公室，问他是否愿意考虑调到皮克斯工作。那时，乔布斯已经从乔治·卢卡斯手里把皮克斯买了过来，并在其最终盈利之前注入了数千万美元的资金。皮克斯需要有人来领导其承担着关键使命的技术系统，乔布斯想让布兰德鲁来做那个关键人物。出于好奇，布兰德鲁决定去面试，在工作室聊过几次之后就接受了这份工作。

## 做个决定，拜托！

为了解决《飞屋环游记》和《拖线狂想曲》之间快要火烧眉毛的冲突，布兰德鲁及其团队首先得让每个相关人员都知道将要发生什么事。如果没人当回事的话，那么任何问题都很难解决。技术部的每个人在注意到可能出现的冲突时的反应都一样："什么？不，那样不行。这是一部短片，短片可不需要那么多资源。"

现在技术人员唯一能做的就是，与双方的工作人员分别见面会谈，然后说明一下，他们必须得找出解决方案。每个技术人员都明白，如果《飞屋环游记》最后不能在渲染日程上找到合适的空间，那么《拖线狂想曲》就得等。无论如何，这不应该是由技术人员做决定的时候。

《飞屋环游记》的技术监制史蒂夫·梅（Steve May）想知道，一部短片怎么可能需要占用整个渲染农场呢？因为同时了解技术和艺术制作两边的情况，技术监制能够在双方之间起到桥梁的作用。

听完技术人员的解释，梅说，他或许能把一些工作腾挪一下，特别是影片中某些复杂的场景，以便给《拖线狂想曲》争取点儿空间。但是他也只能腾出几天，到不了两周。

他明确表示，如果没有必需的电脑计算能力，那么他的电影就不能按时完成。《飞屋环游记》将要在 9 个月之后发布，而那个时间一旦确定下来，他就没有操作的空间了。皮克斯和迪士尼（这部电影的发行商，同时也是皮克斯的所有者）成百上千的人都在为电影发布的大日子做准备。全世界的供应商已经准备好生产玩具、衣服、书以及所有其他电影周边，这些将会使《飞屋环游记》变成价值数十亿美元的财产。误了日期就会造成一场大混乱，所有事情都会处于风险之中。

"你开玩笑吧！等 9 个月？我们又不是要渲染六七个月！"《拖线狂想曲》的制片人克瑞·雷（Kori Rae）和他的技术监制与布兰德鲁及其技术团队坐在会议室里。雷刚刚知晓她的片子和《飞屋环游记》"撞车"了，那也意味着《拖线狂想曲》可能得等上 9 个月才能开始渲染。

"我们可等不了好几个月！"雷说，"我们已经承诺给发行商要在今年秋天完成片子。"《拖线狂想曲》即将登录迪士尼频道和美国广播公司家庭频道（也归迪士尼所有）。迪士尼的核心高层指望着《拖线狂想曲》按时上线。"而且约翰特别喜欢这片子，特别想看。"雷补充说。约翰就是约翰·拉塞特，皮克斯的联合创始人，同时也是《玩具总动员》和《赛车总动员》的制片人，现在对《拖线狂想曲》非常感兴趣。就是他给出了几个意见，强化了《拖线狂想曲》的故事线，也导致了其制作的延迟。

如果真的要等《飞屋环游记》几个月，那就不仅仅是填满那些电视台播放空档的问题了。在迪士尼，能为公司带来重大收益的消费产品线有三条，其中一条便是与《赛车总动员》中的动画角色密切相关的周边玩具及其他商品。《赛车总动员 2》还要过几年才能发布。因为不想使这部电影中的角色被观众淡忘，迪士尼的人认为，一个与此相关的系列短片《拖线狂想曲》在有线电视台和互联网上播放，将有利于保持这些角色的生命力，并能维持《赛车总动员》类消费产品的销售。

每个人都知道拉塞特多么在乎他电影里的那些角色。它们不仅仅是动画人物，也是拉塞特世界的一部分，而且他也希望这些角色能够成为孩子们世界的一部分。对于他来说，这些玩具和其他商品能让孩子们和动画角色一起玩耍，也能和它们一起创造出属于自己的故事。

与《飞屋环游记》和《拖线狂想曲》的会谈以走入死胡同告终。对于《拖线狂想曲》的团队来说，他们的"短片"不是普通的短片。它值得和任何其他作品一样获得优先权。对于《飞屋环游记》的团队来说，毫无疑问，他们那部正在制作中的动画电影将会一如既往地得到所有支持，任何一点儿短缺都不可思议。

会谈结束后，布兰德鲁及其团队开始重新考虑下一步。很明显，他们面临着两股没有回旋余地却又不可能被实际满足的需求浪潮。他们觉得很沮丧，因为这是一场不可能按照自己的意图来规划的完美风暴。（请参阅天才团队观察"布兰德鲁回忆另一场完美风暴"。）尽管没有公开讨论，但是相关制作人员在会上进行沟通时所透露出来的潜台词是很明显的。"这是你们的问题，技术部。把它解决掉。"原来还指望双方的制作人员可以解决这个问题呢，真是想太多了。

## COLLECTIVE GENIUS
### 天才团队观察

#### 布兰德鲁回忆另一场完美风暴

在《玩具总动员2》正处于制作冲刺阶段时，一条技术命令偶然地删除了整部电影。当布兰德鲁意识到问题的时候，有些担心，但他知道他们有一个安全网络。布兰德鲁解释说：

> 我们知道一部皮克斯的电影价值10亿美元，我的备份团队，就是负责保护皮克斯数据的团队，拥有四个强大而独立的数据保护系统，而且配备了7/24小时全天候的现场工作人员。然而，在一个几乎不可能出现的一连串事件中，每个备份系统都失败了，我们没办法恢复那部电影。我们的电影没了。它就那么消失了。我写了辞职信。

幸运的是，他们最后找回了电影。多亏了皮克斯公司的社群意识，当时正在休产假的首席技术监制，非常可靠地把整部电影在自己的家用电脑上做了一个备份。但那不是布兰德鲁没被炒鱿鱼的原因，艾德·卡特姆、约翰·拉塞特、史蒂夫·乔布斯和他当时的上司劳伦斯·利维（Lawrence Levy）的确讨论过这件事。他们告诉布兰德鲁："我们知道你很聪明，而且也尽了最大努力。所以当你搞砸了的时候，我们首先想到的不是你不胜任，而是你真的遭遇了棘手的问题。犯一次这样的错误没关系，但不能有下次了。"确实没出现下一次。

领导者处理失误的方式能够深远地影响着一个团队的互信感及责任感。布兰德鲁的团队要想在艰难的条件下参与到创新的问题解决过程中去，就需要那种直言不讳和灵活性，而上述感觉正是这种坦率和敏捷的一个关键基础。

他注意到：

> 当你在前沿领域工作时，你不可能一直都做得正确无误，而且你肯定也不想依靠运气。想想我的团队和我犯下的那个巨大的错误吧——我们居然没被炒鱿鱼！关于安全感和尝试新鲜事物，这件事给每个人传递了一个什么样的信息呢？那就是为什么人们一直要为了完成工作而向前看，而不是总小心提防着自己是不是会被开除。

---

这状况让布兰德鲁很不适应，也很不舒服，因为他"无法像变魔术似的"凭空变出所需的计算能力。他多希望自己能这么做！"当你拥有这些限制条件的时候，"布兰德鲁说，"每个人都会被迫进入一个'奇怪的盒子'（迷局）。你们都是朋友，你们每个人都被手铐铐在其他人身上，而且你们都有刀子。每个人都试图支持自己'应该做什么'的观点，但这是一种非常困窘的境况。人们互相竞争以期达到各自的目的，同时也能达成公司的目标。"

## 买更多电脑还是推迟一些工作

"有什么方案可选？"稍晚些时候，布兰德鲁和自己的团队开了个会，"艾德想确认我们已经对全盘进行了考虑。"

艾德就是艾德·卡特姆，皮克斯的 CEO 和创始人，还是一位传奇的计算机动画先驱。如果制作人员不能解决冲突，布兰德鲁最后将不得不去艾德那里征求一个决定。

关于选择方案的讨论很快就结束了，因为他们讨论的内容是一个布兰德鲁及其团队反复不断修订的列表，时刻都在更新、扩展。他们一直都在寻找更便宜、更好、更快的方法，给皮克斯电影制作者提供所需的计算能力。

一个方案是，利用皮克斯员工使用的数百台能力强大的台式计算机（共计数千个 CPU，因为每台计算机都有 4 个 CPU）通宵渲染画面。事实上，在 20 世纪 90 年代初的时候，皮克斯曾经这么用过员工的计算机，使得《玩具总动员》按时完成。但那已经是好多年前的事了，而且现在的 CG 技术已经发展得非常复杂了，大部分画面都不会在每天晚上获得足够的时长来渲染。艺术部门的员工也必须得等到第二天早上才能工作，要么等他们的计算机结束渲染，要么删除正在进行中的渲染，然后丢失一整晚的成果。无论如何，大部分台式计算机都没有装载适用渲染的合适配置。

租用外部资源在原则上是可行的。财务人员经常会建议，技术部门应拥有一个基础的电脑集群来处理当前工作，遇到需求峰值时可以租用更多设备。但是每一次技术人员在研究这个选项的时候都会发现，租用成本只比全部买下来便宜 10%，而且用完之后还得归还设备。计算机的更新迭代十分之快，所以设备拥有者或出租人不得不快速回笼资金。如果没什么大变故（一般都不会有），自主购买设备是一个好得多的方案。尽管那时的皮克斯只在短期内需要额外的计算能力，但它迅速增长的需求肯定会在不久的将来吞噬掉这些超额的计算能力。

更进一步的优化（即提前准备好画面，这样也能节省渲染时间）是另一个可行的选择。动画电影能够负担对画面进行优化的工作人员成本，但《拖线狂想曲》没有足够的人手，也没有足够的时间。就算可能做到进一步优化，人们也不确定那样能够节省出足够的渲染时间。

有人提出了一个新的备选方案，即能否在距此一个小时航程的伯班克（Burbank），即迪士尼动画公司所在地进行渲染，前提是迪士尼的渲染农场有空闲。布兰德鲁非常了解那里的人和运营方式，他给了皮亚一个可以联系的人名。迪士尼之所以收购皮克斯，一方面是因为后者正处于蓬勃发展时期，另一方面是因为迪士尼想为自己衰退中的动画业务注入一些皮克斯式的魔力。布兰德鲁想，如果皮克斯最终还是要依赖迪士尼才能解决这个问题的话，那可就很讽刺了。

另外一个他们正在持续关注的更新可能性是使用刚刚兴起的云计算技术。布兰德鲁和系统技术部的其他一些人都跟谷歌及亚马逊聊过，但是还没有任何结果，主要是技术原因。云计算不太适合渲染，可用的宽带连接无法处理海量的数据。不过它仍然是一项快速兴起的技术。尽管没有任何理由认为现有困难已经被克服了，这个方案仍然值得一试。

正当布兰德鲁和大家一起讨论使用云计算的可能性时，有人指出，也许令这个方案唯一可行的办法是把这些计算设备搬到皮克斯。本着全面考虑所有可能性的初衷，他们讨论了一会儿真的借 250 台设备回来的想法，但最后有人表示"这太不靠谱了"，其实大家多多少少都同意他的说法，而且理由充分。你怎么又快又安全地在几天之内打包、运送、拆包、安装、变更、调试、使用、重新打包，然后再归还这几百台总价数百万美元的计算机呢？更成问题的是，你怎么能确保这些计算机能够正常运行皮克斯的软件呢？没有任何一台新计算机能在不加改动的情况下做到这些。此外，像谷歌和亚马逊这样的公司怎么也不会让你真的把它们的电脑搬走的。

这就是所有备选方案，但哪个都没什么把握。每一个方案都显示出巨大的未知和风险，而且很有可能根本解决不了问题。无奈，布兰德鲁及其团队得出结论，唯一能够按时完成两部影片的办法是花 200 万美元买进一批新计算机。这看起来也颇具讽刺意味。如果《拖线狂想曲》要在它的预算支出上专门增加一个渲染科目的话，那么这额外的 200 万美元很可能会在项目开始之前就把它扼杀在摇篮里。

现在，唯一现实点儿的选项就是推迟两部影片中的一部。"我完全不知道该怎么才能从这一团乱麻中理出头绪来，"布兰德鲁说，"艾德必须得做个决定。"

要见卡特姆一面，不再像以前那么容易了。自从迪士尼收购了皮克斯之后，他基本上都在伯班克。布兰德鲁和他的团队终于安排了一次会议，他简要地总结了当前的情况：首先，为什么会出现冲突；其次，这些备选方案没有一个看起来特别可行。他说了唯一一个现实的可选项，那就是买更多的计算机。

在这种情况下，卡特姆惯常的风格是，简明扼要地听，可能问几个问题以便了解得更清楚,然后分享自己的观点。"我们没有 200 万美元去买新计算机。"他说。布兰德鲁能够理解，也知道自己很难为花这么大一笔钱只为了使用两周而去辩护。

"那么，我们要推迟《飞屋环游记》或者《拖线狂想曲》吗？"布兰德鲁问道，期待着答案会是"推迟《拖线狂想曲》"。

"都不推迟，"卡特姆说，"我们需要让这两部影片都能按时完成，你看看来怎么解决吧。"

"所以我们该怎么做？"

"我不知道，"布兰德鲁和他的手下坐在一起，说，"艾德没说。"

"但我们还是得两部都按时完成？"

"是的。"

"这又不是我们的错，可我们却得背这个锅。"有人抱怨道。

布兰德鲁经常会指出，纵观皮克斯的简短历史，这家公司始终站在技术前沿。"每部电影的制作过程都好像是从飞机上跳下去，然后在降落途中再把降落伞的碎片一点点拼接完整。不可避免的是，有些碎片可能会在这个过程中被弄丢，我们必须得在下降的时候发明出一个解决方案来。发布日期就好像是陆地，是不会有丝毫改变的。"

不过，迄今为止，系统技术部的人始终都能在最后一分钟即兴发挥出来。在那种情况下，他们可能会傲慢地互相说一两句，"他们的计划不足还不至于给我们带来紧急情况"，总之还是会找出解决方案。但这一次，他们仿佛窥见了失败的黑暗深渊。就在这一刻，原来的担心都变成了现实。

现在，距离 9 月只有两周时间了，到那时，系统技术部的人如果找不到解决方案，就得告诉《拖线狂想曲》的团队这个坏消息。他们知道，从埃默里维尔到伯班克，所有人都将听到这个回答。

这个问题在最开始是一个没人注意到的冲突。由于它演变成了一场现实的危机，布兰德鲁及其团队正在经历他们在皮克斯有史以来最紧张不安的时刻。平时愿意合作的人开始互相指责，不顾一切地想要完成自己的项目。"你们太过分了！"一组人说，"你们这是在破坏公司一直在运行着的基本原则。动画电影正值关键时刻，应该得到满足。""如果我们完不成《拖线狂想曲》，"另一组人说，"迪士尼会不高兴。而且，约翰·拉塞特特别喜欢这部片子。"

最后，每个人都开始指责系统技术部。"显然双方的人都认为是我们的错，我们没有计划好他们的需求，"布兰德鲁说，"大家都紧张极了，表现得跟别的时候完全不一样。"

"让他们自己去解决吧。"有人在系统技术部的会议上这么说。

"对。没准儿他们就会知道到底哪里才是前沿。"

后来，布兰德鲁这样讲述那个黑暗的时刻：

> 陷入这样一种并不是由我们造成的困境，实在太令人沮丧了，那一天结束的时候，我们甚至开始谈论跟《拖线狂想曲》彻底说再见，毕竟它只是部短片。但那是一番令人心灰意冷的言论，而且完全不符合我们的本性。我们其实非常在乎工作室其他人的感受，不想让他们失望。那些同事还指望着我们。所以，我们决心继续努力。

系统技术部的人明白，除此之外，他们别无选择。正如部门主管约翰·柯克曼所说："如果我们走过去跟双方的人说，'我们做不了你们这片子。没办法。所以下次计划得好点儿吧。'，这对于部门来说将是一场灾难。我们也不可能赢得这场争论。"

事实上，布兰德鲁及其团队从来也没有想过要引发争论。尽管大家都很沮丧，但没有一个技术人员想让制作部门的同事失望。这正是布兰德鲁当初决定加入皮克斯的关键原因。很显然，艺术设计、技术和制作是皮克斯的三驾马车。每一驾马车上的人都认为对方和自己具有同等地位，他们对于达成公司的共同目标都很重要。这个目标就是，创造伟大的计算机动画电影。他反复向系统技术部的每一个成员灌输一个重要的真相："计算机动画电影制作是一项团体运动。它需要我们所有人。没有人能够独立完成。"

一周之后的星期四，布兰德鲁及其团队正在重新考虑他们的备选方案，这已经不知是第几次了。就在距此仅有四天时间的下一个星期一，《飞屋环游记》和《拖线狂想曲》要想按计划推进的话，就必须都得开始渲染了。

利用台式计算机的方法行不通，渲染时间太长。经过一番快速核查之后，大家确认，租用的价格之高还跟以前一样。对画面进一步优化也不可能节省出足够的时间，也没有足够的人手去做这项工作。另一番快速核查确认了云计算的方案仍然不可能实现。亚马逊和谷歌的计算机配置是用于运行网络服务的，不适用于渲染工作。最重要的是，网络连接的速度太慢。皮克斯已经研发出了在其本地网络上运行速度超快的软件，比互联网所能连接到的最快网速还要快上百倍。

"迪士尼的渲染农场处于空闲状态。"皮亚说。她刚刚收到了那边联系人的回复。但是要在迪士尼公司进行渲染仍然不可行，他们（又一次）快速做出了决定，因为迪士尼调整了渲染农场的网络连接、文件服务器、操作系统和软件以支持其工作方式，但那与皮克斯渲染农场的工作方式大相径庭。有人说，无论什么样的解决方案，实际上都是要给皮克斯的渲染农场增加更多台计算机。

正当所有人面对这种不可能发生的情况而一筹莫展时，有人提出："我们能不能把迪士尼的计算机借到这里来使用？我们之所以排除了租借这个方案是因为它太棘手了。但我们曾经买下并安装了一整个渲染农场。那么这次借用并安装一些计算机又有什么不一样呢？"

没有人反对借计算机的办法，而他们就在不久前还刚刚重新想过这个方案并给它贴上了"不靠谱"的标签。没有人提醒大家，他们其实从来没这么干过，也不知道谁这么干过。这个人说，实际上，"我们需要再考虑考虑这个方案"。于是他们就这么做了。作为一个团队，他们一直对各种想法都保持开放的心态，无论新旧。

为了借给皮克斯，迪士尼的计算机将被全部从伯班克运到埃默里维尔，差不多要开一整天的车。皮亚给迪士尼的人回了一个电话。结果，那边的人愿意立即帮忙把他们渲染农场中的 250 台计算机打包并运过来。随后，皮亚的团队想出了把这些计算机接入皮克斯渲染农场的方法，也解决了如何当这些计算机一到位，就即刻进行安装的问题。

"绝望感让这个方案看起来有可能行，"布兰德鲁后来说，"我们都知道会有很大的潜在问题。没人记得自己曾经买到过任何开箱即用的设备。所有的东西都需要调试、配置，这些我们都能做，但问题是时间。我们有足够的时间吗？"

从迪士尼来的卡车在星期五的时候到了，于是，大家星期六全天都在卸货、安装、联网并启动 1 000 个处理器。这些任务可不轻松。每台服务器都包含多个 CPU，重量可达 18 千克以上，算下来，这些设备一共有四五吨重。这意味着，对于要干这么多活的那个系统技术部小团队而言，这绝对是漫长的一天。

当计算机都被安装好之后，技术人员会拉出来一两台机器进行测试。这是最难的部分，不是因为他们做不了，而是因为他们不知道得测多长时间。他们必须决定怎么重新配置这些借来的设备，让它们能在皮克斯的环境下运行。最终的测试环节是同时在一台皮克斯计算机和一台迪士尼计算机上渲染同样的画面，然后得出相同的结果。

一旦测试通过，他们就要在这些配置好的机器上安装皮克斯自己的软件。

这些工作是在星期日完成的。差不多每 20 台服务器为一组，这些借来的机器都被激活了，看着皮克斯的网络，好像真的在说"我来了"。就在那一刻，皮克斯的网络也好像意识到了它们的存在，然后说："好的，这是你的操作系统。请载入你的软件，重新启动。"到星期一早上的时候（整个过程用了四天时间），扩展后的渲染农场准备就绪。

尽管不容易，《拖线狂想曲》还是按计划完成了。拉塞特和迪士尼激动万分。《飞屋环游记》也在有条不紊地按既定时间推进着，也赶上了发布日期。它荣获奥斯卡最佳动画长片奖，并获得了最佳影片奖提名。尽管没有成为奥斯卡最佳影片，但它是首部获得提名的计算机动画电影。

危机被避免了，每个其他部门的人都只记住了这是系统技术部的职责所在，却忘了当时的紧张不安和高涨的情绪。甚至当技术人员再回过头想当时的情景时，也没人能清楚地记起来是谁第一个提出了向迪士尼借设备的这一可能选项。

"回想起来，"布兰德鲁说，"我们给出的答案似乎显而易见。但请相信我，当我在其他公司的同行听说这件事的时候，他们都惊呆了。借一座计算机农场，运过来，再让它们迅速在一个全新的环境里运行，这简直前无古人。"

这实际上是一个同时关于战术创新和战略创新故事。战术解决方案解决了一个迫在眉睫的问题，而战略解决方案则为整个系统技术部提供了一种在更复杂环境下运行的更好方式。

不用说，这个故事中的短期创新（借计算机来即时扩展渲染农场）解决了两个制作团队需要同时渲染而造成的迫切冲突。正是由于布兰德鲁及其团队为解决这个问题而付出了艰苦的努力，他们才学到如下几件事：他们能找到可借用的计算机；快速运输并安装数百台计算机是相当简单明了的物流挑战；此外，他们可以非常快地调整软件，使其适用于最初并不兼容的系统。

其实，战略创新在一开始的时候就产生了。那就是，技术部门的人找到了一种更好的思考和操作方式，以适应这种旧规则已经不再有效的新形势——此时，正在制作中的动画电影不再自动获得最高优先权，而短片制作也不用一味地被动适应日程安排了。这种创新是一种新的方法，可用来思考并处理皮克斯公司日益增加的复杂而不确定的计算能力需求。

当危机过去后，《飞屋环游记》的技术监制史蒂夫·梅对布兰德鲁说了一句很关键的话。布兰德鲁告诉了梅系统技术部的人都做了什么，他们是怎么注意到问题的，匆忙借用服务器有哪些不确定因素，特别是预先规划出能让这些设备在皮克斯独有的环境下运行所需的时间和要做的工作有多难。梅的反应是给出了一个建议：技术系统应该能够识别出外部可用的服务器池，并且应该能提前测试它们并学会使用，以备不时之需。

这一番话在布兰德鲁的脑海中扎了根，并最终引领他和他的团队完全改变了对于未来要怎么进行准备工作的思考。以前，他们对于日益增加的复杂性和需求的反应一直都是做更好的计划，学习如何更好地预测即将出现的情况。他们的目标是能够有 6 个月的窗口期，以便提前做准备。但是这次，两部影片之间的冲突残酷地展示出，也许并不是每个需求都能够被预先知晓。技术系统的确需要有计划，但还要在计划赶不上变化的时候发展出快速响应的办法，因为永远都会有意外发生。

"我们明白了，"布兰德鲁说，"随着不确定性越来越多，无论我们计划得多完美，危机总会出现。由于短片和来自迪士尼的其他工作，项目周期会变短，而且许多像《拖线狂想曲》这样的项目将不会再适应那种见缝插针式的制作方式。如果我们的计划不足以避免所有危机的话，那我们就必须得做到快速响应。"

为了这种更灵活的方法，系统技术团队创建了一套专门用于对 RenderMan 进行有效修改的新工具，以适用不同的 CPU。如果不是很频繁的话，借用设备也变成一种可以接受的方案，用以处理皮克斯无法预见的需求飙升。皮克斯甚至一度从金融公司摩根士丹利借了一个服务器池，以求在规定时间内完成另一部短片。

## 多样性和冲突，创造性磨合的核心

创造性磨合是一个过程，潜在的解决方案就是在这里通过争论和对话的方式被创造和发掘出来，并一步步被改进的。这个过程中可能经常出现由衷的意见分歧或热烈的争论，但并不总是这样。"磨合"的核心含义是，各种创意和备选方案彼此竞争，目的是找到最好的创意。

正如我们曾经指出的，这个过程包括很多步骤，因为创新解决方案极少完美无缺地从一个灵光闪现中冒出来。相反，证据确凿的是，大多数创新都起源于不同想法、观点和信息处理方式的彼此碰撞。为此，一个创新型团队必须首先产生足够多的点子，并且不停地传递它们的信息，就好像我们在皮克斯看到的，这样做是为了找出那个最具突破性的创意。坊间流传，托马斯·爱迪生曾说："要想获得一个伟大的创意，就得想出好多这样的点子来。"[2]

不要把创造性磨合和头脑风暴搞混了。两者都旨在想出尽可能多的创意，而它们之间的区别是：磨合，顾名思义，囊括了不间断的讨论、评估和不同创意之间的批评性比较，而头脑风暴则不允许做出批评性的评论，这样有利于产生尽可能多的创意，五花八门，也不管靠不靠谱。再想想我们在第2章里谈到的支持和对抗这一对矛盾。头脑风暴的内容全部是支持，并且只有支持。而创造性磨合的内容则是同时关于支持和对抗的。这就是为什么创造性磨合只会发生在拥有共同目标、价值观以及参与规则的社群里。只有在这种背景下，社群成员在提出意见和听取别人对自己想法的批评时，才会感到安全，因为他知道这么做是找到实现社群目标的最佳途径。

皮克斯的故事很好地说明了创造性磨合的作用方式。其核心组成部分是多样性和冲突。我们明白这两个词是彼此关联的，具体如下：

◎ 多样性，指的是人们的思考方式不同；

◎ 冲突，指的是认知冲突而非人际冲突，也就是说，这些冲突是关于不同创意和不同方法的，与人格无关；产生冲突的目的是为了学习和发展，而不是为了赢或是去主导。[3]

## 多样性

今天，当人们想到多样性的时候，他们更多想到的是人口统计学意义上的多样性——不同的国家民族、文化、种族和性别。但是，人们外表看起来不同，并不意味着他们的见解也各自迥异。[4]不同的生活经历和个人身份可能会导致不同的观点，但也并不一定会这样。

创造性磨合所需要的是另一种多样性：智识层面的多样性。为了创造性地解决问题，你会想把想法不同的人聚到一起，他们各自拥有不同的技能、知识、工作风格和思考方式，还要在收集、处理和吸收数据信息的时候拥有不同的偏好。[5]

施乐公司帕洛阿尔托研究中心的前主任约翰·西利·布朗（John Seely Brown）主张，创新来自多个视角碰到一起时的摩擦。"突破性进展经常在不同职业技能之间的空白地带产生……这些技能开始互相碰撞，而就在碰撞的过程中，全新的事物就开始诞生。"[6]

多样性不仅能带来创新，还能吸引有才华的个体。越来越多的证据显示，有才华的人会被这样的社群所吸引，即"能够提供作为创造力源泉的激励措施、多样性环境和丰富经验"。原因很明显。"多样性意味着'激情'和'能量'。富有创造力的头脑很享受这种混合性的影响力……享受由不同文化和创意相互作用而形成的沸腾氛围……他们恰好也具备传导创新、冒险精神，以及新型商业模式的品质。"[7]

显而易见，皮克斯就是一个这样的社群。它成功地在三个不同世界（技术、创造力、商业）之间架起了一座桥梁。其他工作室一般仅由其中之一来驱动，皮克斯却不一样。它把横跨这三个世界的人当作是平等的伙伴，大家也都很重视彼此之间内容迥异却同样有价值的观点。这种互相尊重、互相信任和互相影响的意识，为那些创造性磨合所必需的创意争论创造了一片沃土。"这些对我来说一清二楚，"布兰德鲁说，"皮克斯雇用艺术家和技术专家一起共事。在工作室里，人人都能互相对话。他们许多人在各自的领域都是数一数二的顶级人才，而且，他们全部都专注于发挥各自的才华以实现一个共同目标——创作出了不起的电影。"

甚至在皮克斯的核心团队里，领导者也在积极地寻求多样性。举个例子，在系统技术部，布兰德鲁也不是只招技术专家。他想让自己的团队呈现出马赛克式的多样性和互补，其成员各自具备不同的才华、感受力、个性、主题知识构成、背景、年龄等。许多进入皮克斯的人并不只是拥有传统的技术背景。他们当中包括一位和著名动物学家珍·古道尔（Jane Goodall）一起工作过的文化人类学者（曾在一个重要的州博览会上参过展），一位曾经的音乐制作人和节目主持人，甚至还有一位职业的啦啦队队长。无论背景如何，他们都把自己看成是电影制作者。

我们在前面提到的两位技术团队成员，安妮·皮亚和克里斯·沃克，就是很好的例子。他们共同负责渲染农场的工作，却各自带来了不同的背景和技能。当然，他们都很聪明。皮亚拥有人文学科的背景，以及非常高超的管理技能，而沃克拥有资深技术背景，并且作为技术负责人具备强大的技术水平。

## 冲突

当充满热情又才华各异的人合作解决一个问题时，差异、分歧和冲突是不可避免的。这样特别好，因为当创意市场上的各种方案互相竞赛时，它们就会变得越来越好，而且通常会启发更新、更好的方法产生。因此，多样化个体在协同工作时会产生良性的冲突，进而产生更多好点子。这种冲突如此重要，以至于它的缺席会导致创新受阻。"如果没有冲突，"皮克斯的总经理吉姆·莫里斯（原来供职于卢卡斯影业）说，"那么你得出的结果就会非常平庸。"

冲突给领导者带来了极大的挑战。当然，并非所有的冲突都有价值，或者都能产生丰硕的成果。当每个人都维护自己的想法而反对别人的想法时，冲突可能会转化到个人层面，变得具有破坏性。创新的领导者尽管想要关于可选方案的创造性冲突，但无论找到与否，他们都应该指出并阻止人际冲突。莫里斯接着说："这里的人彼此之间沟通都很直率，从不拐弯抹角，但遇到问题时都本着创造更美好事物的初心而采用一种同僚合议的方式来解决。"

要想让人际类冲突远离智识类冲突是很困难的 [8]，甚至连关于创意本身的争论都可能变得很激烈。人们习惯于和自己的想法紧密联结在一起，当有人不同意的时候就会觉得受到了攻击，这是人性使然。作为自卫，他们有时会从个人层面出发，反击回去，从而引发一个类似的回应，于是争论的螺旋开始向下旋转。此时，作为对此种行为的反馈，那些还没有完全意识到积极冲突的必要性的领导者会想办法让所有冲突最小化。在这个过程中，他们就限制了自己团队寻找创新解决方案的能力。

即使争论从不转化到个人层面，人们也仍然能感觉到其中隐含着的威胁和不快之感。当不得不一遍又一遍地解释和捍卫自己说的所有话时，大多数人都会觉得压力巨大、精疲力竭。所以，假如要被人攻击的话，那我为什么还要提建议出来，然后还要强迫攻击它的人都举双手表示赞成呢？简而言之，冲突（包括积极的冲突在内）可以让一些人保持沉默，而这显然压制了创新。

大多数人也会在与其他处理问题方式不同的人一起工作时感觉到压力。如果他们不是就这么甘于忍耐的话（这不是有利于创新产生的反应），他们就必须不停地打听其他人的思考方式，而有时候别人的想法可能会动摇他们自己原本坚持的信念。

## COLLECTIVE GENIUS
### 天才团队观察

#### 创造性磨合的矛盾

当团队成员就一个问题想到了两种解决方案并就此争论时，领导者需把握以下两对矛盾。

### 个人与集体

在每个社群里，每个成员作为个体的价值和身份被认可的需求，与他们作为集体一员的需求是对立的。这一矛盾来自人类天性中的基本矛盾：我们每个人都想找到归属感，但同时又希望自己独一无二的特性被认可，不会在人群中迷失。在皮克斯的故事中，两者的摩擦有一点点不同，但仍然是常见的形态——平衡皮克斯内部各不同工作小组（技术部门以及两个影片制作团队）及整个皮克斯社群的需求。

### 支持与对抗

一个领导者，怎么能既有效地鼓励团队成员去支持别的团队工作，又鼓励他们以激烈争论的方式去刺激对方呢？至少可以这么说，要创造一个允许这种情况发生的环境很不容易。答案是，要建立一个具有强烈集体归属感的社群，以及一个"一荣俱荣、一损俱损"的信条，团队如果失败，个人也不会成功。只有当人们寻求满足更高级别的共同目标时，才能把握好这一矛盾。

## 唯有社群性团队才能产生创造性磨合

尽管在最好的情况下，正如我们在皮克斯系统技术部看到的那样，多样性和冲突的挑战也会凸显对于社群的关键性需求。对于那些提出可能导致创造性磨合发生的建议的人来说，他们需要同时感受到被激励和心理上的安全感。这些条件只存在于社群式的团队中，人们会在那里感觉到被共同目标、共同价值观以及真正的参与规则紧紧联结在一起。当人们觉得自己和别人站在同一战线、共同追求某些超越个人层面的更伟大、更重要的目标时，他们就会更加有可能贡献力量，也会更加能感觉到被重视，甚至当同事们与自己意见不同时也是如此。

在皮克斯的故事中，虽然我们看到了一些争论，但在他们想办法解决两部影片同时渲染这一问题的过程中，我们几乎没有在系统技术部内部看到实质上的冲突。系统技术部的员工已经结合成了一个天才团队，或者说一个社群。尽管由于公司内部不同利益之间的博弈，他们的压力和紧张指数一度达到最高点，还曾说过要"彻底放弃一部"之类的话来发泄愤怒，然而，社群的纽带和在团队中的平等感还是足够强大，能把大家团结在一起。正因为这样，才有了后来他们所做的额外工作，并因此找到了最终解决方案。

由于社群意识，人们在提供建议的时候也能感觉到自由和安全。[9]皮克斯系统技术部针对难题的解决方案的出现，是因为有人再次提出了同一个建议（把电脑借到皮克斯来），而这个想法就在不久前还被宣布为"不靠谱"。在许多团队里，人们可能无法果断地把之前被拒的方案再拿出来了。但是皮克斯的这个人问了一个很天真的问题："借电脑回来用和购买、安装一个新的渲染农场有什么不同？"技术团队这才意识到，是啊，它们之间的确没什么不同，于是从这个问题出发，找到了一个可行的方案。

社群可以提供一个心理上的安全环境，里面的人可以贡献各种创意和选项。就算他们的想法被攻击了，他们也知道这种反对意见并非针对自己，而是为了给他们共同追求的那个更高目标找到一个解决方案。出于同样的原因，社群成员会被激励着毫无保留地说出自己的见解。

## 创造性磨合中领导者的职责

我们在皮克斯看到的情况跟我们在对所有创新型组织进行研究的过程中看到的一样。在那种火烧眉毛的压力下，任何团队都可能会忘记自己存在的意义，也可能忘记什么对他们来说才是最重要的。当这种情况发生（例如，当人们遭遇不同形式的行为异常）时，领导者的职责是，通过提醒团队目标、价值观和参与规则把人们带回正轨。当皮克斯的技术人员正陷入一个绝望而崩溃的陷阱之中时，正是布兰德鲁在关键时刻提醒他的团队，他们还有一个更远大的目标。如果当时技术团队的讨论变得很个人化且不太正常（他们并没有，这只是假设），布兰德鲁的重要使命应该是提醒人们，团队的价值观及参与规则是什么。

对于创造性磨合来说，领导者的职责还有拥护、鼓励、期待和实践共同的标准，这些标准重视甚至增强了多样性。举个例子，他们会雇用那些不仅仅具有合作精神的人，还要雇用那些能为所遭遇的问题带来一系列训练、经验、前景展望和方法的人。

领导者还应当把人们推到一起，并创造出一种情景，使得各种各样的思想者可以在此互相亲密接触。他们知道，如果不同视角的人不能聚到一起分享观点和争讨解决方案的话，那么多样性的价值就无法实现。但显而易见的是，无论从实际意义还是象征意义来看，许多领导者都把这些善于思考的人隔离了开来，这样恰好避免了争论。而这么做只会压制创新，因为正是把各种各样的人才聚集到一起的行为激发出了他们之间的差异，从而引发了新鲜创意。

领导者还要建立起组织性的桥梁。举个例子，皮克斯的许多职位，例如和技术部门一起工作的影片技术监制，其职能非常明确，就是为了两个团队能有所连接而服务的。许多实践，例如每日工作例行评述，就是故意要把不同观点的人聚到一起。甚至连皮克斯大楼的布局，那些看起来平淡无奇又扎堆出现的自助餐厅、休息室和会议区，都是由乔布斯精心设计的，目的是让整个公司的人都能自然而然地碰到一起。[10]

高效的领导者并不是要扮演仲裁者或方案的强推者，而是要通过提出问题的方式促进多样性。如果他们认为一个可选项并没有得到全面的考量，那么他们会问"这个……怎么样？"一类的问题。如果他们认为一个人的意见被淹没了，或者他并没有完全表达出自己的看法，那么他们会转而向那个人寻求更多的看法。如果他们认为团队并没有考虑到所有可能的条件，那么他们会问"假如……怎么样？"一类的问题。不用强推任何创意和方法，这些问题就会拓展团队的思路，并迫使人们考虑更全面的可能性。

简而言之，我们观察的这些创新型领导者都知道，创造性磨合是一项组织层面的能力，可以被鼓励、学习和提升。他们的职责是确保一个健康社群的所有组成要素（共同目标、共同价值观、参与规则）都处于恰当的位置，并且始终充满活力。如果没有社群，创造性磨合就不会发生。如果没有集体身份认知，没有"我们"的意识或社群意识，任何团队都不会在经历过那种创造性磨合和创新所需要的激烈讨论、各种限制以及智识类冲突之后还能生存下来。

在《飞屋环游记》和《拖线狂想曲》两部影片成功渲染之后，布兰德鲁进行了反思：

> 正是我们的社群意识促使我们坚持不懈地努力，并最终找到了解决方案。在皮克斯，大家的共同目标是把导演的想象力呈现在大银幕上，制作出伟大的家庭电影。但是那一刻，我们发现自己被逼到了墙角，并且由于被指责造成危机而感觉自己受到了不公正的待遇。当时我们因为自己从没做过的事而处于崩溃的边缘。然而，深植于我们内心的责任感超越了自我，它使我们的团队免于在巨大的压力之下分崩离析，同时也让我们揭开了一个看似不靠谱的解决方案的面纱，原来被我们判了死刑的事情，就这样在我们的手里起死回生了。

# COLLECTIVE GENIUS
## The Art and Practice of Leading Innovation

## 领导你的天才团队

### 1. 什么是创造性磨合

创造性磨合是一个过程，包含了不间断的讨论、评估和不同创意之间的批评性比较等步骤，不同创意以对话和争论的形式交锋，形成一个思想市场。这些创意慢慢变化、改进，催生新的、更好的创意和解决方案。其核心是多样性和冲突。

### 2. 把握创造性磨合的矛盾

- 个人 VS 集体：既认可团队成员的个体价值和身份，也满足其作为集体一员的需求
- 支持 VS 对抗：既鼓励团队成员支持其他团队的工作，也鼓励彼此之间的激烈争论

### 3. 来自皮克斯的启示

在创造性磨合的过程中，领导者不应成为仲裁者或是方案的强推者，而应始终让团队关注共同目标、价值观和参与规则。

- 让尽可能多的想法和观点彼此碰撞
- 充分利用人们不同的思考方式
- 鼓励为了学习和发展而产生的认知冲突
- 以让大家自然而然碰到一起为目的设计办公场所物理环境

## 创造性敏捷：实践创意的发现性学习

COLLECTIVE
GENIUS

找到创新性解决方案的过程真的充满着意外吗？

事无巨细的周密计划真的能保证创新的成功吗？

我们过去总是采用"孤注一掷"的形式向所有用户发布产品。如今，我们有能力抽取出 1% 的用户样本来测试新产品的多个不同在线版本。这产生了庞大的数据集，并且给思维带来了一个更接近创新的改变。我们开始避免那些只允许做出"非此即彼"决定的项目，转而选择那些能够被充分展开，并且可以一点一点进行评估的项目。

**菲利普·尤斯图斯**
eBay 德国总经理

在找到创新解决方案之后，创新团队的成员通常都回忆起当时的情景有多么意外——完全是神来之笔。但是我们在对这些团队的行为进行仔细观察之后清楚地发现，解决方案在大多数情况下都是一点一点显露出来的，只不过人们都不记得罢了。

这就是大多数团队在完成创新之后的经历。他们研发并测试不同的解决方案，从测试结果中学习，然后再次测试——而且，在很多案例中，都会一次又一次地测试。通过这样的方法，他们知道了到底什么样的方案有用，并逐步发展出更好的方案来。我们把这种组织性技能称为"创造性敏捷"。

为了探索这种重要的能力，我们把目光转向 eBay 德国以及 eBay 历史中一个鲜为人知的小篇章。eBay 是全球互联网电子商务领域的先驱。[①]尽管 eBay 德国在其国家之外的地区没什么名气，但该公司变成了 eBay 全球商业帝国版图内最成功的拍卖网站之一，在一些关键指数上甚至比美国市场还要成功。它取得的成就展示出敏捷和发现性学习的力量，正是这种力量让它一直能满足自己用户社群的需求。

——————————————

① 我们在这一章里讲述的 eBay 德国的故事主要发生在 2002 年至 2005 年期间。

173

# eBay 德国：小微项目推动创新与自我重塑

我们的故事始于 eBay 成立十周年前夕，时任 CEO 梅格·惠特曼（Meg Whitman）在菲利普·尤斯图斯的陪同下访问了 eBay 德国位于柏林的办公室。尤斯图斯是 eBay 德国公司的前总经理，他当时刚刚成为 eBay 负责整个欧洲业务的高级副总裁。那次会面，他和惠特曼向当时 eBay 德国的领导者下达任务，令其找到刺激该公司核心拍卖业务的方法。[1]

就在那次访问之后不久，eBay 德国的总经理、尤斯图斯的继任者斯特凡·格罗布－塞尔贝克（Stefan Groβ-Selbeck）给尤斯图斯打电话汇报称，德国团队正在积极进行一种新的网络导流试验方法，所花费的成本极少甚至可以忽略不计。根据塞尔贝克的说法，所有这些努力的结果（他称之为"小微项目"）看起来十分有前景，没准还可以推广到其他国家。不过，他也承认，这些项目"并不是没有风险"。听到这个之后，尤斯图斯笑了，"风险还不小呢！"他想，因为他非常了解德国团队及其大胆的风格。塞尔贝克承诺在尤斯图斯下次到访柏林办公室的时候再好好跟他解释。

## eBay 和 eBay 德国

熟悉互联网历史的人都知道 eBay 的故事。这家公司由皮埃尔·奥米迪亚（Pierre Omidyar）于 1995 年创建于美国加州，很快就发展成为领先的在线拍卖网站，即一种个人对个人的交易平台，买家和卖家可以在上面直接联系，买卖例如豆豆娃玩具（Beanie Babies）、古董、稀有钱币等二手物品和收藏品。1995 年的 eBay 从零开始，到 20 世纪末的时候，它已经拥有了 1 000 万用户，商品销售总额达到 28 亿美元。

从一开始的时候，奥米迪亚和他雇用的 CEO 惠特曼就迅速把公司的业务扩张到了美国之外，历经创业、合资和收购当地拍卖网站等几个阶段，扩张到全世界。alando.de（Alando）是被收购的网站之一，该网站于 1999 年由六个德国人在柏林创建。几乎从创立伊始，奥米迪亚就在关注它了。

奥米迪亚被这家公司跟 eBay 的相似性而吸引。它同样也拥有激情满满的员工，专注于通过一些新奇的营销手段来回应并发展用户社群。例如，德国人都喜欢搜罗物美价廉的商品，所以德国很多网站都会进行价格战，会推出一些赠品以招徕顾客。Alando 也在打小型的价格战，因此也就被列入了物美价廉的网站列表。它也在搞一些有趣的促销活动，比如，邀请朋友来网站注册的用户可以获赠麦当劳巨无霸汉堡的代金券。它还发起大胆的"游击式"营销，比如售卖公司还没拿到手的《星球大战前传》电影首映票（最后拿到票了）。结果，Alando 并没有实际上的用户获取成本，很快就发展了起来，变得广为人知。

1999 年 6 月，在经过了一番短暂的示好之后，eBay 以 4 700 万美元的价格收购了 Alando。这是它收购的第一个非美国的拍卖网站，并重新命名为"eBay 德国"。几个月之后，当大多数 Alando 的创始人都打算离开，再创办一家初创公司的时候，eBay 选择了局外人菲利普·尤斯图斯来领导 eBay 德国。尤斯图斯在德国读完大学之后，又在美国拿到了 MBA 学位，随后返回德国，在波士顿咨询公司的慕尼黑办公室工作。时年 30 岁的他就已经比 eBay 德国的其他员工显得成熟老练多了，当时 eBay 德国的工作人员大多二十来岁，其中很多实习生还没从大学毕业。

尤斯图斯第一次去 eBay 位于圣何塞的总部时，惠特曼、奥米迪亚和其他高管交代了他这么几项重要任务：在他的员工和 eBay 公司之间建立起紧密的工作联系；实现三位数的业务增长率，同时优化工作流程和系统结构以使自己的团队更加专业；最重要的是，怀着敏捷、热情和渴望去做任何尝试，巩固已经在公司员工中存在的强烈的社群意识。最后一项（强烈的社群意识）对于惠特曼和奥米迪亚来说尤为重要。他们相信，首先，eBay 的成功有赖于建立了一个由全世界热情的买家和卖家共同组成的社群；其次，eBay 内部体现出了同样的基于信任而建立起来的强烈的社群意识。

如果说尤斯图斯有什么担心的话，那就是 eBay 总公司和 eBay 德国之间在文化上的一个明显差别。因为成立的时间更早，所以在从创业型公司成长为拥有正规架构和业务流程的更大型组织方面，eBay 比德国人领先一步。合并到一个较大的组织里还是有优势的，例如，加入一个全球性的交易平台，得到更好的企业资源和人才。不过，这也有代价。

## Alando 和 eBay 的合并试验

作为新的驻德国公司总经理，尤斯图斯立即开始着手安排 eBay 的市场营销和管理实践。eBay 的成功与它对用户的划分有关，公司把重心放在 20% 的"超级卖家"上，这些人全天都在进行交易，贡献了网站 80% 的成交量。尤斯图斯对此印象深刻。他领导 eBay 德国团队找到了自己的前 350 名"超级卖家"，并且和他们保持着相当高频率的接触。

上架费是另一个重要的改变，这是 eBay 德国从自己的母公司学到的一招。从一开始，这家德国网站就提供免费上架的服务以鼓励成交量。它唯一的收入来自最后的成交费，只占最终交易额的很小一部分。不过 eBay 公司从刚一创始就已经盈利了，它认为自己的成功很大一部分得益于上架费。"如果你不收上架费，"一位 eBay 高管说，"那么人们就会把垃圾物品放出来，你的网站就不会盈利，你的用户也会因为看到的都是垃圾而觉得没意思，而超级卖家也会因为低转化率而失望。"

当 eBay 德国实施上架费的时候，就跟公司员工所害怕和预言的那样，用户社群里的愤怒爆发了。用户抓住互联网免费这一特征猛烈地进行抨击，并创建了一个网站抗议这项费用，还把在售物品的价格拍到令人惊讶的数额，甚至对公司电子邮箱进行狂轰滥炸。网站上的商品数量从 100 万件骤降到 25 万件，员工的士气也随即落到谷底。那段时期被人们当成是"泪之谷"（比喻艰难时刻）而铭记在心。

然而，短暂的低迷之后，正当用户发现相当比例的拍卖实际都关闭了的时候，上架商品却开始触底反弹，因为那些低价低质的商品不再成堆地出现在网站上了。

这个改变最终变得对用户社群有利，因而也对网站的业务有利，跟 eBay 之前预计的一模一样。它提升了上架商品的质量，而这又改进了买家的用户体验，并最终带来了一段交易量稳步上升的阶段。

下一个更大的改变发生在 eBay 把 eBay 德国位于柏林的网站服务器搬到了当时建在圣何塞公司总部全球平台上的时候。eBay 德国的员工理解这个迁移的逻辑。对于 eBay 来说，要想成为全球性的交易平台，那么一个在爱达荷州首府博伊西的卖家就应该能够轻松地和一个来自日本京都的买家做生意，eBay 所有的本地网站都必须得使用同一个技术平台。不过，员工担心，这个全球化平台会从根本上改变他们一直以来的运营方式。eBay 德国快速增长和成功的一个关键就是可以让网站功能迅速改变，以确保工作人员能够快速测试各种各样的促销活动和其他点子。当网站的服务器从本地搬到了千里之外的公司总部服务器上，还能保证像之前那样迅速改变吗？

在经过大量计划之后，这个迁移最终在 2001 年的时候发生了，并且很快变成了第二个"泪之谷"。一开始出现的技术问题需要几天才能解决，更多的问题激怒了那些讨厌因服务器迁移而不得不做出许多改变的用户。带着无数的问题和报怨，他们向 eBay 德国发出了洪水般的邮件和电话。一个星期之内，上架量锐减了一半。

然而，当转移服务器最初引起的问题刚解决，更多根本性的、不断发展的问题却都涌现了出来。用户发现新网站太复杂了，也对丧失了很多功能而感到很不满。原来期待着这些抱怨会随着时间而逐渐减弱，但是当德国团队发现某些抱怨并未减少，网站增长曾经恢复但远没有回归迁移之前的速度时，就变得越来越担心了。很显然，新网站的一些关键方面仍然在源源不断地令执着的用户社群感到不满，必须得做出改变。

当德国团队的领导者立即敦促对网站做更进一步的修改时，一时间警铃大作，他被公司告知，因为新网站在技术上是很稳定的，所有更改的需求都必须通过

eBay 的正规流程做出计划，这意味着会有几个星期甚至几个月的延误。"我们不得不走流程，"一位德国经理说，"但我们特别着急。"

在完成迁移 6 个星期之后的一次会议上，尤斯图斯及其团队核心成员确认，他们要对网站进行重要改变，还讨论了如何才能跟远在圣何塞的 eBay 总部沟通此事并迅速行动起来。意识到用邮件和电话会议行不通，尤斯图斯当场决定要带一位同事飞到加州跟总部的人面谈。三个小时后，他们已经在飞机上了。

迈出去圣何塞跟 eBay 的高层面谈这一步，他们很快就得到了针对紧急问题的迅速解决方案。尤斯图斯的快速行动起到了关键作用。"如果菲利普不站出来说'咱们飞美国'，"他的一位德国的同事说，"公司管理层即便不分崩离析也会受到重创。"这些改变，连同激进的市场营销活动一起，终于使得 eBay 德国重新建立起了用户社群。最后，这个网站恢复了服务器迁移之前的增长率，并且赢得了德国大众的支持。

### 迁移之后的变化

久而久之，尤斯图斯和他的德国团队逐渐适应了与 eBay 集团的合作，并且开始欣赏 eBay 全球平台的价值。反过来，eBay 也开始把 eBay 德国看成其他国际站点都应当达到的标准。

不过，eBay 德国要面临的是一个"迁移之后"的全新世界。当 eBay 发展成为一家庞大的全球企业及全球上最大的在线购物应用时，整个集团层面对于外界形势的迅速响应就变成了一个严峻的挑战。eBay 每天处理的交易量比纳斯达克还要多，网站上执行的搜索数量仅次于谷歌。2003 年年底，eBay 在全球拥有 9 500 万注册用户，5 700 名员工，商品销售总额接近 240 亿美元。

结果就是，eBay 德国的创新速度和增长都逐渐放慢了。德国团队努力地想要一边继续推动本地创新及相关测试（发现性学习），一边作为一分子，在日益复杂的全球平台上运营业务。由于之前已经习惯为了试验新的促销活动或为了满足用户需求而对网站进行快速调整，他们越来越觉得受到了集团的约束。"对于我们德国团队中的很多人来说，"一位德国经理表示，"很难理解为什么把一个中等规模的计划推向市场要经过 6~9 个月的时间。在业务层面最令人沮丧的就是，我们没有足够的灵活性可以快速对市场变化做出反应。"

一个持续存在的关键问题困扰着 eBay 德国的网站主页。当德国工作人员得知它的一部分可以被用来呈现经过筛选的本地促销内容时，他们非常高兴。不过，当发现连做这些改变都要经过圣何塞并且可能要花 72 小时才能实施时，他们的心凉了。

"我们要在网站上更新这么多促销信息，三天的反应时间简直不能接受。"一位德国经理表示，"原来还采用 Alando 的系统时，也没有现在那么多严格的内部流程，我们从决定要对网站做改变到开始实施只要花半个小时。"

这就是 2004 年时的情况，当时惠特曼和新任 eBay 欧洲负责人尤斯图斯第一次访问了德国办公室，并让塞尔贝克重新恢复网站核心业务增长。

## eBay 德国的"小微项目"

那次访问之后的星期六，eBay 德国的第一个小微项目就开始了。它的出现并不是因为战略性思考和计划，而仅仅是一位年轻的产品经理及其市场部同事想要做个尝试。反复讨论之后，他们认为，可以把"寻宝"做成一个非常受欢迎的假期促销活动。1 000 欧元圣诞节奖金，每小时发放一次，这看起来是一个吸引媒体和用户的可靠途径。当晚，这位产品开发者和非 eBay 员工的朋友们在一起测试了这个创意。看到朋友们对这个活动表现得极其热情，他飞快地回到办公室召集起自己的团队。他们全部都一刻不停地一直工作到下个星期一的早上，创建出注册页面、寻宝线索和一小时的倒计时牌，还有其他寻宝所需的元素。

eBay 德国的站点已经迁移到加州很久了，所以按正常的流程，德国团队得通过集团的 HTML（超文本标记语言）团队才能把促销信息挂出去。只不过，他们必须得马上行动，假期正一步步迫近，他们没有时间可以浪费。接着，一个员工想到他们可以用 Alando 创始时期遗留下来的服务器，但这样做显然违背了 eBay 集团改变站点的流程。

星期一早上，当时的产品负责人马蒂亚斯·沙费尔（Matthias Schafer）一进公司就被吓了一跳：

> 每个人都在兴高采烈地讨论着他们周末所做的工作。我说："你们在说什么呢？"听完关于促销活动的解释之后，我把产品开发者叫到屋子里说"你疯了吗？这也太冒险了，你们知道自己在干什么吗？"但是他们已经把活动信息挂出去了，已经无法回头。现在回想起来，那是一件好事，因为如果当时把活动撤下来，我可能早就按下 SOS 求救按钮了。如果把活动做得更加安全、更加具备可扩展性，我可能就同意了。

公司要求任何改变都应经过集团的 HTML 团队是有正当的技术和安全理由的。尽管冒险，但 eBay 德国的领导者并没有阻止工作人员的这一番努力。而且，等促销活动通过集团的审批时，假期可能都已结束了，他们没有那么做的根本理由是文化层面的。甚至在被并入 eBay 集团 4 年之后，eBay 德国的团队仍然愿意尝试那些未经测试又看起来非常合理的新鲜想法。寻宝活动正好是对 Alando 早期所做的巨无霸汉堡券、一欧元卖法拉利等活动的效仿，只是又一次脑洞大开的促销而已。

当圣诞节寻宝活动开始的时候，1 000 万参赛者登录了网站，在本地服务器上运行的促销站点被挤爆了。德国团队能够弄到更多的设备作为补充，但是其他问题也相继冒出来了，特别是有黑客想要通过写脚本来赢得每一笔奖金。德国团队的工程师马不停蹄地阻挡黑客，迅速调整，修补漏洞，以保持网站的功能和稳定。"简直太疯狂了，"一位经历过此事的工程师说，"我们每分每秒都在学习。最棒的是，这次促销活动尽管不那么完美，却仍然很成功。我们得到了超多流量。"

几星期之后，eBay 德国推出了第二个小微项目，这一次是"摆脱你不想要的那些圣诞节礼物"促销。那个活动同样给网站增加了很多流量。对于塞尔贝克而言，这些试验有力地证明了，他的团队即便不经过集团层面烦冗的流程，也能迅速而高效地探寻新鲜创意。而且，如果只涵盖一小部分站点的话，也能做到风险可控。

**尤斯图斯的选择**

当终于和德国团队坐在一起听他们对第一个小微项目的解释时，尤斯图斯听到了他们声音中流露出来的兴奋。他很高兴听到他们有关那个额外工作的绝妙创意。毕竟，他不久前还在领导这支团队，而且之前一直在致力于保持他们初创基因的活力。他理解人们为了建立德国用户社群而不惜付出任何努力的那种热情和意愿。

但是鉴于他在集团的新职位，他必须得考虑是不是应该踩一脚刹车。也许小微项目有助于找回 Alando 初创时期的激情，但 eBay 德国现在毕竟不再是那个新奇的初创公司了。eBay 德国的一举一动不仅可能有在本地陷入混乱的风险（就像寻宝活动期间发生的那样），而且这些举动还发生在 eBay 全球平台这个更大的背景下，也会让整个平台陷入不可预知的风险中。难道他的职责不是保护公司吗？

如果 eBay 德国的工程师不能抵挡住那些黑客呢？塞尔贝克自己也承认这"太冒险了，因为通常情况下还是得采取预防措施。我们的做法速度很快，也有点儿投机取巧"。要是 eBay 在每个国家的网站都创建这样的小微项目，然后整个公司陷入失控状态，只聚焦在那些好玩儿的短期促销活动上，而忽略了针对谷歌、亚马逊这样的危险对手发起的重要战略性活动，结果会怎么样呢？

尤斯图斯理解，eBay 的开发流程之所以如此集中化和结构化是有充分理由的，因为公司的系统非常复杂。Alando 已经被并入 eBay，他明白，作为一个庞大的全球平台的一部分会遇到的问题，就是本地团队的敏捷性受损。他也知道，"当你坐在国内想到一个非常棒的点子，却不得不让这个点子经过集团平台上的中央线路传送到 8 000 多公里之外，那太令人难以接受了"。

尤斯图斯有权力叫停小微项目，以避免那些必然会出现的风险和问题。但他非常爱这个德国团队，并告诉他们应当把这个小微项目再向前推进一步。"我觉得这些小型而迅捷的试验正是我们所需要的，"他说，"这是快速创建某些新功能或推出某些新活动的方法，不用去走正常的开发流程，也能让它们拥有足够的生命力去提供良好的用户体验。"他相信，再一次为小微项目所容许的那种探索、即兴发挥、不断试验和快速迭代，正是使 eBay 德国成为整个公司创新引擎的原因。

尤斯图斯也喜欢把小微项目列入自己的新职责范围。它们不仅仅是尝试更多新鲜事物和激发更多创造力的方法，还能生成可供分析的数据，也能测试那些通过分析 eBay 网站每天产生的大量信息而得出的创意。甚至，那些本地小微项目的成功经验还有可能被推广到整个欧洲以及其他地区。

### eBay 德国都做了哪些小微项目？

德国团队非常高兴能把小微项目再向前推进。2005 年的整个春天，有 1/4 的人员贡献了创意，其中十几个创意被选中，得以发布实施。接下来的两年里，eBay 德国完了超过 80 个小微项目。例如，市场团队开发了一个购物提醒的站点，以零成本来吸引那些在谷歌上进行搜索的用户；一款应用程序，让手机用户可以使用 eBay 系统的核心功能；还有 EasyLister，在为用户列出在售商品清单的时候，能够更方便地显示相关信息。另外，德国还是 eBay 业务覆盖的国家中唯一一个为企业卖家和私人卖家分别提供安装注册程序的国家。这样，eBay 德国就能够向企业卖家介绍差异化的定价方案。

但是，随着小微项目数量的增长，实施的过程变得越来越不灵活，对结果进行反馈和检验的时间越来越少。它需要进一步结构化。刚开始的时候，一个小微项目的主题可以是任何事，但工作人员很快就意识到并不是每个疯狂的想法都值得一试，得事先提出更多严苛的问题以确定哪些想法值得尝试：这与我们的目标和价值观相符吗？我们怎么知道它会成功？如果可行的话，我们能否向更多的地区推广？

为了回答这些问题，工作人员制作了一套系统，用于衡量所有小微项目的优先级，并监测它们的运行，可行的就推广，反之则叫停。这就是组织性创新过程中固有的结构化与即兴化之间的矛盾。制作并使用这样一套系统需要有非常好的判断能力。太多的结构会压制创新，也会阻挠多尝试新鲜事物（其中有些尝试可能看起来有点儿怪）这一目标的实现。这一套系统作用是，为人们的疯狂尝试添加一些引导方法，又不至于使之完全变得乏味无趣。使用这套系统进行决策的关键在于，对小微项目进行选择和评估的依据是看它们对网站的核心交易行为有什么影响，也就是说，针对它们问一个最重要的问题：当用户在 eBay 德国的网站上进行买卖时，这个项目能改善他们的用户体验吗？

最终，小微项目会被合并进一个"小微产品计划"，以作为 eBay 德国产品计划的一部分。一个由 8 个人组成的产品计划委员会会创建两条产品线：一个面向核心产品线，另一个面向小微项目。

通过添加一个评估系统和相关流程，小微项目的运作便得到了改进。一开始，负责小微项目的工作人员完全陷入了超负荷运转，因为人手太少，而未经筛选的点子又太多。优先级的划分迫使人们从项目开端的时候就更多地思考其如何能促进网站上核心交易行为的发生。于是，那些有新鲜想法的人也变得更擅长为自己的创意打造商业案例，这些案例带来了更好的创意组合，从而促进了有效资源的更好利用。

这个过程的一个重要特征就是透明。每个阶段的开放和分享让每个参与者都能感到公平公正。一位德国经理说："每个人都有可以贡献的价值。我们从客服人员那里得到了很棒的创意。他们会告诉我们用户社群里正在讨论的话题。我们确信每个人都有发挥空间。"

## eBay 德国的收获

当然，并非每个小微项目都能成功。为了保护卖家免于不支付风险、保护买家免于与广告不符的交付风险，一个第三方托管的服务被添加到 eBay 德国的平台上。该服务一切如期，但买家和卖家都不感兴趣。显然用户认为原来基于信任的系统运行得就挺好。另一个小微项目能够让用户通过发送短信进行交易。由于大部分拍品的出价都是在拍卖结束前的最后几分钟甚至最后几秒钟给出的，所以这一功能可以让竞价者不用再一直盯着电脑。这又是一个失败的项目。系统如期运转，但因为当时仍处于智能手机时代的早期，这项技术还没办法实现用户友好的移动网站全面接入。

即使这些失败的项目也是有指导意义的。随着技术的发展，它们为摸清用户的好恶提供了重要线索。举个例子，eBay 德国在第三方托管服务项目上的失败经验，让 eBay 避免了把这项服务推广到全球平台去，从而省下了一大笔成本。

由于其敢于尝试的能力（有时成功，有时失败，但一直在学习），eBay 德国巩固了它在 eBay 集团内部最具创新力的名声。在很长一段时间里，德国都是 eBay 增长最快的市场，其动力很大程度上源于本地的适应能力和创新能力。到 2007 年，eBay 德国注册用户达 2 400 万人，从交易量上来看，德国是 eBay 第二大市场。这个数量占到美国网站的 40%，而德国的人口却只有美国人口的 28%。德国互联网用户中的一半都注册了 eBay 德国。[2] 差不多一半的德国人在上网的时候，任一月份都至少会登录一次 eBay 德国的网站，这是其他 eBay 市场和极少数别的电商网站可以媲美的。eBay 德国占了德国在线零售行业差不多 30% 的份额，这个数字跟其他任何一个 eBay 国家市场的同类数字相比，都是最大的。其独立的品牌知名度在德国人中高达 70%，这一部分是强大的媒体报道造成的，包括某些最具影响力的德国周刊类杂志上反复出现的封面故事。它的广告语 "3，2，1，Meins" 和公司本身都变成了全民级的大众流行文化。①

---

① "3…2…1…Meins" 之所以能流行，是因为在德语中这几个单词最后两个字节的声韵：drei, zwe, eins, meins。Meins 的意思是 "我的"。——译者注

### 推广小微项目

在小微项目实施的早期，eBay 德国对于处在 eBay 集团的"监视"之下非常苦恼。"圣荷塞没人知道我们在干什么，"一位经理说，"我们很害怕，要是他们了解了小微项目，可能就会叫停整件事。我们觉得这就好像在种一小株植物苗，一旦确定它长得足够强壮了，那我们就可以开始走出去让它适应更广阔的天地。"

当一个生命力比较强的项目流程成熟之后，尤斯图斯决定，到了跟其他欧洲国家讨论讨论小微项目的时候了。在一次欧洲范围的峰会上，他让一位德国公司的管理人员阐释小微项目，以及 eBay 德国如何受益于此。几个月时间内，小微项目的概念在整个欧洲大陆上爆发了。最终，eBay 在欧洲各不同国家的站点上，每一季度都进行差不多 50 个小微项目。据尤斯图斯说，这是"维持我们网站增长速度"的关键途径。

各国站点有时会调整和改进其他国家已经做过的项目。之前我们说过的 EasyLister 就是一个很好的例子。德国网站（以及很多其他国家网站）有一个不受欢迎的功能，就是一个冗长的信息表，卖家在上架自己的商品时必须要将其填写完整。表格需要的信息实在太多了，令潜在的卖家都转去了其他网站，比如 Craigslist（克雷格列表）一类的本地网站，后者的信息非常容易填写。所以德国团队研发了一个大大简化的表格，称为 EasyLister，事实上它也真的很受欢迎。一年之后，eBay 英国又重拾这个创意，该团队中有人说"我能做得更好"，并且真的让它更加简化了。这个版本特别成功，eBay 集团把它吸收进了英国、德国和美国的核心站点。

尤斯图斯向惠特曼及其在圣荷塞的团队展示了在德国发生的一部分创新。当惠特曼问德国团队怎么能想出这么多新鲜有用的点子时，尤斯图斯解释了小微项目，以及 eBay 德国团队是如何使用本地服务器和外包开发人员来避开集团限制和寻求大量新创意的。

惠特曼听后非常开心，邀请 eBay 德国给总部的技术和产品团队做一个演示。

这导致了一个全球化小微项目策略的发展。她意识到，这是一种快速尝试新创意、快速思考其影响和快速做出必要调整的方法。一句话，这是一种积极主动、蓬勃向前的创新之道。

尤斯图斯升职之后，塞尔贝克接替他掌管 eBay 德国。他在谈及惠特曼的时候说："在很多公司，你会因为不遵守规则而被开除。梅格却是真的想要推动这类事情，她意识到了为创新铺设路径的价值。当然，当一家公司的业务是建立在网站的稳定和安全基础上时，你不希望有人经常打破规则。这是一种非常巧妙的平衡。"

eBay 表现出了对其德国团队的高度尊重，正是后者促进公司的某些领导者去承担更大的战略性全球化职责。正如惠特曼告诉我们的那样，eBay 德国的成功并非偶然，因为他们的领导团队是一流的。

## COLLECTIVE GENIUS
### 天才团队观察

#### 创造性敏捷的矛盾

由于鼓励小微项目，菲利普·尤斯图斯和他的继任者斯特凡·格罗布－塞尔贝克必须得处理好与创造性敏捷有关的两对矛盾。

#### 学习发展与业绩表现

学习发展很重要，而业绩表现（即"问题解决了吗？"）才是最重要的部分。因此，创新型领导者鼓励员工去尝试各种创新，并从中学习。但他们也要求员工在试验过程及专注于结果指向型的业绩表现时要看重数据。他们让员工尝试新鲜事物，同时也要为如何谨慎地完成试验并对结果进行分析而设定高标准。他们非常认真地对待那些不落窠臼的创意和不走寻常路的行事方法，正如尤斯图斯和塞尔贝克对待 eBay 德国团队那样。最重要的是，他们期待着员工进行试验性尝试和不间断的学习，并最终得到满意的结果。

#### 即兴化与结构化

太多的结构（例如规则、层级和计划等）会压制创新，但结构太少又会带来混乱。正如我们之前在其他内容里提到的，即使是即兴表演人员和音乐家也不会随心所欲地发挥。完全的无秩序状态几乎不会做成任何有用的事。在任何一种场景下，某种程度上的结构化似乎有助于一个团队创造价值。问题是，要多少结构化才合适？领导者的职责就是要持续不断地努力去解决这个问题，这也是他们肩负的责任。我们在 eBay 德国看到，适度的结构化"让尝试不同解决方案变得更有力量"，一位德国团队成员如是说。

## 今日 eBay

eBay 也在不停适应各种变化。惠特曼曾经将公司定位为"大城市里的小社群"，然而要对其进行改革并非一帆风顺。和其他也经过类似转变的公司一样，eBay 必须要找到结构化和即兴化之间的最佳平衡点，必须去利用我们提到的一对矛盾。

在线拍卖的增长正在减缓，eBay 公司的业务已经拓展到更广的范围，目前的几条核心业务线是：

◎ eBay，沿袭最初的拍卖业务，全球最大的 C2C（个人对个人）和针对小型商家的在线市场，全球活跃用户数超过 1.24 亿人，在售商品数量超过 5 亿件。

◎ Paypal（贝宝），可以让个人和企业用户方便快捷地完成电子支付，同时保护金融信息不泄露，目前覆盖全世界 193 个国家和地区的市场，活跃账户达 1.37 亿个，支持 26 种货币，每天处理近 800 万单支付。

◎ eBay Enterprise，公司最新推出的业务，可以为那些想要开展在线业务的全球化企业提供电子商务技术支持，以及多渠道运营和市场支持服务。

有意思的是，我们讲的 eBay 德国的这个故事也提到了，eBay 公司的一部分改革实际上是在德国开始的。基于对用户的深度了解，eBay 德国尝试了一个新的功能叫作"现在购买"，可以让用户按照预定的价格购买拍品，提早结束拍卖。在买家的热烈响应下，德国团队把这个功能的概念又向前推进了一步，推出了一种纯粹的固定价格形式，不再与拍卖有关。他们是 eBay 市场上首个尝试这种交易方式的团队，并且大获成功。固定价格交易最终演变成了 eBay 在全世界的一条重要业务线，目前其销售额已经超过了拍卖业务。

eBay 的在线市场业务有望以每年 5% 左右的速度增长，而 Paypal 则有望实现每年两位数的增长率。[3] 其公司口号的变迁反映出了公司的发展路径，原来是"全球在线市场"和"连接全球买家和卖家"，现在则变成了"任何你想要的都能在 eBay 上买到"和"想买新的，立刻出手"。

通过实施 eBay 德国 10 年前发起的"小微项目"的扩大版，eBay 公司正在真正意义上进行自我重塑。通过大量的试验和各种试错，全新的 eBay 仍然以最初的拍卖平台为根基，同时又把业务拓展到了更广阔的范围。2008 年，惠特曼离开 eBay 时，她认为不应该有人再像她那样担任这个职位超过 10 年。她的继任者约翰·多纳霍（John Donahoe）用一种似曾相识的方式描述了 eBay 的挑战：

> 从很多方面来看，eBay 曾是第一大社交网络。它意味着一种高参与度的基于社群的购物体验，我们正在进行各种各样的尝试……你将会看到大量的创新和试验。我们的工作就是要推动这些举措，看哪些真正能得到消费者的回应。

eBay 要想赢得行业第一的地位，途径只有一个，那就是在创新上超越它的对手——像亚马逊和谷歌这样的全球互联网巨擘，像日本乐天市场和中国阿里巴巴这样的后起之秀，还有在线业务日益成熟的传统实体零售商。

## 创造性敏捷的三大要素：寻求、反思、调适

我们在 eBay 德国看到的最重要的东西就是其不断快速试验以驱动创新的强大力量。德国团队的经验证实，创新大多数情况下来自发现性学习和试错，而非事无巨细的周密计划。

我们在研究中发现，创新型组织的领导者会培养有关创造性敏捷的三个关键阶段（见图 7-1）。[4] 这三个阶段各自所对应的要素如下：

**图 7-1　创造性敏捷的三大要素**

1. **寻求**：通过多种多样的试验积极快速地寻找新鲜创意

2. **反思**：思考并分析试验结果

3. **调适**：基于对试验结果的分析，对下一步所要采取的行动做适当调整

重点要指出的是，这些阶段都是不断迭代和循环往复的。不断迭代是因为在探索创新的实操过程中，它们通常都会被一遍一遍地重复。确切地说，这个过程不是"寻求—反思—调适……完成"，而是"寻求—反思—调适—寻求—反思—调适—寻求—反思—调适……"直到解决方案出现，或者确认这个核心创意不可行。每次迭代都是循环往复的，因为它囊括了对上一次迭代试验结果的反思，以及基于这种反思而做出的调适。

一个团队必须要经过大量的创意迭代才能找到最具突破性的创新，迭代的次数取决于问题的复杂程度。有些问题只需要少量迭代即可解决，有些则需要大量

迭代，有时甚至会经年累月地持续进行。

### 要素 1：寻求创意

一遍又一遍积极主动地寻求新鲜创意，这并不是大多数组织天生就会做的事情。我们在第 2 章曾经提到过，他们宁愿尽可能快地排除多个可选项，然后只专注于其中一到两个选择，而不是保留多个可能性并对其进行检验。这些组织计划多于实践，并且怀有错误的信念，即周密而完备的计划更可能带来真正的创新。他们试图去定义创新，一般都是列出一个创新所需条件或者特征的表单，然后再安排满足这些条件或者具备这些特征的每一个步骤。然而，实际上从定义来看，一个真正的创新是不可能被提前识别出来的。

最具创新力的团队既不制订滴水不漏的计划，也不是完全不做计划。相反，他们把简短的计划替换成漫长的实施和即兴发挥过程。他们先仔细考量一下当前面临的问题或挑战，然后确定一个总体的方向用以寻求解决方案——如果可能的话，再建立原型，并在真实环境下进行测试、调适、学习，然后暂停一下，重新制订计划，接着再次尝试，一遍又一遍地执行这个过程。[5]研究显示，与那些花大量时间去制订计划、排除可选项然后孤注一掷的团队相比，采用这种方法进行创新的团队要成功得多。创新型团队会适当制订计划，更重要的是专注于实践那些引领他们走向未来的方法，而缺乏创新力的团队则更侧重于空想前路如何。[6]

一个团队越快采取行动、越快尝试，就有越多的创意能被测试；测试得越多，学习得就越快；学习得越快，摒弃不可行选项、找到解决方案的速度就越快。eBay 德国小微项目成功的关键就在于，它们能够在本地服务器上被开发和运行，这使得德国团队能够快速测试多个创意。速度很重要，不过它也要一直与耐心保持平衡。（请回忆创新过程中所存在的矛盾。）

创新型领导者及其团队愿意承担预期中的风险，愿意容忍错误和失败，并把这些看作学习的必经之路，而不仅仅看成是没法避免的坎坷。如果不经历一些失败，他们会觉得自己尝试得还不够。与消除差异不同，他们会有意识地引进各种可替代性选项，用多种低风险性实验去测试假设是否成立，并且积极地寻求丰富多样的即时反馈。他们愿意在学习所得的基础上朝着全新而出人意料的方向前进。有时候，领导者甚至会成立多个团队各自独立地研究如何解决同一个问题，然后再把他们聚到一起，以促进不同创意和方法之间的交叉渗透。当然，他们会避免那些可能会导致灾难性失败、造成持久深远破坏力的测试。这就是为什么尤斯图斯和他的同事们一致同意建立一套所有小微项目都必须遵循的安全保障标准。

当遭遇失败时，高效的创新型领导者会非常小心地不去归咎或者惩罚任何人。相反，那些坚持空想前路如何的领导者及其团队一般都会害怕失败，习惯于严苛对待那些未能达成目标的努力。通常，他们会密切注视着任何不可行的方案，一旦发现，立即判其死刑。于是，毫无意外，他们都非常不愿意去尝试任何不确定能否百分之百成功的事情。

试验并非试点，尽管许多人都容易将二者混淆。通常情况下，试点指的是一个团队真正致力于实施的行动的第一个阶段。它是检验创意能否运转的方法，是消除漏洞的机会，是整体实施的第一步。每个人都期望，经过一些微调之后，试点方案可以迅速演变为成熟的新方向，大体与计划一致。一般而言，那些持续的试点通常都会有极强的、针对单个个案的成功预设，因为它们的前景和声誉都处于风险之中。所以，试点的目的不在于多学习，因为无论如何，它都要确保方案可行。

然而，像 eBay 德国小微项目那样的试验是关于开放性探索的。尽管进行试验的人肯定也希望获得成功，但没有人坚信一定会成功，当试验失败或者结果与预期不符时，也没有人会对此感到强烈失望，或者进行惩罚。

### 要素 2：反思试验结果

反思，或事后的分析和评议，就是收获知识的过程。它令试验变得有价值，成为学习的源泉，尽管它可能有所不足。创新型领导者不仅鼓励人们去寻求新鲜创意，还要求他们对结果进行反思，因为只有反思才能显示出哪里需要调整，以便朝着最后的解决方案更进一步。

反思包括对之前做过的事情进行一个简单的复盘和评议，但不限于此。它应当包括主动收集数据、恳求反馈，以及对那些信息进行严格和客观的分析。试验应当以能够产生尽可能多的数据和反馈的方式进行。我们在第 5 章讨论参与规则时提到过这个规范的方法。

另外，反思必须是有意识的，也要具备协作性和开放性。所有相关人员都应当能够毫不费力地获得那些关键性的度量数据和信息。许多精于创新之道的团队都会进行正式的事后评议，所有团队成员都会查看数据，讨论要吸取的教训，决定做何调整以及接下来该怎么办。关于这个过程或人们在这一过程中所做的决策，并没有什么不足为外人道的秘密。正如惠特曼所言，进行"精辟分析"是非常重要的一件事。

当然，团队讨论可能会变得特别激烈，人们也可能会不同意对试验结果和数据所做的解释。但此时的目的是要创造"无惩罚文化"，使人们可以无拘无束地交流各种想法，或者即使在某个问题上犯了错误也不会受罚。"我们争论得也很激烈，只是在做决策的时候与众不同，"惠特曼说，"我们会达成一致共识，或者由我来做个决策。如果我错了，我就改，并不会把自己看得过于重要。我们定了个协议，即当大家离开这个房间的时候，你得支持这个决策。很久以前，我们就很清楚这一点了。"

### 要素 3：调适行动

这一阶段的目的是要确定接下来应该怎么继续寻找解决方案。此时，团队会根据反思所得来决定下一步如何行动。很多时候，调适就是针对上一步行动所做的修订，也是另一个"寻求—反思—调适"的迭代过程。不过，它也可能会包括之前试验获得成功、应当被推广或扩大的决心；或者也可能是发现核心创意不可行，应该被摒弃或者暂时搁置；甚至它可能会意味着后退，然后再利用新的信息提出这个基本问题：当前问题真的是我们想的那样吗？我们是不是需要从一个全新的角度去理解？

创造性敏捷需要这样一种领导者：他会有意识地创建并维系一个环境，团队成员得以在其中快速而有效地一遍又一遍执行"寻求—反思—调适"的循环，直到最终找到解决方案。简而言之，就是需要一种对实验本身和上述过程有所坚持的领导者。

如我们所见，尤斯图斯和他的同事们意识到，有时候结构和约束可以增强创造性敏捷。从小微项目中得到的经验使他们明白，一定数量的流程和聚焦是有价值的。于是，他们改进了小微项目的工作流程，使其鼓励试验，而不鼓励那些一眼就能看出来无助于提高用户体验的行为。与此同时，他们也能够把这些改进措施应用于技术和统计模型，以便评估小微项目的结果，并从中学习。

最后，为了更发地发挥作用，创造性敏捷还需要一个社群。共同目标和共同价值观为创建试验、评估结果提供了一个框架。另外，参与规则引导着一个团队如何思考问题的解决方式，以及在评估结果、规划新方法的时候如何应对可能由意见分歧和冲突带来的副作用。

COLLECTIVE GENIUS

The Art and Practice of Leading Innovation

## 领导你的天才团队

### 1. 什么是创造性敏捷

在大多数情况下，创新性的解决方案都是一点点浮出水面的。天才团队会通过一次又一次的试验，弄清楚到底什么样的方案有用，并逐步发展出更好的方案。这就是创造性敏捷。

### 2. 创造性敏捷的三大要素

- 寻求：通过多种多样的试验积极快速地寻找新鲜创意
- 反思：思考并分析试验结果
- 调适：基于对试验结果的分析，适当调整下一步行动

### 3. 来自 eBay 德国的启示

创新大多数情况下来自发现性学习和试错，而非事无巨细的周密计划。一个团队必须要经过大量的创意迭代，才能找到最具突破性的创新，迭代的次数取决于问题的复杂程度。

- 不断进行小型、迅捷的试验
- 将成功的小微试验项目进行推广

# 8

## 创造性解决：整合创意的综合性决策

最佳的创新解决方案都是选择的结
果吗？

为什么要让多种可选的解决方案都
保持开放状态？

我们雇用创新者，但假如我禁止一个热情满满的团队去做事情的话，那么就真的是浪费了他们的才华。我希望人们拥有远见和野心去创造下一个大事件。我们需要让团队走得足够远，这样他们才能真正发现这个伟大的创新。或者，另一个场景是，他们意识到这个方案有哪里不太对，然后决定改换研究方向，并在最佳案例情景下把各自的知识整合为另外一个解决方案。

**比尔·库格伦**
谷歌系统工程高级副总裁

许多人都认为，解决方案一旦产生，并且经过讨论、冲突（创造性磨合）而被改进，再经过试错（创造性敏捷）而被测试和进一步完善之后，就只剩下最后一步了：选择一个解决方案，然后执行。

事实上，创新的第三个步骤，即创造性解决，远没有这么简单，因为最佳的创新解决方案通常是要整合各种创意，其中也包括那些曾经看起来互相排斥的想法。一个组织就算已经掌握了前两种能力，要是没有综合决策的能力，那么创新型解决方案仍然难觅踪影。

为了了解第三种能力在实践中的作用，我们几年前就在研究谷歌和公司高级副总裁比尔·库格伦。他在公司处理过一个至关重要的任务，使得谷歌能够满足人们迅猛增长的数据存储需求。因此，我们可以从中看到一些细节，即他如何领导系统工程部以一种有助于提高创造性解决能力的方式去创新以及做出综合性决策，特别是后者。[1]

我们会针对库格伦如何领导团队进行非常深入而彻底的研究。为了理解他是怎样激励这种重要能力的，我们必须把他的行为看作创新型领导者总任务的一部分。这个总任务就是，要创造一种能够激发人们创新意愿、培养其创新能力的大环境。库格伦说话温和,几乎从来不会用强烈指使的语气说"做这个"或"做那个"。但实际上他每天的一举一动,无不影响着其团队成员以及在他所创造的大环境里的人的工作和注意力焦点。

## 谷歌的存储大战,以不可预期的方式收获解决方案

2006 年年初,库格伦需要解决发生在两个对工作满腔热情的工程师团队之间的纷争。两年来,为了满足谷歌对于存储能力不断增长的极度渴求,这两个团队一直在各自研究解决方案。公司急需部署一个全新的存储系统,是该做决定了。

谷歌的存储需求既重要,又前沿。谷歌把自己的使命定义为组织管理全世界的信息,并使之"随处可得、方便使用"。显然,以公司当时的存储能力是无法完成这个使命的。而且,谷歌刚成立没几年,其存储需求已经超出了任何唾手可得的现成产品或方案所能满足的范畴。从来没有人尝试过去建立谷歌所需要的那么大规模的存储空间。这家公司一直站在前沿,仅凭一己之力,推动着数据存储技术不断向前发展。

当 2003 年库格伦加入公司的时候,谷歌的总收入为 15 亿美元,几乎全部来自搜索业务的付费广告,营业利润为 3.42 亿美元。[2] 通过自己的门户和雅虎、美国在线等其他门户,谷歌每天执行的搜索量超过了美国市场上日搜索量总额(2 亿次)的 75%,在美国市场之外的日搜索量总额(3 亿次以上)中所占的份额也差不多。[3]

开发相应的存储系统以处理如此巨大且不断增长的计算量,是库格伦所领导的系统架构部的主要职责之一。与此同时,这个千人团队还负责开发网络搜索基础设施、网络信息采集、网络搜索索引、图像搜索和前端服务。

系统工程部主要是一个研发部门,此外它还建了一个引擎机房,库格伦表示,这样不仅能满足公司日常使用,还能为其提供一个关键的竞争优势。

50 岁的库格伦是谷歌为了帮助指导公司的爆炸式增长而引进的几名经验丰富

的领导者之一。他曾经是著名的贝尔实验室计算科学研究中心的主任，该中心创造了如今流行的 C 和 C++ 语言，还有几乎在全世界通用的 UNIX 操作系统。他还是硅谷公司 Entrisphere 的联合创始人，并担任 CEO。这家公司的主要业务是开发能够对数据进行优化和精简的软硬件产品，最后被爱立信公司收购。库格伦拥有加州理工学院的数学学士和硕士学位，还在斯坦福大学获得了计算机科学专业的硕士和博士学位。

### 谷歌不断增长的存储需求

当库格伦接管系统工程部的时候，还有一个重要的工程师团队在他的管理之下，负责谷歌文件系统（Google file system，GFS）的相关工作。这个新的、高度复杂的存储系统是为了谷歌的网页搜索服务而特别设计的，它可以提供前所未有的容错功能，在不那么昂贵的硬件上运行，还能够向大量客户提供高性能服务。它可以处理快速增长的索引网页数量，而这正是谷歌为用户执行的搜索工作的重要组成部分。用库格伦的话来说，它"被设计成可以存储海量数据，递进式地增加越来越多的大型数据集，然后进行优化，并且以超高的速率返还结果"。

这个新出现的、前所未有的存储需求问题每一秒都在变得更加急迫，很大程度上是因为谷歌的应用，它们是谷歌原始核心搜索业务之外的拓展功能，兼具技术和战略特性。一个重要的例子是：Gmail，即谷歌的免费电邮系统，可为用户提供千兆字节级别的存储空间，是竞争对手的很多倍。（例如，这个数字大约是 Hotmail 和雅虎邮箱的 50 倍。）

Gmail 的成功和迅速增长，加之 Google Talk（谷歌聊天）、Google Calendar（谷歌日历）等应用的稳步扩张，给公司的存储系统带来了巨大的压力。尽管存储空间对于谷歌来说是一个重大问题，但还不止这么简单。搜索数据的存储和用户应用数据的存储差别非常大，而 GFS 的优化主要针对的是搜索数据。搜索数据存储技术上的挑战就是把海量的数据存放在一个巨大的文件里。但是像 Gmail 这样的应用数据就不能这么存储，其技术挑战是把全球各地非同步产生的小批量数据分别存在数以百万计的小文件里。就像库格伦所说的，通过处理引擎对数十亿网页进行优化，跟"你姑姑发给你一封 300 字的'生日快乐'邮件，然后就把这 300 字这么原封不动地存着"是不一样的。

谷歌需要的全新存储系统具体是什么样，可能还不明确，但有一点是肯定的，即现有的存储系统 GFS 马上就得进行重大修订，或者被取代。这不是个一次性问题。无论用什么系统取代 GFS，都会花上几年的时间才能完成。这将是一个长期的现实，不过库格伦的当务之急是要把下一个系统研究出来。

### 系统工程部

跟谷歌的大部分部门一样，系统工程部以三种基础类型的团队形态为主。第一类是小型的、自发组织起来的技术小组，用于响应某些挑战或解决某些问题，或者只是简单地因为一两个工程师的某个伟大创意而存在。这些初创团队的规模被故意设计得非常小，因为库格伦更倾向于让团队规模显得人性化一点儿。他们的人数几乎不会超过五个，通常都坐在带有一群群小隔间的大屋子里。

如果一个项目开始扩张成为更大的持续性活动（例如 GFS），这些团队的规模也会随之扩大，在内部分别组建具有不同特性的小组，发展客户的依赖关系，并且一般都会转变为那种传统的团队，这是第二类。

第三类团队并不是自发组织的，相反，它是由库格伦组建的，目的是要满足某些特殊需求。"每当我发现有战略性缺口的时候，"库格伦说，"我就会组织一群特殊的工程师一起来想办法填补。"举个例子，他可能会说："我们遇到了一个问题，在我看来这个系统可能不会再往更先进的方向发展了。所以我们需要一组人员退一步思考，看看有什么好的新创意。"然后他就会精心挑选出一组人来共同研究。

### 两个存储技术研发小组

库格伦在系统工程部门内表达了对于公司存储需求的担心，各种技术小组随即围绕着不同的解决方案自发组织起来。在这种情况下，库格伦和他手下的高级管理人员会观察此时出现的各种可供选择的方案，鼓励不同的小组把一些有前景的方法结合到一起。在这个案例中，他们鼓励那些感兴趣的工作人员组成两个小组。

库格伦说，第一个小组"想在 GFS 之上再增加一层系统。在软件行业当中，像这样增加一个软件栈（又叫中间件）是很常见的做法。上面这一层系统是专门用来提供下层系统所不能提供的服务的。这个软件栈的目的就是支持 Gmail"。这个小组被称为"Big Table"（嵌合）组。

第二个小组包括三位研究 Gmail 后端架构的高级工程师。与嵌合组的成员相比，这些工程师更加年轻，经验也更少，他们认为应用的存储需求与当前的 GFS 系统无法调适的那些搜索需求是完全不一样的，因此 GFS 应该被别的系统取代。他们想建立一个全新的系统，为满足搜索和应用双方的需求而专门定制。因此，这一小组被称为"Build from Scratch"（重建）组。

库格伦让两个小组都全力以赴去实现自己的想法，尽管他知道工程师会夜以继日地加紧工作，但这个过程仍然可能会持续一两年的时间。他说："我觉得他们各自都有一些非常棒的想法，值得进一步挖掘，所以我鼓励他们都去构建原型。"基于多年的经验，库格伦有一种预感，嵌合组的方法成功的可能性更高，而重建组要想把自己的想法在全公司范围内实现，应该会比较困难。"但我不确定，"库格伦说，"我知道我们尚未拿到全部的数据。团队里没有任何一个成员能肯定地知道未来哪个系统的效果最好。重建组的工程师非常兴奋，他们感觉自己正在创造下一个大事件，而且他们有必要亲身经历一下自己的系统可能会面临的挑战。我不想以管理者的身份自上而下地干涉他们。"

## 比尔·库格伦如何领导系统工程部

库格伦非常自然地以一种刻意松散的方式来领导自己的团队，然后再用公司创始人拉里·佩奇和谢尔盖·布林去激励他们。这近 100 位直接向他汇报的下属，事实上也不可能适应别的领导方式。"谷歌一直很推崇自下而上的文化，"他说，"我想要培养这种氛围。"他给自己手下的工程师足够的自由，"同时又适当控制好度，以免陷入混乱"。

这是他在贝尔实验室工作时摸索出的一套管理风格。在那里，富有创新精神且雄心勃勃的工程师团队需要这样一位领导者：他应该能够为大家创造一个有助于完成工作的环境，而不是只设定一个远景目标让员工亦步亦趋地跟随。库格伦表示，在谷歌，"我曾经试过事无巨细地掌控所有事情，一发现人们偏离正轨就边巡视边说，'不，你不能那么做'。但那样会毁了整个团队，因为这种方式会让员工养成不得到我的批准就不做决定的习惯"。

鉴于谷歌员工的特性，库格伦采用的这种松散管理的方式无疑是非常必要的。毫无意外，谷歌吸引了世界一流的技术人才，而系统工程部是由公司里一些经验丰富的工程师组成的。一位工程师解释说，在系统工程部工作"并不是总那么有趣"。它要求一个人"由衷地热爱这项工作原本的样子，这个人还得喜欢时不时地对系统进行修修补补，甚至喜欢过程胜于最后的产品"。由于许多工程师都是从实验室来的，又都拥有博士学位，所以这个部门形成了一种学术氛围，其成员都非常期待能够在拥有相当程度自主权的基础上彼此合作。

谷歌实行"技术－管理"双轨制度。管理条线的经理人不一定比那些技术条线的领导者级别更高。事实上，大多数受尊敬的领导者一般都是技术类领导者。为了被工程师接受，一位经理必须能够完全融入技术性的讨论。

此外，该部门一位工程师说："许多谷歌的员工都通过公司 IPO（首次公开募股）或者从其他互联网公司那里赚得了大笔财富。对于有才华的工程师而言，要想跳到隔壁某个更热门的公司去太容易了，只要你愿意。"因此，领导谷歌就好像领导着一个"志愿者组织"。

在加入谷歌后的头两年里，库格伦配置了一个"非常全面的人才组合"作为部门的管理层，也是他的"智囊团"，这些人可以帮助他管理系统工程部的日常运行。与由固定人员组成的稳定管理层相比，这是一个很灵活的系统。他的汇报者既有技术带头人，也有负责管理的工程主管。

技术带头人都是顶级的工程师。他们会被指派到每个项目中去，并且只有在项目存续期间才会履行这一职能。他们在个人层面依然有所贡献，其职责是提供技术指导。"我们需要指派一个人作为技术带头人，"一位高级工程师表示，"因为我们需要有人扮演温和独裁者的角色，来解决技术上的争端。当然，如果技术带头人想让自己的团队运转良好，也得在做决策之前征求大家的意见。"

工程主管，这是科技公司常见的管理类职位，通常是由技术娴熟的工程师担任。他们负责人员管理，确保团队工作按计划完成，不超预算，帮助扫除障碍和做决策，解决资源短缺问题，并且在多个团队的工作发生重叠的时候负责协调。他们更关注长远和大局，要保证自己团队的工作同时与部门和公司的整体优先级保持一致。

据库格伦介绍，技术带头人和工程主管的关键区别在于，技术带头人在技术上很强大，"但可能缺少一点儿耐心"。他们是没有直属汇报上级的领导者。相反，工程主管则更善于处理人际关系，尽管在技术上没有技术带头人那么强大，但也很专业。库格伦想要避免许多研究型组织所犯的错误，即让一个技术上最优秀的人来行使管理职能，因为这类人通常都不太能胜任。

每个工程主管都有差不多30个直属下级，并负责整个部门中某一方面的工作。工程主管每隔两个星期就以小组的形式会一次面，互相更新一下各自所在团队的项目进展。这种聚会有助于他们履行一项关键的职责——在部门内外的各不同小组之间发挥连接者（即组织性黏合剂）的作用，同时还是有关公司与部门优先级方面的消息源。

库格伦要寻找的是风格多元化的工程主管：能获得工程师团队成员在技术层面的尊重，能吸引、激励并留住有才华的工程师，能真正实现部门期望，还能促使工程师与其他管理人员共同进步，在寻求创新解决方案时，若遇到模棱两可的信息，也能去伪存真。除此之外，库格伦还想要更多："我需要的领导者不在乎自己是否总是那个最后拍板的人。那样只会带来一个结果，就是声音最大的人和语速最快的人互相竞争。我需要的领导者应该允许下属自己做决定，甚至犯错。"

### 系统工程部的管理结构

虽然谷歌并不像传统公司一样拥有那么多管控机制，但它的确创立了一些管理架构，也采取了一些能够减轻创新工作压力的实际措施。在我们研究的组织中，它还提供了另外一个在即兴化和结构化之间找到平衡的实例。

比方说，谷歌有一个中央集权式的小组负责招募新员工，所有应聘人员都必须经过至少 6 名工程师的面试。结果，公司总是愿意雇用那些既是出色工程师，又具备自我驱动型人格的员工，用一位工程主管的话说，就是那些"热爱本职工作，又特别渴望成功并获得同行尊重的人"。

就算管理人员没有下达指令，工程师也非常明确工作的优先级。他们经常被要求将自己的想法和这些优先级联系到一起。该部门一位管理人员说："作为一名系统工程部的工程师，你在很大程度上都可以做任何自己想做的事。但你得权衡，因为有些工作无论如何也要按时完成，而且不能搞砸。"

为了提供必要的指导、信息传播和社交黏性，库格伦创建了一个关注特定主题的季度性峰会。会议期间，在同样广泛的领域内工作的工程师和各个小组会有几天时间一起分享、讨论各自学到的东西，并做下一步的规划。

最重要的是，库格伦希望部门的管理人员能积极地按照相似的兴趣把各小组联结起来。由于谷歌的迅猛增长及其员工遍布全球的分散特性，他特别担心一个团队由于过分关注自己手头的任务而变得"一叶障目，不见泰山"。有时候，工程主管肩负着一个重要职责，而不只是发挥连接作用。在某种情况下，这些团队实在是太过埋头苦干、两耳不闻窗外事了，以至于管理人员不得不让他们在一起"碰撞"，以防彼此之间"绝缘"。库格伦说：

我使用"碰撞"这个词是因为仅仅互相介绍一下是不够的。开始的时候你可以介绍，但有时候还得说，"是的，我知道你们互相认识，不过你们真的就你看到的某个特定的故障模式跟对方讨论过吗？"我就是要让大家说出这样的话。接下来，你还得确保他们在这个话题上进行的交谈足够深入。

## 工程师同行评议

系统工程部采用的最关键的管理实践也许是工程师同行评议。这种评议可能面对面进行，也可能通过视频会议，每周一次，库格伦和大多数工程主管也会参加。但对于任意一个小组来说，这种评议就没那么频繁。这是创造性磨合得以发生的最重要的讨论会，各小组可以在这里讨论各自的工作，并对其他工程师提出的问题和建议做出回应。

对于"嵌合"与"重建"这两个存储技术小组而言，库格伦差不多每6个星期或者以每季度两次的频率各自为其主持工程师评议会。事实上，这两个小组之间几乎没有接触。一部分原因是他们在距离上离得比较远（一个在加州，一个在纽约），不过也因为他们得到的任务是各自独立寻找彼此相竞争的解决方案，而不是共同开发。由于他们互相都了解一些对方的情况，所以肯定会形成一种健康的竞争气氛。

在评议过程中，一个小组报告了他们当前的状态以及遇到的一些挑战。在库格伦的回应里，方向性的引导要多过命令性的指示。如果他或工程主管们已经了解各小组应该做什么，或者已经准确地知道它们应该怎么开发解决方案的话，那么就没必要创建专门的小组了。所以，这两个存储小组被给予了大幅度的自由去探究各自的想法。

工程师评议会可不仅仅是简单的工作进展通报。用库格伦的话说，一个重要的目的是"促使各小组去评估各自的工作进展与最终目的是否相符"。他通常会用温和的语调提出尖锐的问题，为各小组"注入一些紧张感"和"实际的智力支持"，以此鼓励工程师去推进各自的想法并大胆验证相关假设。他想促进双方之间的辩论和学术诚信，以确保他们没有走弯路，而且"思维发散最终还是要能结合到一起"。

为了这么做，库格伦常常能利用自己丰富的经验做出判断。他总是能知道一个按自己思路发展的小组何时可能遇到了问题。正如一位工程主管所言：

> 比尔一般会说"我担心……"之类的话。这种担心可能关乎成本、性能、延期、安全等事宜。这样的话，他的担心就会以一种无威胁性的方式传达出来，并且让人们能够拿数据来回应，或者告知他们还需要去获取哪些数据。

库格伦极少（甚至从来不）对一个小组说"别那么做"。"如果你说那种话，"库格伦表示，"就是误用了他们的才华。"他希望人们为了创造下一个大事件而目光长远、胸怀壮志，而且要坚持下去，看看这个大事件到底是否名副其实。"我努力让他们互相争论，并揭示出相关数据，"他说，"我们也在尝试用数据驱动决策……最终做出客观的决策。"当人们提出疑问时，他也避免直接给出答案。"你得让人们自己去思考，"他说，"而不是事事都遵循你的决定，因为在我看来，那样会从根本上破坏组织的健康。"

因此，他一般不会很明确地表示自己想从工程师评议会上看到什么效果。他解释说："让工程师跟我对话这件事有 90% 的价值是让他们明白一个事实，即他们并不知道我要问什么。"他相信，这种不确定性比他所问的任何问题都能创造更多价值，因为前者会迫使工程师向自己提出一些关键的疑问，例如，"我们现在做的事情是对的吗？"或者，"我们真的有进展吗？"对于库格伦自己而言，这种不确定性也同等重要，因为它会迫使工程师和试图参与讨论的其他小组成员进行交流，就像库格伦所期待的那样。

以上就是库格伦在跟这两个存储技术小组召开工程师评议会时所用的基本方法。举个例子，对于嵌合组的成员，他会问他们怎么满足 Gmail 这类应用的运行需求，毕竟其个人电子邮箱业务量十分庞大。而对于重建组的成员，他则会不断指出公司系统运行所需的存储规模——数以亿计的用户所产生的海量数据。

但是他不会把这两个小组拉到一起来对抗各自的想法。每个小组都会创建自己的思想市场，在那里进行创造性磨合。然后，他和工程主管们会扮演交叉授粉的媒介，在两者之间传递想法，互通挑战。

他也会避免令双方直接辩论，因为他相信工程师很容易固执己见，也愿意相信自己的是对的。"如果两个小组的理想方案南辕北辙，"他说，"那么你把他们拉到一个屋子里可能什么结果也得不到，即使有一个双方都尊敬的人居中调停也不行。"

库格伦更喜欢用客观数据来解决冲突。为了达到目的，他必须得让两个小组循着各自的思路发展，直到他们都能达到就此进行严格测试的程度。但这需要更多耐心，甚至超出某些工程师的承受范围。有一名26岁的新任GFS系统工程师在两个存储技术小组都待过，他无法理解为什么在只有一个方案能实施的情况下，库格伦还要让两个团队都一直做研究。

于是，有一天，他去库格伦的办公室，当面向他提出这个疑问。"聊完之后我就理解了比尔的逻辑，"他说，"让针对同一问题的两个不同解决方案同时进行，并不像最初看起来的那么疯狂。"不过，他仍然不理解为什么库格伦会允许"这些项目运行这么长时间"。

库格伦理解这名年轻工程师的顾虑，但他觉得任何重复的工作都比不上某些更重要的考量因素。"我有必要冒险让他们各自去尝试，"他说，"那样他们才会意识到，'哦，这跟我想的不一样'。我会判断他们什么时候才会准备好去听取那些由数据驱动的争论，因为人们并不是总能做好这种准备。你得知道什么时候应该去推动决策的出炉。如果说有什么管理艺术的话，那就是这种艺术了。"

## 决策时刻

这两个存储技术小组经过两年时间的各自尝试之后，终于到了"推动决策出炉"

的时刻。当时，库格伦得出了两个结论：第一，哪个小组都没有找到长期适用的解决方案；第二，短期来看，嵌合组的办法（就是主张在 GFS 上再加一个软件栈）是一个较好的方案。不过，他也相信，重建组其实也发现了很多有意思的东西，尽管现在还无法实施，不过未来可能有用。他的问题是，重建组依然干劲儿十足。虽然在测试中他们遭遇了很多错综复杂的失败结果，但全体小组成员仍然自信满满，认为自己的办法最后一定能成功。

那个时候，库格伦雇用了一位专注于存储领域的工程主管，凯茜·波利齐（Kathy Polizzi），并跟她分享了自己关于这两个小组及其解决方案的意见。"我并不想简单地终结掉重建组的项目，"他告诉波利齐，"我只是想在迫不得已的时候行使职权，做个决定，我不想削弱大家在未来的创造力。如果我到时候不得不表现得像一个独裁者，那么我会认为这是我自己的失败。"

他们两个人花了很长时间讨论如何让重建组意识到他们的方案"不太合适"。他们觉得，这个小组必须得"撞"一下现实的南墙，于是波利齐让这个小组研发的系统处于非满额运转的状态，进行性能和可扩展性方面的测试。她设定了一个时间框架，该系统的表现必须在此框架内消除有关其在处理海量数据方面能力的顾虑。这个数据规模就是谷歌平时运行的数据规模。为达到目的，两人还让这个小组完全暴露在当前 GFS 系统实际遇到过的问题环境中。让人们充分地看到"真正的使用案例和真正的失败是什么样子，"波利齐说，"他们会更清楚自己面临的困难。"

波利齐还让重建组的成员与负责谷歌运营的团队一起开会。运营人员的工作性质决定了他们必须得全天候待命，即使是半夜，一有问题他们的呼机也会立即响起。用她的话说，他们让任何新系统所面临的困难、问题和重点事项都"以人脸的形象出现"，也就是都找到了具体对应的工作人员。

她说，最后"这个小组开始明白自己所研发的系统的局限性"。到了 2006 年秋，重建组最终得出结论，尽管他们的方案中包含很多有价值的创意，但的确无法达到谷歌的要求。

**接下来的步骤**

2006 年年末，嵌合组开发的可加诸 GFS 之上的存储软件栈在谷歌全公司完成部署。这是一个分布式的存储系统，专门用于将存储规模扩展到 PB 级别（petabyte，10 的 15 次方字节），覆盖成千上万台服务器。此外，它所能支持的工作负载也遍及吞吐量密集型的网络爬虫与延迟敏感型的终端用户。甚至在硬盘、服务器和网络发生故障时，它仍然能够保持高可用性，而且也能同时满足搜索和应用的需求。

与此同时，谷歌存储需求仍然在扩张中，速度比预期中要快得多。例如，2006 年 10 月，谷歌花了 16.5 亿美元收购 YouTube，这是一个非常受欢迎的视频网站，用户可以自行上传和观看视频。YouTube 也是另外一种类型的应用，其在数据存储方面的技术复杂程度又上升了好几个等级。

库格伦确信，在接下来的几年里，谷歌无疑将会需要一个全新的存储系统，原来嵌合组和重建组的方案都无法满足。事实上，他已经要求谷歌顶级的两位工程师杰夫·迪安（Jeff Dean）和桑贾伊·格玛沃特（Sanjay Ghemawat）开始针对这样一个系统展开原型试验，该系统被称为"下一代系统"，而且这项工作更为紧迫。

部署完嵌合组的解决方案之后，库格伦和波利齐又面临着另外一个任务：如何安排重建组成员的工作。他们可以加入纽约办公室其他正在进行中的项目，或者在存储架构之外再寻求其他项目。不过库格伦和波利齐选了第三种方案。他们把整个小组整合进了"下一代系统"的研发团队。

库格伦说，他想要"精心安排一个方案，以确保他们从上一个项目获得的知识被整合进未来的系统里"。波利齐说，这一举动是为了把"重建组融入具有高优先级的主流项目里"，这样的话，公司就可以利用他们之前的经验。这个项目其实也是一种环境，他们的创意在这里会有更大的机会获得成功。"他们最初设计的那个系统的一部分缺陷在于，"她说，"太过聚焦于解决特定应用的问题，那样的话就不够通用。"而下一代系统"会让他们把研究重点放在更具有普遍意义、更长期的解决方案上，以解决他们曾经研究过的类似的问题"。

结果证明，重建组之前的许多发现真的被整合到了下一代系统里。库格伦说，"原始的存储系统在文件数量或它所能处理的数据项方面有局限"，这对于谷歌新的非搜索型应用而言就很成问题。而由重建组设计的系统则能"容许比以前大得多的数据对象集或者文件运行……这是一个重大进步"。其他面向硬盘或服务器故障的安防数据领域的技术性创意也被整合了进来。

从某个角度看，这个故事是关于两种互相排斥的解决方案之间的竞赛，只有一种可以成为下一个存储系统。这完全与整合无关。但是从更广的视角来看（鉴于库格伦的任务，显然这个角度更为重要），这个故事的确是关于整合的：一个团队开发出了有价值的方案，只不过并没有立即应用在新的存储系统上。但是库格伦看出了它的潜在价值，并确保在未来的某个时候仍然会将其纳入备选解决方案的考虑范围。一位经理评论说："比尔时刻都在想着我们还能在未来某一时刻的什么地方发挥作用。"

在这一系列的过程之后，库格伦收获了三个重要成果。首先，公司找到了短期内能较好地解燃眉之急的方案；其次，从长远来看，能力更强大的存储系统研发也取得了进展，所以公司也会对自己需要的新技术有心理准备；最后这一点同样重要，那就是，他建立了一个更加愿意、也更有能力让多种创意（甚至是竞争性的创意）共同发展和成熟的组织。

我们如此近距离地观察了库格伦——谷歌紧要任务当前，他怎么想、怎么做。你可能会想，这的确很有意思，但从谷歌这样烧得起钱的公司身上，我们能学到什么呢？不错，谷歌是财大气粗，但顶级存储工程师在谷歌也并非遍地都是，他们是十分宝贵的资源，而库格伦也完全明白人才对于谷歌来说有多重要。他理解他们对自主权的需求，也理解他们渴望把自己的才华和专长用于解决具有挑战性的难题。之前我们说过，他们中许多人其实根本用不着工作，也全都能在谷歌之外找到其他工作。库格伦的面临的挑战是，要在谷歌创造出一个地方，不仅能让他们在这里做自己想做的工作，还能以自己喜欢的方式去做。

## COLLECTIVE GENIUS
### 天才团队观察

#### 创造性解决的矛盾

如下这两对矛盾是创造性解决能力的特色。当库格伦带领着两个竞争性的小组各自探寻存储解决方案时，他还要想方设法去处理这两对矛盾。

### 耐心 VS 紧迫

耐心和紧迫之间的平衡可以激发创新。但是二者的天平如果太向某一方倾斜的话，那么另一方就会造成事与愿违的结果。这里再次强调，创新型领导者必须要找到促进新鲜创意与最终结果之间的那种微妙平衡。库格伦一方面要尽一切努力给两个小组充分的时间去开发他们各自的方案，另一方面又要同时敦促他们尽快满足谷歌迫在眉睫的需求和发展野心。当面临这种困境时，那种微妙的平衡就变得至关重要。

### 自下而上 VS 自上而下

创新大多数情况下都来源于自下而上的主动精神。创意出炉，人们被吸引，然后一门心思想去实现它。他们一路跌跌撞撞，从错误和失败中吸取经验和力量。但是如果人们永远都为所欲为的话，那么任何组织都无法生存。适度的界限和一定程度上的指引是必需的。不过，这个度具体应该如何把握呢？你什么时候让这些创意的支持者继续前进，自己又该在什么时候介入呢？这就是库格伦的困境，因为谷歌最终只能采用这两个小组中一方的解决方案。然而，库格伦并不想就这么放弃另一组的设想。他必须得找到一个办法，把他们的设想整合到公司在存储领域的长期战略中。

# 保持开放，为整合创造空间

出色的解决方案不会自然而然地产生，特别是面对像谷歌遇到的这种复杂问题时。一般情况下，都需要经过无数思维碰撞、无数抉择，甚至无数失败和错误才能找到正确的思路，最后再把这些零散的想法以一种全新的方式整合到一起，由此得到最佳解决方案。的确，这是一种先从整体看待问题、再对各种视角和想法进行综合考量的能力，而在创新的过程中，它尤为重要。此外，它也是我们研究的所有领导者的一个主要担忧。

不幸的是，真正的创新性解决方案并不会频繁出现。大多数决策不外乎是从所有选项里简单地挑一个而排斥所有其他可能性，或者是折中选取一个。然而，组织真正需要的是一个健康的决策过程，就像我们在谷歌系统工程部所看到的那样。[4]

库格伦这样的领导者很容易被误解。他的方法看起来似乎太柔声细语、太平易近人、太自由放任。当然，在那位当面质疑他的年轻工程师眼里，他也是这样的。他不会疾言厉色地发号施令，也不会专制武断地先做决定，不过他的确是在小心翼翼地创建着一个令工程师愿意创新并且也有用武之地的环境。就像维尼特·纳亚尔说的那样，他是在积极主动地扮演着"社会建筑师"的角色。我们已经从某些细节上描绘了他作为一个领导者的所作所为。现在，我们想要重点提炼出其中的一些行为，以便帮助那些想要引领创新或者促进创造性解决方案出炉的人。

## 领导者要指引他们的团队保持开放性选择

当一个团队抱着"二者兼可"而不是"任选其一"的思维方式时，他们就会愿意去仔细推敲很多选项的复杂性，而不是过早地选择一个了事。当然，他们也有能力这么做。此时，最佳解决方案就会出现。[5] 为了帮助团队成员做到这些，创新型领导者要确保社群有日常的实践练习、有共同价值观、有相应的管理架构和参与规则，而这些都能促进综合性决策的做出。

这种保持多种选择都呈开放状态的能力需要一种被称为"兼听则明"的思维。

拥有这种能力的领导者和团队能够"同时听取两个相反的观点"。然后，他们再对二者加以整合，从而创造出一个全新的、比之前任何一个都优秀的方案，过程中"没有一丝慌乱，也完全不是简单地从中选一个了事"。[6]

这种"兼听则明"的思维有助于解释创造性的整合为何如此少见。对于个人和团队而言，工作过程中始终贯穿着复杂性会创造出一种焦虑感，因为那样的话，就要求他们能够对不同意见兼容并包，而无须立即解决分歧。面对这种内部压力，我们应立即进行简化处理。我们可以将复杂问题的各组成部分转化成简单而一目了然的可替代物，然后逐一探讨，抽丝剥茧地进行淘汰，最后只剩下一两个留待深入研究。让人们在思考的时候保持整体性的眼光，摒弃快速简化和缩减的处理方法，也就是要求他们心甘情愿地处于一种紧张和不明确的状态中。

那些推行并且指望自己的团队能够适应这种方法的领导者，同时也在冒着激怒员工的风险，因为这违反了人们通常对于领导者的期待。我们希望领导者能够给予包容、提供指导，而不是允许甚至鼓励混乱和不安，哪怕这种不稳定状态只是暂时的也不行。我们也希望领导者能够尽快做出决定，"选一个出来"。的确，我们把迅速而明确地做决策看成是优秀领导者的一个标志。那些看起来拖延不决的领导者很可能会遭受员工的抱怨："我们这儿需要的可是真正的领导力。"[7]

许多领导者也对自己有同样的期待。他们更适应作为远见卓识者或专家的角色，就是那个最富有预见性眼光和洞察力、时刻准备着大干一番的人。而综合性决策的制定无法让人感受到个体的荣誉感或胜利的兴奋感，也几乎不能提供个人层面的成就感。当这种方法发挥作用时，人们很难发现一个解决方案具体是从谁那里发起的，更别说对此提出表扬了。综合性决策看起来好像是突然冒出来的，这也是为什么那么多人认为它原本就存在，只不过是刚好在此刻出现了而已。

综合性决策的制定也跟"化整为零"不同，后者被广泛应用于解决复杂性问题，其方法是机械地拆解一个整体，然后单独处理各个被割裂的部分。如此被碎片化之后的问题会让一个团队丧失整体感，看不清各部分是如何组合在一起的，于是，用一种更好的方式对各个碎片重新加以组合的可能性就大大降低了。

那些擅长保持开放性选择的领导者及其团队能够顶住速战速决、高歌猛进的压力。他们有足够的耐心来处理混乱状态和问题的复杂性，他们的心理也足够强大，敢于承认自己无法即时得出答案。他们非常自信地认为最佳解决方案终会出现。他们也相信，这种综合性决策的过程一定会达成更好的效果。

创新型领导者通过让员工自己设定期待值的方式，帮助他们获得综合性决策的能力。虽然创新型领导者不会告诉人们具体应该朝哪个方向前进，但是会为了寻求更好的解决方案而果断地让整个团队回到原点重新思考，或者让他们更加仔细深入地研究某一种状况。他们会在某种程度上造成一些延迟。因为他们明白，人们必须想方设法去处理所面临的复杂性，而不是去回避，只简单做个选择即可。举个例子，皮克斯的CEO艾德·卡特姆在面临"买更多计算机还是推迟影片发布"的选择时，就拒绝了这个非此即彼的选项；谷歌的比尔·库格伦则让两个存储技术团队都去想办法解决对方正在处理的问题。这样的领导者都甘愿在某一段时期内犹豫不决，目的是要为最后方案的形成和综合性决策的出现争取时间——在那个时期，他们也在承受着来自员工的焦虑和压力。

显然，并不是每个选项都永远具备可能性。适当的判断力也是必需的。在谷歌的故事中，当库格伦就存储问题公开征求意见的时候，大概有四五个小组提出了不同的方案。他和部门其他高管都明白不可能同时进行这么多组的研究，于是他们从中挑出了两个最有前景的方案。

两年的研究之后，选择下一代存储系统的时刻到了。此时，库格伦和部门其他高管并不是简单粗暴地做了一个看似武断的选择，而是引导各组工程师去认识自己所用方法的不足。即便到了这个阶段，他们还是会确保工程师本人及其小组制定的暂时不适用的前瞻性方案，都能够充分参与到未来存储系统的研究之中。

## 领导者要让事情保持简洁、灵活和开放，从而为整合创造空间

高度结构化的组织往往会详细地定义好各个岗位的职责，还有繁复的规则、政策和流程，以及僵化的等级制度，不太鼓励跨界思考和沟通，因而也不利于促进整合。相反，高效的创新型领导者会把各种形式的结构看成是灵活的工具，用以促进协同性发现和创造性解决。谷歌的存储团队就是这样一个例子。由于该团队主要负责研发新系统和新产品，所以它根据需求的出现而组成灵活的小组，需求被满足之后，这些小组也随之解散。

在我们的研究中，很多领导者都厌恶过度的规则，比如库格伦。他们宁愿以非常规的方式进行管理，或者仅在必要的时候介入。他们不依赖常规的组织结构来指导和控制员工行为，相反，他们发现在大多数情况下，非常规或者社会化的结构（共同的价值观、行为规范、社交网络和同行压力）更加有效。他们会根据需要果断重新安排团队，改变工作分配，甚至为了解决当前问题而调整员工座位安排。总而言之，他们把组织结构当成一种工具，一种能达到目的的手段，而不是那种一经制定便不可更改的成规。[8]

他们也会特别看重物理的工作空间。首先，他们会创建有利于全公司各部门员工之间随机互动的工作区和公共区；另外，还会创建那种适应性强的空间。家具可以是便携式的，便于人们在附近移动和面对面工作；包括丰富的社交媒体环境和多种互动途径在内的技术可以用来鼓励人们开展合作并建立良好关系。在谷歌，每当有跨多个小组协同合作的高优先级活动出现时，参与的员工就会整理出一块很大的开放性座位区，创建一个"温馨小屋"，大家会在那里共同就一个问题或者一个项目奋战数周或数月。

## 另类的创新型领导者

库格伦从来没想过成为部门里那个远见卓识者和专家，或是那个坚定地认为"我是负责人"的领导者。他和部门其他高管都试图把常规化管理降到最低限度。

用当时谷歌的 CEO 埃里克·施密特（Eric Schmidt）的话说就是，谷歌的管理层想要成为"观点的聚合器，而非决定的发号施令者"，因为公司更赞成在"众人拾柴火焰高"的信念下达成一致，并且通过数据驱动做出决定。[9]

但这并不能说明像库格伦这样的领导者是在袖手旁观，或者没发挥什么作用。事实正相反，例如，整个存储系统项目期间他都会和每个小组开例会，并在会上进行询问，他会提问困难和疑惑之处，指出值得多加注意的观点，还会分享有关另一个小组研究进展的信息，最后还要求每个小组都展示各自的解决方案是否实际可行。与此同时，他也给各个小组以充分的自主权和职权。"每一种方法都保持了自下而上的文化，"他说，"人们能够承担风险意味着你得允许他们去做选择、去犯错。"

其中有一些关键的方法让库格伦可以从战略性的角度主动创造一个适于创新的环境。他之所以采取这种方法，不只是因为要为谷歌的存储系统寻找解决方案，还因为他想要在解决当前问题之外也能培养自己团队持续创新的能力和意愿。"我从来不摆架子，从来不命令一个小组停止他们正在做的感兴趣的事，"他说，"我们雇用创新者，要是妨碍一个动力十足的团队去做事情的话，那真的是浪费了他们的才华。"

有些谷歌工程师会利用 20% 的工作时间去做一些探索性的项目。不过，如果某个创意要想得到进一步的投资，就需要得到批准，或者像库格伦说的那样，在系统工程部之内，他和部门其他高管得挑出哪个创意值得进一步深入研究。在自上而下的指导和自下而上的自主发起之间保持着一种良好的平衡。自上而下的指导仅在有必要的时候起作用，因为决策的过程都非常清楚，并且只要有可能，这个过程就会由数据驱动，而不会武断行事。所有决策都会基于团队及公司的共同目标而做出。[10]

这种领导力要求有足够的耐心。谷歌在存储方面面临着一个前所未有的挑战，人人都知道这个问题只会变得越来越严峻。还有什么比这更紧急的？然而，库格伦还是给予那两个小组充足的时间去全面探索他们各自的想法，仅在必要的时候做出相关决定。

他发现，掌控好这个过程中出现的紧张和压力是一个持续存在的挑战。因为技术层面的棘手情况是不可预见的，所以库格伦相信创新在规模和速度上存在的真正问题其实是"人的问题"。"这些问题很难处理，"他说，"因为你肯定不需要一个对你毕恭毕敬、唯命是从的团队。你需要的是一个敢于和你争论的团队。你也愿意扶持那些自下而上的努力。偶尔，我会说，'嗨，你不能那么做'，但我会刻意控制，在全部门范围内一个月平均只说一次这种话。事实上，这种话就像病毒，我唯恐避之不及。"

库格伦竭力避免自上而下的一言堂，积极督促每个小组去亲自实践他们的方案以发现其长处和不足，从而创造了一个让两组工程师都能充分发挥潜能的环境。这么做的成果不仅仅是一个针对下一代存储系统的解决方案，其主要贡献也远超于此。面对接下来的创新挑战，两个小组的成员也都变得更加积极、更得心应手了。

写完创造性解决后，我们就结束了关于三种组织能力的探讨。这三种能力分别是创造性磨合、创造性敏捷和创造性解决，它们共同构成了创新的能力。我们希望能够展示出它们是如何共同发挥作用的，反复迭代，不停递归，为一个团队生成创新解决方案提供助力。同时，我们也希望能够廓清这三者对于一个团队社群意识的依赖，后者的根基包括激动人心的共同目标、共同认可的价值观和参与规则——它们也是创新意愿的关键组成部分。创新型领导者的职责是确保所有这些元素在自己的团队里都生机勃勃。

# COLLECTIVE GENIUS
The Art and Practice of Leading Innovation

## 领导你的天才团队 ————————————

### 1.什么是创造性解决

　　创造性解决是指，通过对各种创意的整合寻求最佳创新解决方案，其中甚至包括那些曾经看起来相互排斥的想法。人们要经过无数思维碰撞和抉择，甚至无数失败和错误，才能找到正确的思路，再把这些零散的想法以一种全新的方式整合到一起。

### 2.创造性解决需要领导者做什么

- 指引团队保持开放性选择
- 让事情保持简洁、灵活和开放，从而为整合创造空间

### 3.来自谷歌的启示

　　那些试图把常规化管理降到最低限度的领导者，并不是在袖手旁观，相反，他们是"观点的聚合器"，在自上而下的指导和自下而上的自主之间保持着一种良好的平衡。

- 配置"全面的人才组合"作为管理层
- 创建有特定主题的季度性峰会
- 竭力避免一言堂

# COLLECTIVE GENIUS

## 第四部分

## 天才团队 2.0，迎接未来的挑战

THE ART AND PRACTICE OF LEADING INNOVATION

在研究和撰写本书的过程中，我们有幸遇到了大量在自己所在的组织中展露出创新领导力的管理者，并对其进行近距离观察。我们的目的是，通过和他们一起工作，把我们看到的那个引领创新的机制的精华提炼出来。这个机制要足够强劲，可以敏锐地发现创新的难题，同时也要足够简单，可以方便地引导实践。

从第 1 章到第 8 章，我们不仅展现了这一机制，还提到了很多关于创新的故事并进行了详细的阐述，我们希望通过这些故事，能够让大家了解创新型领导者的实际作为。希望大家能从他们的经验中汲取营养。

我们也希望能把一些教训明白无误地传达出来。创新不可能按计划进行，你也不能命令人们去创新，但是你可以为它做一些组织性工作。引领创新的本质其实就是要创建一个这样的组织，在那里，每个个体的才华都能被聚集起来，通过协同性工作、发现性学习和综合性决策而最终形成集体创造力。这么做的话，作为领导者的你就必须面对两个基本的挑战。

首先，你要创建一个地方，人们愿意在这里伴随着创新与生俱来的矛盾和压力进行相关的艰苦工作。为此，你应该建立一个拥有共同目标、共同价值观和参与规则的社群（见图 IV-1）。

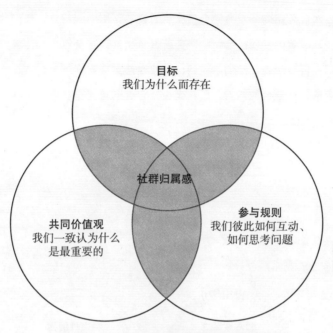

**图 IV-1　为实现创新而艰苦奋斗的意愿**

其次，你要创建一个组织，其中的成员要具备实现创新的能力。为此，你应该培养三种对解决创新难题至关重要的组织能力：创造性磨合、创造性敏捷和创造性解决（见图 IV-2）。

从我们所研究的这些领导者的经历来看，要做到这些并非易事，无疑需要付出巨大的努力。想象一下，如果你的团队真的能够驾驭所有成员的才华，从而一次又一次地实现突破性创新的话，那么这个组织将会获得多大的成就。

## 一个活的实验室

但我们的创新之旅并未结束。在研究中，我们窥见了一扇未来之窗，仿佛看到了引领创新的未来发展方向。

我们知道一小群领导者正通过试验的方式去探索如何应对不断变化的世界。他们试图创造一种全新的创新机制，我们称之为"天才团队 2.0"。他们发现，他们渴望解决的问题需要联合公司内外双方的力量，有时候甚至需要跨行业。我们的研究也进一步证实了这些领导者的发现：公司、研究所甚至是知识本身原来的传统组织方式不再完全适用于解决创新难题。他们意识到，寻找最佳解决方案越来越依赖于对不同组织和不同类型专家进行整合的能力，后两者在整合之前可能是各自独立的，甚至在某些情况下还是竞争对手。

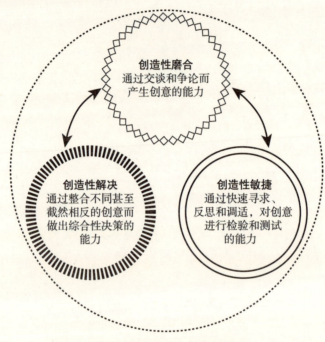

**图 IV-2 实现创新所应具备的能力**

这些领导者正在创建能够打破组织与组织、行业与行业之间既有传统界限的生态系统。个中挑战显而易见。鉴于要在同一个组织内部促进创新就已经很不容易了，可想而知，要想在诸多之前从未合作过的组织之间促进创新所面临的阻力有多么巨大。

在第 9 章，我们观察了加州通信与信息技术学院（Calit2）的创始院长拉里·斯马和他的同事是如何致力于创建未来大学的工作的。据斯马说，他已经让 Calit2 做好"协作准备"了，因此，该机构能扮演跨行业创新所需的催化剂的角色，以改善加州公民的就业和生活水平。

我们也会介绍辉瑞制药的执行副总裁和总法律顾问艾米·舒曼，她也是公司消费者医疗保健部门的负责人。为了给她所在的这个日新月异的行业找出创新而划算的解决方案，艾米和她的同事设立了辉瑞法律服务联盟（Pfizer Legal Alliance, PLA）。在这个由外部律师事务所组成的生态系统里，长久以来互为竞争对手的公司必须像一个整体一样进行协同性工作、发现性学习和综合性决策。

在第 10 章中，我们转而探讨如下这个严峻的问题：从哪里可以找到未来的领导者呢？未来有赖于我们培养下一代创新型领导者的能力。但是，如果高效的创新型领导者并不像传统领导者那样思考和行动（这种风格就是我们在此书中所主张的），那么我们应该怎么识别出那些潜在的创新型领导者呢？又如何为他们做准备呢？一旦被发现，他们需要接受哪些延展性任务和社会化网络的考验呢？

为了顾及这些问题，我们会介绍 IBM 业务部副总裁史蒂夫·克洛布伦是如何建立虚拟社群"世界发展计划"（World Development Initiative，简称 WDI）小组，并将其作为鼓励价值观导向型创新的方式的。经过此番努力，克洛布伦发现他同时也建立了一个骨干创新型领导者的新兵特训营，后者会心甘情愿地在自己的常规工作之外去尝试一些新想法。

接下来是聪明人基金的 CEO 杰奎琳·诺沃格拉茨的故事。她是一位公益运动的先驱，主张用市场化的办法来消除贫困。结果，她和她的团队得出结论，聪明人基金必须开展领导力开发的业务。聪明人基金和所有合伙人一起开展了一个名为 Regional Fellows 的计划，目的是要为那些"把公益事业与商业运作结合到一起，用'道德想象力'去寻求全球贫困问题解决方案"的领导者建立一个生态系统。

最后，我们要介绍的是圣珠集团和奢侈品品牌 MCM 的董事长及首席前瞻性官金圣珠。金圣珠的个人经历堪比一部超级卖座的大片。当她开始创办一家主要由韩国女性组成、以建立一个价值数十亿美元的时尚帝国为目标的公司时，每个人都说她疯了。但是她和她的那个小团队排除万难，成功跻身国际领先的奢侈品品牌之列，与路易威登（Louis Vuitton）和普拉达（Prada）这样的一线大牌正面交锋。她的经历提醒我们，全世界各处都有像这位韩国女性一样的才华出众的人士，由于与年龄、性别、文化和其他差异等有关的刻板印象存在，他们被极大地忽视了。抛弃成见，找到真正拥有潜质的人，并为他们提供成为创新型领导者的机会，这就是金圣珠一生努力的事业。

我们以这些短故事作为"天才团队2.0"部分的结尾，是为了激励大家开始试验、开始塑造自己的天才团队。你不一定非得自己是天才。我们研究的所有领导者都明白自己的局限性，也都能在一开始就承认自己远不完美。他们害怕自己被人盲目崇拜，也讨厌这样。他们不停地进行试验，就是为了改进自己的领导方式。同时，他们也理解，承担必要的风险，开辟新天地，不可避免地会出现失误，一位领导者将这种失误描述为"领导力故障"，"没什么特别，不是什么大事"。这些都不能阻挡他们前进的步伐。

那么，他们的组织能够持续在创新方面获得成功吗？只有时间能给出答案。要想引领创新，领导者就必须不断为组织提供养分，根据实际情况不断做出调整。

## 构筑无边界的创新生态系统

COLLECTIVE GENIUS

为什么需要构建跨越组织、行业甚至国家的创新生态系统？

领导一个创新生态系统与领导一个单独的组织有什么不同？

我们一直在创造故事。我们现在所做的事情要是放到一年前是不可想象的。这种工作没有模板，没有手册。事实上，我们早就把商业书籍翻了个遍。然而这并没有什么用。像"为人们创造价值"这样的重要理念已经变成口头禅式的流行语了，但并没有人真正明白它的含义。经验的要义却常常让人错失经验本身。我们并不是只讲述如何制作计算机动画电影，而是在讲述如何经营一家由各种各样的员工所组成的公司，这些员工能共同完成的事情，是任何一个人都无法独自做到的。

**艾德·卡德姆**

皮克斯动画工作室联合创始人，皮克斯—迪士尼动画工作室总裁现存机构的边界或建构知识的传统方法，在当今许多非常巨大且复杂的艰难挑战面前并不适用，解决这些挑战需要的是专门的知识和对多种学科的总体把握。

这就需要新的创新对传统边界加以突破——包括知识、组织、公共机构、政府部门甚至国家。它需要创新的生态系统或我们所说的天才团队 2.0：一种跨越各种组织、网络甚至行业之间的开放性创新。[1]

越来越多的组织现在开始尝试这种新的方法。[2] 他们对各自领域中的洞察力及专业知识内部和外部界限的深渊进行尝试性地挖掘。[3] 随着所发现问题的规模、复杂程度和后续事宜的不断增加，他们所做的试验和付出的努力肯定也会随之增加。[4]

不幸的是，创新生态系统经常不顾人们美好的意图而分崩离析。理由也显而易见，充满矛盾的目标、利己主义、传统的思路、不同的操作方法、文化和价值观之间的碰撞、斗争的历史、对这种合作方法经验的缺乏，所有这些负面的力量径直压倒了最初将这个小组集合到一起的积极的力量。

越来越多的实践者和研究人员开始致力于研究如何打造这种超越界限的生态

系统。目前为止的发现都说明了结构化和管理方式的重要性，但据我们的观察，这远远不是取得成功所需要的唯一要素。

人们对领导者角色的重视依旧不足。当领导者在自己组织内部试图培养创新的意愿和能力时就已经会遇到许多挑战，因此可以想见，在独立而多样化的组织之间培养合作意识，这个培养的过程本身将会更加复杂、棘手，甚至是混乱。当一个单独的组织之外的搭档必须要协作时，领导者必须要创造出拥有比各自组织内部更高、更广阔的界限的天才团队。对于领导者而言，这么做的意义是深远的。

我们的研究发现，由于其希望解决的问题性质的缘故，有两位领导者建立了这种创新型生态系统。他们二人的组织不仅仅存活了下来，还得到了欣欣向荣的发展。因此我们可以欣慰地认定，虽然很多打造生态系统的尝试失败了，但还有一些获得了很长时间的繁荣。他们的经历能给我们提供宝贵的借鉴。

在这一章，我们将简要介绍两个雄心勃勃的特殊的生态系统，并同大家分享我们对在其中担任主要角色的领导者的看法。领导一个生态系统与领导一个单独的组织肯定是不同的，而且，还有许多东西等待我们去继续发现。

但有个非常有价值的问题，那就是，在一个创新生态系统中，领导者的作用是什么？他们是如何在这样的生态系统中培养出创新的意愿和能力的？要知道，这些组织之前并不习惯这种亲密的创造性合作，它们之前各自的追求不同，甚至还曾经是竞争对手。

这个答案至关重要，因为无论答案是什么，都将是未来需要的那种突破。

## Calit2：破坏规则的"未来大学"

2000 年左右，美国加利福尼亚州设立了 4 所研究机构，意在保证加州"可以在 21 世纪继续保持并加强其在科技创新方面的领军地位"[5]，这是时任州长格雷·戴维斯（Gray Davis）的话。两所相隔约 100 英里的州立大学，加州大学圣迭戈分校（UCSD）和加州大学欧文分校（UCI）的校长联合起来，建立了其中一所名叫加州通信与信息技术学院（Calit2）的研究机构。[6]

这个机构的目标是创造一种独立于一般制度界限之外的工作环境。在这种环境中，研究者可以超越多个部门、学院甚至行业，更快地着手于进行更大、更复杂的计划。Calit2 将会把全球范围内的合作伙伴联系到一起，包括全球性的公司和产业，本地区和本州的政府部门，以及其他大学和研究机构的研究者。

在有关 Calit2 的发展建议如火如荼地进行时，拉里·斯马被任命为学院的领导，进行学院的建设。作为物理学博士，斯马曾经担任过美国国家超级计算应用中心（NCSA）的创始主任。NCSA 后来演变成了美国国家计算科学联盟（National Computational Science Alliance），后者包括 50 多所学院、大学、政府实验室和旨在建造 21 世纪信息基础设施原型的企业。在此前的 10 年中，斯马在担任创始主任和其他岗位时，在很多关键的 IT 技术发展过程中都扮演了转变者的角色，包括互联网和网站的发展。

Calit2 的许多特征吸引了斯马。在 NCSA 期间，他已经见证了当不同领域的研究者共同工作时会产生怎样强有力的创新。他相信研究和创新方面的协作模式更适用于解决当今复杂的问题和抓住机遇。而在 Calit2，这种模式应该会得到进一步的探索和发展。在这两所学校中，他说，Calit2 能够"指派一支应对任何问题的专家队伍"。这就使它在挑战 21 世纪的医疗保健、能源、气候变化、水资源和数字文化等领域具有了做出"独特而持续的贡献"的潜力。最后，他感到高校需要去填补一个越来越明显、也越来越严重的空白——去执行那些由于公司竞争压力加重而被迫变长期为短期的任务。

斯马也意识到在 Calit2 担任领导者的挑战肯定非常大。"我们要破坏的是原则，"他说，"在两所独立的加州大学校园中，我们的位置超然于 24 个学部和许多不同的院系，而且我们比大学中大部分其他机构做事的速度要快得多。"为了实现

Calit2 在研究方面承担的催化剂作用，将能源、物理科学、数字艺术、医药学和公共卫生融合到一起，以及生物学、行为科学和社会科学，斯马必须要让那些习惯于自主权的个体们自发地进行协作。他并没有什么官方的头衔可以促使这些人集合到一起，而这些人选择 Calit2 的唯一理由也只能是他们共同的兴趣和热情。

正如 UCI 的校长迈克尔·德雷克（Michael Drake）所说：

> 正像我们说的，我们想尽最大可能用一种新的方法去做事，如果不成功的话，只能退回到过去那种传统的单打独斗模式。协作需要付出精力。我们还必须说服各自的学院，这种跨多个学科的项目将是对他们时间的充分利用。在类似加 UCI 和 UCSD 这样的研究型大学中，教员会因在各自领域的单独贡献得到奖励。助理教授也可以根据自己在某一领域的原创性工作得到终身教职。然后我们忽然开始鼓励他们在某些涉及面广的项目上同其他院系的人一起工作，对他们而言，这有点儿像是要放手一搏的感觉。

## 辉瑞法律服务联盟：打破传统，实现优势最大化

很多人都不认为法律这一行业已经发展到需要进行创新的地步，但作为跨国制药公司辉瑞的总法律顾问和执行副总裁，艾米·舒曼并不同意这种观点。当她在 2008 年加入辉瑞制药时，她相信在科学、技术和管理方面的革命性的变化席卷医疗保健行业时，她的法律部门应该在其中发挥战略性的作用。

想要实现这个目标，她相信她的团队必须要彻底改造同辉瑞的业务部门及大量的外聘律师之间的合作关系。她不仅承担了对自己部门的主要改造任务，还出乎很多人意料地创立了一个由公司的 19 家外部律师事务所构成的辉瑞法律服务联盟，来负责公司大部分的法律工作。或许 PLA 最令人惊讶的标志就是它在支付外聘律师报酬的时候舍弃了传统的、几乎是"神圣不容更改"的"计时收费"的方法，取而代之的是一种固定费用的模式。

舒曼想要在法律行业尝试一种新的合作方式。她对外部律师事务所说，实际上，她希望它们能创造一种在外聘律师和公司内部律师之间的混合体。随着案件变得越来越复杂，并且还涉及多个司法管辖区时，就需要多家不同的事务所之间的协同性工作。正是这种压力使得许多法律界的同行认识到，往日基于"计时收费"的、"每家事务所只考虑自己"的旧模式再也不能为它们的客户提供最好的法律服务了。

像辉瑞这样的公司要依赖全国范围内的外部律师事务所。单单一款畅销药物就有可能引起数千起诉讼，出现在全国范围内不同司法管辖区的数以千计的档案之中。其中很多案件都围绕着相同或相似的法律问题，通常需要某些法律或科学方面极其专业的专家和深入的研究，而任何一家单独的律师事务所都很难获得并提供这样的专家。正如一位律师解释的那样，由于"诉讼都在当地进行"，辉瑞不可能将某个州的公司律师派到另一个州的法官和陪审团面前为案件辩护，这会被视为有嫌疑。因此，辉瑞经常不得不在全国范围内雇用一支精英的律师事务所团队来满足自己的法律需求。

舒曼发现，如果像辉瑞这样的公司能把它们的律师事务所网络转换为一种真正的协作型社群，其潜在优势将是巨大的：对于任何特定的案件或某种类型的案件，这种网络可以整合不同律师事务所的陈述，各事务所都能发挥出各自的优势。如果这些律师事务所彼此之间共享知识、专家和研究的话，那将会带来更高的效率和更少的开支。就长远来说，这样可以在辉瑞和大量律师事务所之间建立某种更深层次的联系，而且，随着这些律所对辉瑞的了解，它们会给出更多具有前瞻性的法律建议。这样的团体就使得辉瑞有机会接触到由一流律师事务所组成的协作型团队所带来的那些最优秀的律师，从而可以更快地组合团队，以更高的效率来应对涉及诉讼、管理、安全以及健康和安全部件等更复杂的问题。

然而，所有的这些都依赖于使外部律所像一家单独的律所一样运转。按传统的方法培养的外部律所网络为了计时收费而竞争的行为不能产生任何上述的效益。时至今日，面对越来越复杂、规模越来越庞大的法律案件，这绝对是一个致命的缺陷。对传统方法的改变始于将计时收费的模式更改为洽谈的固定费用。但这种做法的目的并不仅限于节约开支，它还能提供最好的法律服务和最具创意的解决方案，这正是辉瑞所需要的。

舒曼的第一项商业决议就是搞清楚如何将 PLA 转变成一个人们自愿进行合作并以创新方式解决问题的社群。辉瑞所有的律师事务所面临着同样的客户，并保守着共同的职业道德，那就是客户需要并应该得到最好的法律服务，这就为一种共同目标的形成提供了基础。但她认为最核心的问题是：彼此之间存在竞争的律师事务所能否不按照之前法律行业的方法运营，而成为一个富有社群意识的团队？舒曼不得不将彼此竞争的律师放到一起，引导他们不只是简单地合作，而是真正团结起来，这需要空前的信任。

事实上，律师事务所一贯以难以管理著称。正如舒曼的一位同事解释的那样：

> 在一家律所，一名客户要求你同其他律师事务所的律师合作，但实际上他们之间很少建立起一个真正的团队。所有的律师都只关注各自公司的利益，并不甘愿分享信息。人们总是疑神疑鬼，担心其他人会得到更多荣誉以及更多利益，而这一切都与合作背道而驰。

## 社群：创新生态系统的基础设施

考虑到这些巨大的障碍，那么 Calit2 和 PLA 在过去的这些年是如何生存下来并取得成功的呢？虽然我们并没有明确的答案，但通过对这两个团体与其他创新组织之间的比较，我们最终形成了一些见解。

我们的观察确认了结构化和管理方式的重要性。随着 Calit2 和 PLA 的发展，斯马和舒曼得到了很多经验，也都发现他们需要强有力的管理机构。当一个多行业的组织需要共同合作时，清晰的界限和角色认定，以及标准化的进程（也就是一起工作的方法）变得越来越重要。而且，可以肯定的是，他们的生态系统需要一个能促进合作和创新的强有力的基础设施。

但是，我们发现，对斯马和舒曼来说，最大的挑战不仅仅是培养创新能力，还包括在他们各自的生态系统中，在这些截然不同、还经常存在竞争关系、富有争议的个体和团队中培养创新意愿。同一个组织内部的创新小组彼此之间至少还存在着之前固有的原始关系（即它们与同一家公司或同一个机构之间的联系），但这些身处生态系统中的团队却并不存在这一仅有的优势。

考虑到生态系统与生俱来的复杂性和极大的潜在冲突可能性，那么，一个领导者的第一反应通常是从法律层面上关注结构化和管理方式，也就不足为奇了，也就是关注如何界定同团队成员之间的关系、成员的相关权利和特权，以及谁管理什么和决定什么的规则。

这些全都是非常重要的注意事项，但对它们的过分或主要关注，使得人们在回想起一个创新型领导者的首要任务时，就能明显看出其中的缺陷了。因为所有的创新最终都会是自发的，那么它就必须开始于自愿进行创新所需的各项辛苦工作：协同性工作、发现性学习和综合性决策。如果对一个单独组织的创新来说，这些全都是必需的，那么对一个包含了众多不同组织的生态系统的创新来说，这种要求就更加真实了。

管理规则和清晰的结构固然能移除阻碍人们自愿进行创新的障碍，却不能创造这种自主意愿。因此，还需要一些其他的东西。这些"其他的东西"不仅适用于一个单独的组织，同样也适用于一个生态系统。这就是社群：这是一种加入一项更有价值的事业的感觉，一种追求一个基于共同价值观而存在的激动人心的目标的感觉。没有了这些社会根基，任何生态系统都不可能存活，更不用说取得什么成就了。

我们通过对 Calit2 和 PLA 的观察，发现它们的领导者都理解这种现实，并致力于创造这种必需的社会根基。他们理解对规则和结构的需要，但同样也意识到单凭这些因素无法对抗那些一直试图要瓦解他们这个社群的力量。这就还需要他们生态系统中的个体和团队自发合作起来进行创新。如果没有创新的自主意愿，那根本就不可能有天才团队。而这种意愿的关键就是要围绕着共同的追求创造一种社群意识。

## 在 Calit2 创建社群

对斯马来说，建造团队的过程甚至早于 Calit2 的出现。为了筹备建立通信与信息技术学院的提议，在向斯马伸出橄榄枝的同时，两所大学工程系的主任不断地从 UCSD 和 UCI 各系中选取包含多学科研究专家的小组。先是系主任，然后是斯马，他们在同这些小组一起筋疲力尽地开过多次会议后生成了一份详细的声明，内容是关于 Calit2 未来是什么样子以及如何运行的。

### 确立共同的目标

他们采取的第一个，同时也是最重要的举措，就是确立了 Calit2 将致力研究的四个战略性的领域：环境与民用基础设施、智能交通、数字化基因组医学和新媒体艺术。

对这些特定领域的确认是非常重要的，因为加州政府对这 4 所研究机构设立的使命，即"可以在 21 世纪继续保持并加强（加州）在科技创新方面的领军地位"带有一定的广阔性和对提高人类生活水平的渴望。但这对研究所的研究者来说依旧过于平淡，缺乏吸引力。为了取得成功，斯马和他的小组不得不将其定义到特定的领域，以吸引从事此方面研究的学者来进行真正的研究。这四个特定领域的确是创造了一个目标，让研究所的使命与研究者的热情和兴趣融为一体。斯马回忆说，把所有提议放到一起讨论是一次重要的"急行军"，用这个办法"挑选出了合适的教员并把大家召集到一起，群策群力制定出了一个共同目标"，而这个目标正是一个充满活力的创新型社群得以存在的基石。

从最初就确立的这种领导方式对斯马来说是非常关键的，因为他几乎没有任何正式的权力可以强迫人们合作并参与其中。也正是出于这个原因，斯马必须要尊敬大学里现存的那一套小心翼翼的关于权利、特权和基础设施的保障系统，并在此系统之内与各研究人员并肩工作。研究者可以在各自学校的院系保有自己的办公室，Calit2 不能做出学术上的委派，研究者的晋升评审依旧是院系的特权。研究者永远自主选择项目和合作者，斯马和研究所不能命令他们去做研究或去解决问题。他和研究所将会为研究者提供必需的工具和资源，目的是要把人们聚到一起进行富有成效的协同性工作，并在 Calit2 内部和外部之间充当沟通的桥梁。他们的作用就是要创造一个地方，不同领域的人可以在这里聚集起来进行创新，而不用看任何指手画脚的人的脸色。

斯马在 Calit2 的一位资深同事这样说："研究者之所以与 Calit2 合作，是因为我们提供了他们在各自的院系所无法得到的资源和多学科的合作环境。如果我们想对这些研究者指手画脚的话，工作根本无法进行。"从最开始的时候，斯马就努力培养 UCSD 的工程系主任所描述的那种观念："任何对 Calit2 有利的都会对我们有利。"

### 确立协同工作的管理机制和规则

一旦学校和研究者认同了 Calit2 的目标，斯马接下来就可以同他们开始着手下一步的工作：创造拥有清晰决策权的管理机制，并逐渐修订规章制度，来规范那些协同工作、共享 Calit2 资源的研究者。

他们制定的正式的管理机制意在允许并鼓励做出兼容并包的决策。UCSD 和 UCI 都为不同地区的研究者和员工建立了具有广泛代表性的分区委员会，每个委员会的领导者同时也是其中的研究者。Calit2 同样也设立了内部和外部的委员会。内部的管理委员会的成员包括系主任和主管研究的副校长。副校长要保证 Calit2 颠覆性的实践活动会以加州大学体系中其他院校可以接受的方法进行。外部的咨询委员会由来自私企、公共部门和政府部门的杰出个人组成，他们负责未来的研究方向、长期的战略计划以及如何进行多元化融资。

早期关于管理委员会的会议和商讨经常持续很久。斯马知道，详尽的谈论有时会令人感到沮丧，但他想要确保所有人的意见都被听到，而无人能占绝对主导地位。对于那些成为 Calit2 社群中信念坚定又负责任的成员而言，他们必须得感觉到自己在社群如何作为及如何运转方面是有发言权的。尤其是，他力图避免在与传统机构的关系中产生裂缝，比如和院系或学校的关系。如果他采取不那么透明的方法的话，学校的赞助者某些时刻的顾虑或优先考虑可能会轻而易举地摧毁研究所的根基。他举行这些讨论的意图并不是在向他们妥协，而是，正如他所说，"有保留的共识"（qualified consensus），换句话说，就是创造性解决。

参与规则中包括一个成本共担的模式，一份就 Calit2 大量的顶尖设备投资数额的约定以及如何管理这些设备的使用。规则中的另一部分是就 Calit2 希望研究者尽可能广泛地使用研究所提供的 IT 仪器和免费分发的软件。这不仅有助于节省开支，同样重要的是，还能促进研究创意的传播和反复试验。换句话说，它能培养创造性敏捷。比如，Calit2 的研究者在许多大型商用纯平显示器的基础上建立了不同版本的分片平铺式显示器，并创立了运行显示器的软件和可以免费下载软件及其说明的网页。

正如一名参与了所有准备事宜的研究者所说："单就达成共识就花了将近一年的时间，但这个过程为所有研究者之间的合作奠定了基础。"（参见天才团队观察"未来病人"。）

## COLLECTIVE GENIUS
### 天才团队观察

### 未来病人

"未来病人"（Future Patient）是 Calit2 发起的一个项目，它把一批计算机科学家、临床研究者、医生以及病人聚到一起，来研究"我们从医疗记录、病历记录、临床治疗和基因组及微生物组数据等收集而来的大数据可以如何帮助培养人们对健康这一概念更加科学的理解"，Calit2 的办公室主任杰里·希恩（Jerry Sheehan）这样解释。微生物组是在人体内脏中存活的 10 万亿微生物细菌，它们的作用对人体来说至关重要。人们对它们的了解并不多，也是直到最近，微生物对人体健康的重要作用才得到了广泛的认可。

"未来病人"将使用由 Calit2 开发的软件工具，将其微生物组情况、临床生物标记和其他自我跟踪的数据显示到研究所中像房间一样大的显示墙上。利用这种巨大的显示器的目的是为了让研究能够从视觉上比较健康人和患病者的微生物组，发现相关性，从而产生能推动未来研究的假说。

"未来病人"的数据包含斯马的个人数据，以及美国国立卫生研究院（National Institutes of Health）人类微生物组项目中的匿名数据。Calit2 在自己的超级计算机软件上通过对这些数据进行分析，然后单从视觉上就发现了可能存在于单个人体内脏中的超过 3 000 种不同的微生物种群。

在最初的 55 个不同个体上进行了同样的测试之后，研究所的临床医生和研究者便开始通过观察显示器上的数据来研究某类特定的疾病。基于他们的观察结果，Calit2 又对自己的软件进行了进一步的改进和完善，然后开始与那些一直在关注并帮助发展这种医疗大数据信息的医疗保健服务提供商展开合作。这是一种前沿技术，有望在未来 5 ~ 10 年里得到广泛应用。

---

## 培养社群意识

斯马和他的团队同我们研究过的许多领导者一样，都认为工作空间在培养社群意识中发挥着重要作用。他们希望工作的空间不仅能提供尖端的研究工具，还能拓展知识流，鼓励人与人在现实中交流，并增加偶然发现的概率。

在 UCSD，旧金山的建筑设计公司 NBBJ 同 Calit2 的跨院系团队一起设计了一座总占地面积 25 万平方英尺 ① 的六层建筑（后来被命名为阿特金森大厅），里面只有少量的墙壁和办公室，主要是研究者和技术人员可以共享的开放型工作环境。UCSD 的部门主任拉梅什·拉奥（Ramesh Rao）特意选择了可以轻松移动、迅速重新配置的办公设备，来适应不同规模的小组。Calit2 的第二栋建筑占地面积 12 万平方英尺，位于 UCI 校园之内，其内部的空间同样采用了可以根据使用团队的需

---

① 1 平方英尺 ≈ 0.093 平方米。——编者注

要轻松地进行重新配置的设计。

"确保每所大学之内都有一栋建筑",Calit2 的一名领导说,为"探索高效能通信系统创新性的机会——将两栋建筑联结为一所通用的'合作实验室'"提供了可能。Calit2 的一个技术平台使其具备了可行性,最先进的光纤网络连通的不仅是两个校园,还有广阔的外部世界。

Calit2 为就共同项目进行合作的研究者提供了办公室和实验室,但任何研究者或部门都没有被分配到一个固定不变的场所。Calit2 意在成为一个来自不同部门研究者的项目中心,他们鼓励研究者在两所学校中共享某些特定的设备,比如绝对无尘室,光子实验室和媒介空间。(参见天才团队观察"阿卜杜拉国王科技大学的尖端视觉显示技术"。)

## COLLECTIVE GENIUS
### 天才团队观察
## 阿卜杜拉国王科技大学的尖端视觉显示技术

Calit2 所拥有的众多雄心勃勃的全球合作伙伴之一就是位于沙特阿拉伯的阿卜杜拉国王科技大学(KAUST)。KAUST 是一所独立的科学和技术研究型大学,面向全球招收研究生,并提供奖学金。[7]KAUST 和 Calit2 的目标一致,意在鼓励大胆及合作性的研究,来应对地区性和全球性挑战。

Calit2 发展了 KAUST 可视化实验室展厅这一概念,然后设计并部署了大量液晶显示屏和虚拟现实(VR)系统,包括 3D NexCAVE 高清沉浸式系统、REVE 立体显示器和一面 40 兆像素级别的 SAGE 和 MediaCommons 展示墙,这些在 2009 年的时候都是首次展出,同时也是同类设备中规模最大的。

Calit2 和 KAUST 可视化实验室的员工一起把这种技术安装在了后者位于沙特阿拉伯的新校区里。在那里,它被用来显示巨大的生物化学和地球科学的数据集,同时还能与全世界范围内的研究者进行实时合作。

　　创造这种共享环境的方法并不总是显而易见或轻而易举的，也并不是各个大学标准的惯例。举例来说，位于 UCSD 的 Calit2 绝对无尘室 Nano3 就是 UCSD 首个将三个领域的纳米研究联系到一起的共享设备（纳米科学、纳米工程和纳米医学）。"Nano3 的建立是 Calit2 UCSD 分部文化形成的众多时刻之一，"斯马说，"研究所的领导必须抵制住大学中优先为研究人员或院系分配无尘室的传统压力。相反，UCSD 分部的主任通过与多方沟通，鼓励研究人员就那些开放和共享设备达成一致。"这种做法的结果就是得到了比任何一个单独的院系所能建造出的都要更大、更完备的实验室。它同样也为联通和协作提供了空间，还培养了对共同目标的追求意识。

### 成为一支催化剂

　　斯马及其同事对 Calit2 的领导方式深受传奇的美国电话电报公司贝尔实验室影响，UCSD 的校长鲍勃·戴恩斯（Bob Dynes）和 Calit2 许多重要的创始人都曾在那里工作过。[8]（说到这儿，谷歌的比尔·库格伦的小组也同样受贝尔实验室影响。）那里的领导层结构非常分散，相对没有那么多层级。贝尔实验室的领导者从不认为他们的职责是设置好方向然后让别人追随其后。相反，据在那里工作的一名研究者所说，领导者只是"平等中的首位"（first among equals），他们的主要任务是为对同一问题感兴趣的有才华的人创造出可以一起工作的环境。和贝尔实验室一样，Calit2 也是一个流动的空间，其中的研究人员根据自己当前的项目而决定加入或离开。各项研究的工作模式均为自组织，研究者最终选择彼此作为合作伙伴。

　　斯马并不将自己看作一个引导者或指导者，他觉得自己更像是催化剂。他的工作是要打破边界，把合适的人召集到一起，或许也提供一些建议，让大家在一起讨论。除此之外的一切就全都靠这些人了。因此，在同研究人员频繁的交流中，他特别注意提问，总是认真地聆听，以便搞清楚自己如何才能在他们之间建立起联系。[9] 正如一名研究人员所说："斯马从不以一个既有的观念作为开头来开展工作，他更像是在做介绍。"另一名同事将斯马称为一个"卓越的柱点式连接器"。斯马非常擅长扮演这一角色，他广博的科学知识和对多个领域浓厚的好奇心，使得他能同很多领域的专家进行交流，并赢得他们的尊敬。正因为此，他才能应对两所不同学校的上百名研究者，还有上百个企业和政府部门。这里有一个很小却非常典型的例子：有一段时间，他曾三次更换办公室，就是为了更接近研究者的日常工作，鼓励偶遇。（参见天才团队观察"野火倡议"。）

COLLECTIVE GENIUS
**天才团队观察**

### 野火倡议

斯马和他的同事与 Calit2 所在地区以及加州地区都建立了很强的联系。例如在"野火倡议"中，他们同南加州的紧急响应人员合作，建立起应对危机的信息技术。

最近的风暴性大火总体来说应该算是该地区历史上最严重的自然灾难，这表明了可靠及时的信息的重要性。为了挽救生命和财产，紧急响应人员（消防员、警察、县政府官员、卫生保健提供者以及其他人员）需要知道哪些资源可支配（例如警力、灭火、营救），需要了解州内基础设施的信息（比如依旧开放的道路和桥梁），以及除本地火情之外，大火可能往哪个方向蔓延等信息。

Calit2 的专家为了解决这些问题，同紧急响应人员一起充分运用了 IT 的力量，并采取了一种多学科的应对方法。他们组建了一支由IT行业、社会科学、组织行为学、灾害管理方面的专家组成的研究队伍，并以圣迭戈超级计算机中心的高性能无线研究和教育网络为基础。根据 Calit2 网页上对其成果的说明，它的目标是"彻底改变应急组织通过紧急响应网络搜集、管理、使用信息的能力，并使其有能力将这些信息传播给普通大众"。

### 建造通往外部世界和未来的桥梁

当 Calit2 走上正轨之后，斯马作为催化剂和连接者的角色使他超越了两所大学的界限，并引领他开始建造 Calit2 通往外部世界的沟通之桥。其中一部分原因很简单，就跟为了寻找新鲜创意而跨领域参加那些顶级的学术会议差不多。而目标，用斯马的话来说，就是"在人们尚未普遍意识到之前而敏锐地觉察到未来正在迫近"，从而使得 Calit2 的创新团队能够抢得先机。他还经常奔赴不同的研究小组，同他们探讨 Calit2 里正在涌现的新创意。他说，"使更多的人注意到早期的创新和创新者"，能够把最具才华的研究者和合作者吸引到 Calit2。

通过研究人员的科研活动，Calit2 已经和世界上许多科研团队取得了联系，包括很多其他地方的研究者，比如意大利、沙特阿拉伯和蒙古。很多项目都涉及全球范围内的合作，使得研究者可以在真实的环境中制定出解决方案并进行测试。

学院还和高通、爱立信、波音和 Emulex 等多家企业有着重要的往来。同私营企业的关系性质有很多种。有些商业合作者遇到无法解决的专业难题，Calit2 就从学校和企业中召集一支代表团，专门为其解决问题。有些企业合作者将 Calit2 作为原型或商业产品的测试中心。还有一些是为了使用两栋建筑物中特有的研究设施的，比如无尘室或电信实验室。创建并维持这些联系迅速成为 Calit2 工作中重要的一部分，对 Calit2 的领导层来说也越来越重要。这种合作的关系对双方来说都是一个绝佳的学习机会，也使得 Calit2 探究的科研疑难和问题的范围越来越广泛。

对于 Calit2 和斯马来说，职责中很重要的一部分就是要站在前沿领域（参见天才团队观察"CineGrid"影视网）。斯马评价道：

> 作为一个领导，发现新的多学科交叉的机会非常重要，然后召集研究人员、员工、学生和企业合作伙伴来商讨如何在资金到位之前做出一个产品原型。这样的话，社群的成员就要彼此熟悉，有很多不完善的地方需要弥补。这种"在需要之前的团队建设"正是 Calit2 如此成功的原因之一。

## COLLECTIVE GENIUS
**天才团队观察**

### CineGrid 影视网

Calit2 帮助创建了 CineGrid，这是一种与美国的娱乐行业之间（特别是加州的娱乐业）保持的公私合作关系，共同探索新兴的数字科技将如何改变这一行业。拿电影制作为例，改革将覆盖每一个环节，从超高清晰度所带来的视觉冲击力，再到技术将如何改变包括拍摄思路、剪辑、发行在内的每个流程。

Calit2 在 CineGrid 中发挥了双重作用。由于身处产业和学术的交叉口，Calit2 作为召集人可以超越这两个世界的界限，并能将两所大学的研究者和好莱坞的人才聚集到一起讨论他们共同感兴趣的问题。然后，在搭建了这个论坛后，Calit2 就能作为技术研究者发挥第二个作用了。在这个角色之中，它展示了正在研究的许多新兴科技的潜在机遇。"你组建起一个跨学科的小组，"希恩说，"然后向他们展示那些与其密切相关的数据的新功能，这促进了双方对于未来合作机会的共同思考。"

---

斯马作为校内和校外沟通桥梁的缔造者的角色很快得到了自我强化，许多个人和机构开始联系他。一家致力于发展圣迭戈创新经济的本地组织的 CEO 说："我每天都在研究性质的社群中工作，但当必须要解决一些非常复杂的科技问题时，我总是去找斯马，因为他简直就是一个'能解决任何问题的宝库'。"她进一步评价道：

Calit2 另一个伟大的地方在于，它能与世界上很多我们根本接触不到的地方取得联系。所以，能够让研究人员获得与外部的联系就显得特别重要。Calit2 看起来发展势头良好，而且用商业界的话来说，已经开始真正成为解决难题的理想之所。

Calit2 自 2005 年成立到现在已经 14 年，就当初建立的目标来说，它已经取得了成功，这毋庸置疑。无论是研究者的数量、企业上的合作者，还是联邦津贴或来自企业和政府资金的数额，都已远远超过最初的项目。它还同样得到了世界范围内学术同行的关注。UCSD 和 UCI 的研究机构当然非常忙碌，这不仅可以从发起项目的数量看出来，还表现在出席 Calit2 会议以及对其项目感兴趣的研究人员的数量上。

即使现在，在我们撰写此书的同时，Calit2 仍旧在蓬勃发展。它的主要力量依旧集中于最初所提议的那几个领域。但就那些领域而言，为了把后来发生的一些事件（比如"9·11"恐怖袭击事件、加利福尼亚的山林大火和"卡特里娜"飓风）反映到他们的研究之中，Calit2 增加了一个新的应用领域：公共安全和灾害应对。"野火倡议"就是它在这个领域的一项代表工作。

依据过往经验，Calit2 最近修订了其使命宣言："Calit2 旨在将 UCSD 和 UCI 的研究者、学生及教授们与私营和公共部门的合作者联结到一起，共同探索那些新兴的信息和通信技术如何在加州经济和公民生活质量方面发挥重要作用。"

它的运转和成功大部分要归功于其领导者的智慧，他们从一开始就专注于和潜在的团队成员一起创建一个基于共同目标的社群。斯马的一位同事说：

> 这对发展我们的战略性目标来说至关重要。Calit2 最初的提议是由两所学校的研究人员共同组成一个社群。这个社群有助于他们理清自己单枪匹马和群策群力时所能分别做出的成就。随之而来的那些独一无二的研究项目实际上就是他们通向上述目标的道路。

但是当 Calit2 的创始人最终离开后，它还能存活下去吗？加州大学前校长理查德·阿特金森（Richard Atkinson）回应了这个问题：

> Calit2 最大的挑战将是把自身从两个校园的一次试验转变为持续性的存

在，并且也要变成加州大学整体的一部分。而伟大的机构在创始人离开后仍会继续繁荣下去。由于 Calit2 的光辉履历和发展势头，促进它的继续前进应该会对拉里的继任者有很大的吸引力。

## 在 PLA 建立社群

辉瑞法律服务联盟是舒曼的第二个生态系统。在加入辉瑞之前，她在英国欧华律师事务所（DLA Piper）里担任诉讼合伙人。欧华是全球最大的律师事务所之一，在 25 个国家拥有超过 3 000 名律师。[10] 她当时的客户中有许多《财富》100 强企业，包括辉瑞在内。

和大部分规模庞大的公司一样，辉瑞一直靠上百个外部律师事务所来处理公司的法律事务。但这种方法越来越显得后继乏力，辉瑞公司终于在 2005 年宣布，自此以后，其产品责任条款的相关法律工作将由外部公司的一支小团队——其首选的服务供应方来完成。它最后选择了舒曼和她在欧华律师事务所的团队，来担当专门应对有关 COX-2 抑制剂方面法律诉讼的首席法律顾问。在这个案件中，舒曼领导了一个包括了全国 20 多家律师事务所上百名律师的团队，来寻找和执行应对诉讼的策略。由于这些各自不同但又互相竞争的律师依旧在按照之前那种等级分明、以利益驱动为主的方式来工作，她决心在他们之外建立一家真正的法律事务所。

她的方法虽然不能总是运行得非常完美，但总体来说还算是一个巨大的成功。收费律师的数量减少了将近 60%。舒曼认为，与外部那些传统律师事务所采用的典型做法相比，现在的各项工作都得到了更好、更有效的分配，而最终提供的法律服务也更胜一筹。而且她还发现，凡是有问题出现，其根源往往在于计时收费的模式。这种模式不仅非常昂贵，还导致法律工作效率低下，缺乏主动性，对于在公司与客户之间建立良好关系是一大障碍，也不利于客户得到应有的跨公司性协作。

加入辉瑞后，总法律顾问的身份给了舒曼解决这个问题的机会。基于和外部律师在原先的生态系统进行合作的经验，她建立了辉瑞法律服务联盟，其中最重要的一部分改变就是用固定收费取代了计时收费。很多外部公司因此而犹豫，并没有申请加入 PLA。

舒曼和她在辉瑞的团队非常谨慎，他们只接受那些既乐于尝试新的薪酬制度，又敢于采取新的工作方法的一流律师事务所。正如一个 PLA 成员所说的那样："除了他们的技能水平和履历之外，挑选的一个关键标准就是愿意与其他公司合作，愿意加入他们的薪资计算试验，以及对于成为一名先驱者兴趣浓厚。"

然而，就建立一种社群意识而言，这仅仅只是个开端。

### 多样化的领导力

Calit2 与 PLA 的不同之处在于，Calit2 完全依靠自愿，而外部的律师事务所只有在被批准加入 PLA 后才能为辉瑞公司工作。尽管如此，舒曼还是认识到了大家共同建立起领导力将会至关重要。从联盟成立伊始，她就清楚地表明了这样一个期待，即所有成员律所应该一起学习、工作，努力满足辉瑞不断增长的需求。

在舒曼领导着 PLA 的同时，她的职位中还夹杂了一些其他责任。她迅速得出结论，PLA 还需要一位关键人物，一个真正能进行实操的领导者，他应该为联盟提供其所必需的支持和持续关注。她任命埃伦·罗森塔尔（Ellen Rosenthal）为PLA 的首席律师。在经过仔细的评估之后，罗森塔尔建立了一个指导委员会。这个委员会里除了她自己，还有一些来自辉瑞公司诉讼团队、公司管理部门以及研发部门的主要律师。在其他方面，指导委员会还负责为 PLA 中每个成员律所设定年度的固定费用。

固定费用的约定在 PLA 的运营管理规定中起着举足轻重的作用，对所有相关公司和个人来说都是如此不同凡响，以至于它需要人们对其保持常规而谨慎的关注。辉瑞并不像过去那样，为每个律所强制规定一个数额，随后就在这个范围内按传统方式展开工作。相反，指导委员会每年都要和每个律所紧密地在一起工作，以便能理解它们对新一年工作量的预估，其中包括可能会出现的应急费用，然后以双方共同的评估为基础，确定费用数额。正如罗森塔尔所说：

> 我们花了很多的时间和成员律所一起研究如何设计并掌控固定收费的模式。在那片拥有无限资源的领域里，你要给一名律师打电话，跟他说"为我做这个案子"。而现在我们则会打电话给律师事务所，说，"我们认为大家应该一起处理这个案子，我们是这么想的……"我们不需要长达50多页的谁都不会去看的备忘录……我们喜欢一页纸就能写完的答案，根本不用写出50条附加说明。只要说，"我们的直觉反应是X、Y、Z，然后我们要不要继续朝这个方面进一步展开工作呢？"因此，对公司内部律师和客户来说，这都是一项既思虑周全又非常有帮助的工作。它的效率更高，能为我们提供更好、更快的答案，也能使我们做出更明智的决定。PLA的协作方式让我们可以和所有PLA的律师更紧密地一起工作，从而也能传达针对性更强、更有效，也更具策略性的法律建议。

除了指导委员会，舒曼和罗森塔尔还成立了一个大概有15名资深律师的小组。这些律师一半来自辉瑞公司，一半则来自外部律师事务所。他们没有正式的头衔，通常被称作"PLA的领导层"。这个小组定期在美国和欧洲举行圆桌会议。在会议中，他们会制定重要的决策，商讨PLA所面临的诸多严峻的挑战，并做出战略上的指引。比如，它承担了一项艰巨的工作，就是为PLA的成员制定出了评价工作表现的业绩指标和360度的业务评估流程，辉瑞内部的律师和PLA的律师每年会收到两次相关反馈。

随着时间的流逝，PLA外部律师事务所的数量和关联度有了很大的增加。其中大部分的变化源自辉瑞公司的法律需求所带来的角色转变。但也有一些关系的发展并不尽如人意。有些公司离开了，又有新的公司加入了进来。PLA律所中的资深合伙人参与了对这些新律所的面试和选择过程。

罗森塔尔还向大家介绍了他们所使用的工具，包括一个名为"PLA Exchange"的在线交流中心，它将全国 700 多名辉瑞及 PLA 的律师联系到一起。这种在线的交流，不仅有助于个人的连接，还能帮助建立透明度和信任感，并鼓励人们交换信息和见解。此外，为了确保工作的顺利进行，解决在这一年中所出现的任何操作层面的问题，辉瑞的资深的律师［又被称作辉瑞联盟领袖（PALs）］在 PLA 的每个律所都有对应的人一起紧密协作，后者又被称作律所关系伙伴。

德梅奥在大众汽车公司发起了设计实验室，五角设计公司一年举行两次合伙人会议。与此类似，舒曼也为她的法律界同事创造了以传统方式了解彼此、增进感情和信任的机会，这种方式就是促进会谈、互动和联系。她和她的团队推出的实践练习和政策要求所有人都去尝试新的交流互动模式——他们要表现出对其他人的信任以及强烈的团队归属感。对这项革命性的举措心怀疑虑的并不仅仅是外部的律师，辉瑞公司法律部门的成员同样忐忑不安，他们必须要放弃之前长期存在的关系，转而学习和 PLA 里面的新伙伴一起工作。

他们还要举办一年一次或一年两次的全 PLA 范围内的"SMART"会议，来评估联盟的共同目标和项目优先级，确保协作性学习，并促进彼此之间的合作。同时还有实操方面的高级会议，在会议上，处于同一法律领域的律师聚到一起，商讨着诉讼事宜，分享着信息。此外，还有专门为辉瑞和 PLA 的律师就同 PLA 的工作有密切关系的论题，量身打造的每月一次的法律教育课程。

除此之外，舒曼和罗森塔尔通过辉瑞公司对 PLA 各律所授权和分派法律任务的方法，鼓励频繁的沟通与合作。尽管可能会出现效率低下的情况，他们仍然会非常自觉地进行交叉授粉式的工作交互，免得某一家律所在某个方面形成垄断。

## 与众不同的领导者

和斯马一样，舒曼也有意避免成为一个冲在前面的领导者。她本可以成为这样的人（毕竟，她要代表客户发声），但她的选择从很大程度上来说都避免了扮演这种角色。正如她在辉瑞的一名资历颇深的同事所说：

她的性格非常坚定果断。但作为一名领导者，我认为她是在有意识地把自己往后拉，让人们的交谈自然而然地发生，从不过早表达意见。因为每当她开口，人们的交谈总是会由于她的智识和职位而随即停下，人们会说"是的，我们同意艾米"。她很好地克制了自己的表现，从而让其他律师畅所欲言——即使她可能已经有了答案，也会允许这些谈话继续进行，然后再把我们引导到正确的地方。

人们都知道，舒曼会常规性地从她的团队中寻求有关 PLA 在信息反馈和资源投入方面的意见。同样重要的是，因为她与众不同的透明而包容的风格，以及她对不断学习和提升的明显渴求，她成了人们学习的榜样，从每个细节、行为、态度，到她希望所有 PLA 成员遵守的价值准则，都堪称典范。此外，她还有一个与他人分享荣誉的习惯。另一名同事说："从她的身上，我想可能我自己和我的同事都学到了予人玫瑰，手留余香，因此我们会试着把这种行为传递下去，那样的话就会真正做到实至名归。"

## 最初的四年

尽管在我们撰写本书的时候，PLA 还在持续发展，但舒曼仍然称之为一种"漫长而艰难的攀登"。在经历了最初的四年努力之后，从任何角度衡量，它都取得了成功。PLA 的 15 家成员律所处理了辉瑞 75% 的法律工作，舒曼和她在辉瑞的同事认为他们的工作质量相较之前单独的律师事务所要高得多。他们能够证明 PLA 的这些成员在对制药行业的了解方面投入了很多精力，尤其是辉瑞。虽然削减开支并不是唯一的目标，但辉瑞在外部法律服务方面的开支减少了 20%，这就已经非常具有说服力了。

关于最初的那些年，罗森塔尔这样评价："我们成功地起诉了大量的侵权行为并解决了问题，我们的团队主力是由多家律所中的精英和专家组成的，在多个不同类型的诉讼中通过协作解决了许多不可思议的难题。"

对舒曼来说，同样重要的成果还包括，PLA 的成员尽管早期心存疑虑，后来还是真正接受了这种法律工作的新方法。一个重要的信号就是 PLA 成员之间信息共享的程度，正如舒曼的资深同事在提到 PLA 成员在刚加入时所解释的那样："新的律所看到 PLA 的成员非常乐意分享它们的证人证词和笔记，或是对某个法官的深刻见解，这些全都是传统的律师事务所不肯和其他同行共享的私密信息。"

由于对这些实践的参与，社群意识变得如此之强，以至于 PLA 从很多方面来看表现得越来越像是一家真正的律所了。举例来说，它最初是以一个小组的形式来培养下一代律师的，还专门成立了准合伙人圆桌会议和一项初级合伙人发展计划。

准合伙人圆桌会议从很多不同的成员律所中吸纳了大约 15 个合伙人，并迅速发展成一种网络，合伙人可以从其他人那里寻求法律指导和职业生涯规划。每个合伙人都要参加两年的圆桌会议，并有一名专门的辉瑞公司的导师来帮助他们确定发展机遇，包括那种能帮助建立起个人特许权的引人注目的工作。这个小组的成员经常和他们的辉瑞导师一起，参加每个月在辉瑞举行，并向 PLA 内所有成员直播的法律教育课程。"对于他们来说，这是一个向大客户展示自己的机会。"罗森塔尔说。

初级合伙人发展计划由刚从法学院毕业的有潜力的律师组成（雇用应届毕业生在之前并不常见）。初级合伙人最初两年轮流在辉瑞和 PLA 中的某家律所服务。在第三年的时候，他们会得到选择加入辉瑞还是 PLA 中的某家律所的机会。

除此之外，PLA 的成员还加强了对旨在推动法律团体内变革的项目的投入，包括一个旨在为辉瑞和 PLA 成员中少数民族律师提供个人发展机会的多样化且具有包容性的项目 PLA LEAD。LEAD 为 PLA 成员律所及辉瑞内部法律团队中的合伙人提供技术增长和提升履历的机会，方法是让他们加入有意义的工作和活动之中。通过赞助这些合伙人，辉瑞使他们获得了职业生涯提升所需的助力。一个在其中起到重要作用的因素就是 LEAD 项目与 PLA 的现存机制和强大的协作文化之间的天然联盟。利用 PLA 内部的协作环境，相比传统律师事务所中律师与客户间那种一对一的关系，LEAD 项目提供了更加广阔的职业机会和资助。而且，LEAD 还强化了 PLA 中早就培养起来的团队协作文化和跨律所关系。

通过上述以及其他类似的实践，PLA 变成了一个能够给在其中工作的律师带来更多满足感的地方。在这里，他们身负期待，被鼓励去做那些他们一直都想做的工作。而且从根本上来说，由于这种很高程度上的合作，PLA 也使每个律师都可以从自己优秀的同行身上学到很多东西。和五角设计公司中那些世界顶级的设计师一样，他们选择一起工作，正是因为他们在社群中会变得更出色。

和五角设计公司的创始人之一科林·福布斯一样，舒曼同样明白经济上的奖励是很重要的，但金钱不能在各种案件和解决创新问题的压力中将整个团队紧密地联系到一起。即使是 PLA 律所中最资深的合伙人，也很珍惜并感激从其他同行身上学习并拓展自己职业网络的机会。因为 PLA 及其所代表着的可预见收益，他们可以将更多时间投入到最初吸引他们投身法律行业的初衷：那就是，追求投入大量智慧和精力去解决那些复杂的策略性问题所带来的满足感，以及为了满足客户的需求而找到创新解决方案后产生的喜悦感。

正因如此，由于能在个人身份层面将人们联系到一起，PLA 正在发展成为一个名副其实的社群。它展示出在我们研究过的所有创新团队中共通的东西：创新流程在社群中最有成效，社群中的每个人都觉得自己能为解决社群所关心的问题而贡献出自己的一份力量，而且他们自己的热情和才华（他们的个人身份）与集体密切相关。当舒曼了解到 PLA 的成员决定要通过集体的公益服务来接手普遍关注的社会问题时，她感到非常高兴，这表明成员们开始想成为一个真正的社群了。

舒曼的具体评价是这样的：

> 我认为经历了四年的投入，参与其中的每个人都开始相信它了。我们启动了这项庞大的试验，那么它有效果吗？答案毫无疑问是肯定的。那么在这

个过程中，我们是否有所收获，学会了那些"假如自己一开始就了解的话，应该会做得更好"的事？当然。它需要很多个人层面的坚定信念。我相信不再采用计时收费的模式是一件正确的事，我也甘愿去面对随之而来的很多棘手的难题。

## 用透明与包容的方式维系创新生态

斯马和舒曼两人在施行自上而下的干预方面都非常谨慎，反而将精力放在把其他人联系到一起并为他们的创新性工作提供机会和帮助上。通过这种行为，他们建立了创新所需的那种开放、协作和兴趣广泛的思考模式。

他们二人还谨慎地设立起了清晰的管理系统和结构。当所有人都在目标和共同追求的价值观方面达成一致后，参与规则就成为将他们的生态创新系统紧密联结在一起的重要黏合剂。

然而，真正将他们与别的领导者区分开来的地方在于，二人都小心翼翼地创建了这些生态系统，并且都以一种透明和包容的方式加以维系，这种方式有助于系统成员社群意识的产生和加强。

### 正确的心态和行为的模板

领导一个创新型的生态系统需要持续不断的培养和维护。领导者必须时刻准备令自己处于易受攻击的位置，并为别人树立起众所期盼的价值观、态度和行为规范，这样的话，大家才会心甘情愿地去冒险，去学习如何用一种全新而不常见的方法工作。

一位同事这样评价舒曼：

艾米知道自己并不是在孤军奋战。与大部分的律师事务所合伙人相比，她在这一点上的态度是如此令人难以置信地与众不同。她会从每个人那里吸收意见，无论此人在团队中的地位最低还是最高，因为她知道，如果想得到最好的结果，你就得这么做。当被人称赞时，她总是说："如果没有洛伦、海蒂或约翰的帮助，我肯定无法成功。"她真的非常慷慨，仿佛她特别希望获得荣誉的目的反而是为了放弃它。她给了我作为一个助理所永远不可能得到的机会。在每次会议中，我总是被误认为是一名合伙人，因为他们其他人从来没有带自己的助理出席过。

## 社群创建过程中正式职权的局限

虽然作为领导者，斯马和舒曼之间存在很多相似之处，但他们工作的环境有一个关键不同。而正是这个不同阐明了一个重点。

PLA 是由辉瑞挑选的外部律师事务所组成的集体，这些律所在这个集体中的工作非常灵活，无法预先设定。无论辉瑞与 PLA 制定了什么样的工作合约，无论它们的工作系统是如何开放和包容，辉瑞始终是那个重量级的客户。

Calit2 的情况则完全不同，它是一个真正的志愿者的集合。在某种程度上对辉瑞和 PLA 来说不太适用的是，Calit2 必须要尊重两所加州大学各院系和小组既有的权利和特权。Calit2 的创新力量同样也是一种危险因素。正如斯马所说："我们在破坏原则。"他的工作是去颠覆，但看起来又与既定的角色、地位、声誉或权利和特权没有什么冲突，矛盾之处就在于此。他不得不放弃依靠任何官方权力而仅靠劝说就实现这个目标，将所有那些小组的兴趣和目标与 Calit2 保持一致。他具体是如何做到的，则是另一个关于如何不用强制手段把人们聚集到一起的案例研究了。

舒曼对于 PLA 的领导中最值得注意也是非常聪明的一点是，她只在很少的场合行使过自己的正式权力。她原本可以更广泛地使用这些权力，那样的话，那些外部律师事务所就必须要对加入还是放弃为这么重要的国际客户服务而做选择了。但她在很多重要方面所采取的措施都绕开了"权力"这个大棒。她明白，经常炫耀地使用权力肯定会破坏 PLA 成员的社群意识，而正是这种意识吸引着她急需的优秀人才去做更高级的创新工作。

创建社群依靠的不仅仅是领导者的所作所为，还有赖于这些行为所采用的方式。领导者的每个举动，从与组织内的成员一起工作并对他们保持尊重，到营造一个生态系统并制定和加强管理它的各种规定，都在培养并支持着那个脆弱而又非常重要的对共同目标的追求，以及那个共同的价值观。

我们不太可能解开这一谜题，也就是，如何打造出一个可持续发展的生态系统去处理当今我们所面临的日益复杂的问题。我们认为，拉里·斯马和艾米·舒曼颇具启发性的故事应该是下一个前沿，即天才团队 2.0——创新生态系统。

但通过对他们的观察，再结合在很多其他创新型组织中的发现，我们可以得出两个最基本的结论。如果没有社群意识，也就是在开放状态下发展出来的共同目标、共同价值观和参与规则的聚集，那么一个创新生态系统肯定会步履维艰。如果没有一位能够理解这一点并煞费苦心地创造和维持这种社群意识的领导，那么这种生态系统就只不过是一个各方的相互合作和配合，而不是一个能够从事突破性工作的社群。

# COLLECTIVE GENIUS

The Art and Practice of Leading Innovation

## 领导你的天才团队 —————————————————

### 1.什么是天才团队 2.0

天才团队 2.0 是一种跨越各种组织、网络、行业甚至国家的开放性创新生态系统。它的诞生是由于在当今许多非常巨大且复杂的艰难挑战面前，现存机构的边界或建构知识的传统方法已不再适用。

### 2.打造天才团队 2.0 可能面对的阻力

- 充满矛盾的目标
- 利己主义
- 传统的思路
- 不同的操作方法
- 文化和价值观的碰撞
- 争斗的过去
- 合作方法和经验上的缺乏

### 3.来自 Calit2 和 PLA 的启示

任何创新生态系统生存和发展的社会根基都是社群，即加入一项更有价值的事业的感觉，一种追求一个基于共同价值观而存在的激动人心的目标的感觉。

- 领导者应成为催化剂和沟通桥梁的缔造者
- 谨慎地设立清晰的管理系统和结构
- 时刻注意避免过度行使领导者的正式职权

## 培养未来的创新型领导者

COLLECTIVE
GENIUS

今天的组织如何找到未来的创新型
领导者？

如何为未来的创新型领导者赋能，
进而打造真正的天才团队？

为什么有的组织能够一次次地进行创新，而其他的却根本没办法呢？我们相信，领导力是这个谜题中非常关键的一点。我们希望，各位在本书中看到的这些领导者能促使你在自己的创新之旅中大胆地迈出下一步，去打造天才团队。

到目前为止，我们讨论的意义应该很清晰了。很多组织除非重新调整对领导力的定位，否则很难进行创新。创新型领导者的角色不同于之前很多人认为的那种好的领导者。我们发现，伟大的创新型领导者并不将自己视为制定决策者，而主要是作为一种创造者，为其他能心甘情愿并有能力创新的人创造适合的环境。

由此引发的问题非常简单，也非常重要：今天的组织从哪里能找到这种未来的创新型领导者？

领导者与其说是天生的，不如说是被后天造就的。组织必须能识别出那些具备了引领创新所需的合适特征的人，然后为他们提供经验和资源去培养其所需的思维和技能。但是，如果今天颇具潜力的创新型领导者不能符合当前流行的好领导者的定义，那么他们之中的很多人对于现有系统而言就是不存在的，更不用说被识别并成为未来的领导者了。

在本书的最终一章里，我们将概括出那些我们所认为的"合适特征"。然后我们将介绍三位创新型领导者，他们不仅已经为其他人设置好创新的舞台，并且还成功找到了那些可以识别并发展高潜力的创新型领导者的方法。

第一位是史蒂夫·克洛布伦，他是 IBM 公司业务部门的一名高管，他在推动公司发展的同时无意中创办了一所培养创新型领导者的完美学校。第二位是杰奎琳·诺沃格拉茨，聪明人基金的创办人，她培养了新一代的领导者，这些人能够建造和引领涵盖三个领域的创新型生态系统——商业、民间团体和政府。第三位是圣珠集团的金圣珠，MCM 集团（一个总部位于韩国的新兴奢侈品品牌）的董事长，她的使命就是使那些被忽略的人获得领导能力并持续发展，这些贡献出才华的人在很长时间内都被忽视了。她的故事清晰地带我们回到了应该到哪里去发掘创新型领导者的问题上。

## 识别潜力：固有矛盾特质的统一体

领导力这一词涉及的并不仅仅是一个人知道些什么或能做些什么，还关系到他或她究竟是谁。[1] 尽管在文化、年龄和性别上存在差异，但我们研究的这些领导者都拥有某种个人的特质，使得他们可以创造出这种创新型社群。他们都是理想主义者，同时也是实用主义者；他们都运筹帷幄，同时也以行动为导向；他们都非常慷慨，同时也有非常严格的要求。或许更重要的是，他们虽然也是普通人，但全都拥有很强的适应能力。正如我们在第 2 章中描绘的创新过程固有的矛盾一样，我们将把重心放在这些领导者身上同样共存的矛盾特征。

### 既是理想主义者，也是实用主义者

我们的领导者通常被概括成有雄心壮志的人，他们敢于承担复杂而困难的问题，不断地测试各种可能性。但他们同样明白，要在无限的想象和清醒的头脑之间保持平衡。他们充分意识到只有坚持不懈地实践，才能战胜那些不可避免的挑战。

### 既运筹帷幄，也勇于尝试

领导者是总管全局者，或者说综合的思考者。他们注意到所有问题的复杂性，并且非常享受彻底解决问题的过程。他们非常欣赏问题的错综复杂和细微差别。

他们理解组织的动力学和由此产生的张力对创新的影响。但他们同样也能采取行动。他们倾向于一次次地去尝试，去试验。他们明白只有从试验和错误中才能最终产生答案，二者缺一不可。

## 既不独享荣誉，也不独善其身

对于这些人来说，引领创新是一项非常困难、似乎永无止境的工作，而且大部分的工作还是在幕后。如果他们希望的话，他们本可以成为各自舞台上的明星，但他们同样相信其他人的天才，并尽力使之呈现出来。他们非常慷慨，这种心甘情愿出自他们自身的安全感，想去同他人共享权力、控制力和荣誉。当我们谈起他们的组织取得了何种荣誉时，他们之中的很多人都不愿被单独提及。他们反而不断地指出同事中的某个人的才华或集体智慧。同时，他们希望人们能够有责任感，并期盼着相应的结果出现。他们果断地改变并终止那些根本起不到任何作用的人或事。

## 既能承认不完美，也有强大复原力

这些领导者并不是完美的。正如我们所有人一样，他们也有焦虑、遗憾和恐惧。他们也会犯错误。他们在某一天或某几个月过得很糟糕时，会自我防范，防御意识非常强。某些时刻他们也会迷失自我。但他们总能从错误和遗憾之中恢复过来，总能一次次去面对失望和打击，并能应对不确定、复杂的各种冲突。因此，当其他人不堪重负、幻想破灭或者心惊胆战时，他们总能重新找到正途。最重要的是，他们知道自己并不完美，也并没有掌握着所有问题的答案。这就使得他们开始去寻求帮助，更重要的是，去认识并依赖他们身边所有人的每一分力量和才华。

试想一下，在为一个领导者培养计划寻找有潜力的候选者时，大部分组织会在意什么东西。有多少组织会寻找具备以下特征——"理想主义""一个思考者""慷慨""乐于承认自己并不完美并寻求他人的帮助"的候选者呢？但是同样的品质却是我们在创新型的领导者身上最常见到的。他们就是具备上述特征的个体，愿意并且也有能力去创造一个地方，让其他人能够参与到创造性地解决问题的过程中。

## 后天培养：为未来的创新型领导者赋能

选择正确的人只是这个过程的一部分。下面三位领导者的经验让我们不仅可以有效发现在领导创新方面具有巨大潜力的候选人，还可以培养他们所需的领导技能。[2]

### IBM 的史蒂夫·克洛布伦：打造创新型领导者的学校

史蒂夫·克洛布伦是 IBM 公司业务部的副总裁，也是一名在公司工作了 32 年的老员工，他负责监管 IBM 的收购和整合业务。虽然将外部的创新和有才华的人吸收进公司是他的工作职责，但同时他还相信 IBM 公司内部的员工也是创新发展理念的一个重要来源。

在参加一次经理人教育课程时，克洛布伦聆听了一场关于"金字塔底层"（BoP）的人 [3]（即世界上数量众多的穷人）的商业机遇的演讲。他对学到的有关机遇的内容充满了兴趣，公司的产品要合乎市场需求，价格定位要合理，销售方法要正确。当他返回公司后，做了一些这方面的研究，读了一些相关的资料，还跟在这个新兴领域工作过的人进行了会谈。他越来越相信，这个市场对 IBM 来说是一个重要的机遇，公司可以带着自己的战略目标一起去扩展这个新兴的发展中市场。克洛布伦详细解释道：

> 当彭明盛（Samuel Palmisano）成为 CEO 后，他计划带领 IBM 实施战略转型，把业务重心放在寻求那些能确保我们客户事业成功的高价值解决方案上。由创新和咨询助力的业务与售卖个人电脑等计算设备截然不同。他相信，能引导公司内有才华、有经验的人的最好方法，就是为 IBM 的员工设立一个共同的目标。他邀请我们共同阐述 IBM 的价值观念，使用 IBM 的"jam"① 技术可以开展虚拟的在线大讨论。他的理念是：在转型成为一家全球化综合型

---

① Jam 是 IBM 在内部开展的一种为期三天的实验性活动，每次举办时，所有员工都可以通过公司内网发表自己对于公司发展和文化的意见。彭明盛甚至会亲自上阵参与。——译者注

企业的同时，我们要回溯 20 世纪早期的公司初衷。对我们界定的这个新的价值理念，我非常激动。它的核心是做出能改变世界的创新，也意味着要对我们客户业务的成功进行投资。我希望自己能成为一支确保转型成功的催化剂。[4]

他给自己指导的十几个年轻的 IBM 员工写了一封邮件，他们之中大部分人都具有 MBA 学位，都曾在业务部门轮岗工作过：

> 大家好，我一直在想，在发展中国家的人面临着很多问题，而这些问题通过 IBM 的技术就可以解决……我的想法是这样：如果能组建一个小组，大家集思广益，来思考如何通过一种商业上的可行方法，利用 IBM 的技术来解决那些影响着金字塔底层的人的问题。我并不是指慈善事业——我说的是商业上发展，我们的业务。很明显，我们不可能直接为那些穷人服务，但我们的客户却可以。这很可能是一个非常好的方法，可以帮助那些能改变世界的创新发挥应有价值，同时还能确保我们客户的成功。
>
> 你们觉得怎么样？我是不是应该尽快召开一次电话会议？

很多收到邮件的人都立即回复，他们都非常激动，同意在自己的日常工作之余参加这个项目。消息传得很快，在 6 个月之内，这个自称为世界发展计划（WDI）的小组就已拥有了来自全公司的 100 多名志愿者。他们之中大部分人的年纪都在二三十岁左右，而且在 IBM 的工作时间都不到 5 年。

WDI 小组举行过很多次非常重要的会议，其间，他们共同确立了一份有关一起工作的共同目标、价值观和行为规范的声明。其目的是"通过利用 IBM 在发展创新和商业上可行的技术解决方案来改善世界贫困人口的生活水平"。这个战略性的目标是在帮助 10 亿人改善生活的同时为 IBM 公司创造 10 亿美元的新收益。

WDI 小组是一种基于正式组织建立的虚拟团队，公司鼓励以这种形式孵化那些与公司价值理念一致的新鲜创意，（正如小组的一名成员所说，）也就是"影响世界的创新"。之前曾经有过类似的小组，例如，曾有一个特别的虚拟团队专门关注环境，还有专注医疗保健和智慧能源小组。高级管理层支持 WDI 小组，同意对其进行资助，将其作为 IBM 战略性发展过程中的一部分。

克洛布伦在 WDI 中的角色相当于指导者和教练，他基本上是从"幕后进行引导"。[5] 他鼓励小组成员建立清晰的短期项目和长期项目的目标，并搞清楚应该如何组织他们的工作。在会议中，他保持了一贯的低调，给出些建议，帮助人们聚焦于他们自己之前界定的领域和目标。但他从不帮大家选择目标或应该从事的工作，也从没有试图通过中途插入的演讲来给别人留下深刻的印象。这并不是他预想中人们所要追求的目标。他只是简单地抛出一个想法，然后兴趣就会带领人们参与其中。通过关注那些政府部门和慈善事业没有办法解决的需求，他们设立了雄心勃勃的一年、三年和十年的收入和利润目标，同时也帮忙提升金字塔底部的人的生活。他们在 IBM 内的工作虽然换来换去，但每个人都牢记着这些目标。最终，他们根据个人的热情划分为不同的小组，去探索特定的机遇。

WDI 迅速成为一个在 IBM 内部和外部有着很强合作关系的广泛的全球网络。随着它的发展，克洛布伦有意识地保持了其内部机制的流动性。他在每周的电话会议上鼓励对某个特定技术或国家感兴趣的志愿者向团队讲述他们的想法。如果有兴趣，一个新的小组就会自发地围绕着这个观点联合起来。有些小组专门研究解决方案，比如医疗保健和银行业，其他的小组专门研究某些地区，比如说非洲。仍有一些小组专注于运行领域，比如营销、通信和研发，并为所有这些工作创建重要的基础设施。

一个小组一旦成立，他们便开始研究自己希望追求的机遇。通常情况下，小组中某一个或两个成员会成为小组的领导者。有时，小组的成员需要到达实地，比如印度和中国进行研究。这样的实地考察总是令人眼界大开。两名 WDI 的成员在从印度返回之后，精疲力竭地发现一项在纽约制订的商业计划若要在一个遥远的村庄执行有多大难度，要考虑到庞大的后勤需求，还有语言等其他障碍。"当你到了那里，"他们报告说，"就意识到你的计划必须要进行调整，你将会遇到许多无法预料的实施方面的难题。这绝对是一项艰难的工作。"而且，随着所有的这些创新的尝试，小组当然也会出现失误，遭遇障碍，甚至在小组内部有时也会有怀疑论者，更何况在公司内部。每当这种时刻，克洛布伦就会站出来，为他们提供保护，或就他看到的 WDI 成员尚未产生什么成果的行为进行公正的评价，尤其是那种与他们之前商定的应该如何影响彼此的目标相矛盾的行为。在这些时候，克洛布伦的第一个选择就是用温和的警告推动他们。当小组违背了他们的价值观或参与规则，他就会强硬地指出他们做法的错误之处。比如说，当他们由于个人风格而非个人意图开始排斥一个令大家感到难以相处的成员时，克洛布伦就会质问他们，提醒他们应该坚持包容性并拥抱差异。

当他们完成了研究，小组会准备要呈给相应的高级管理小组的商业计划和提案。克洛布伦会针对那些用于介绍新观念的政治现实和如何制订和呈现具有竞争力的商业计划对他们进行指导。而当他们由于挫折导致了无果的行为，他就会给出提醒，他们的目标是提高认识并在公司中为自己的计划寻求支持。而且，有些时候，他也确确实实地介入其中，为大家提供空中支援。

相对于 IBM 传统的产品、服务、客户和流程，这一切对 WDI 的成员来说都是崭新的领域。BoP 中的挑战迫使他们寻找那种可承受、可扩展并关注于客户的即时需求的创新解决方案，而不是只凭一己之愿。有时，他们发现，市场的问题并不在客户不具备购买能力，而是由于效率很低的分销系统使他们无法接触到买家。随着小组和其中各个队伍研究的深入，他们越来越坚信 BoP 代表了一个巨大而富有吸引力的商业市场，而且，还与 IBM 的能力和价值理念相符。

在克洛布伦最早的那封电子邮件发出的三年后，WDI 已经在全球十几个国家中拥有了超过 400 名成员。他们之中有研究者、工程师、销售人员和市场营销人员。他们有的刚从学校毕业，还有的甚至加入公司比克洛布伦还早。

为了给 WDI 的成员提供指导和其他资源，克洛布伦实际上将外部的合作者同公司内部经验丰富的员工混合到了一起。弗朗西丝·韦斯特（Frances West），一个在 IBM 工作了 25 年的老员工，还是 IBM 全球信息无障碍中心（Human Ability and Accessibility Center）的负责人，也加入了 WDI。除了一些其他事，她还帮助 IBM 打开了保险和金融市场，还曾在 IBM 大中华区团队中担任上海证券交易所银行、金融服务、安全等业务部门的主管。对于韦斯特的加入，克洛布伦非常激动。她可以在如何忽略个体差异性及怎样进行不同文化间沟通、引领创新的基本才能方面对成员进行训练。因此，WDI 迅速发展为一个在思维相似的同事和高级管理人员之间发展人际关系的网络。"拥有来自 IBM 各部门的成员的好处之一就在于，"他说，"WDI 同时也成了一个非常重要的网络和同事间互相辅导的助力。我们通过这些方式将人们联系到一起的同时，也使他们的日常工作变得更加容易。"

小组的项目从为印度的群体建立无网点银行业务扩展到同非洲的大学合作，通过 IBM 捐赠给开普敦大学的超级计算机来提升基础设施的建设。WDI 在进行一项为期 4 个星期的项目的同时，形成了 IBM 一个名为企业服务队（Corporate Service Corps）的项目，这使得 IBM 的员工开始渗入新兴的市场。WDI 的一支队伍同 IBM 的研究者一起创造了一项名为"语音对话网络"（Spoken Web）的技术创新，这使得那些遥远的印度村庄里不识字的用户可以通过声音进行商业交易、雇佣和社会服务。WDI 的成员还参加了一个研究新兴市场中领导力发展的工作组，直接向 IBM 的董事长和 CEO 汇报。

大部分项目最初都关注于印度和中国，但最终，有一支队伍成功地在撒哈拉以南的非洲获得了机会。很多小组成员来自那片地区，为了教育和工作机会搬到了美国。起初，他们的工作进展缓慢。现在在 IBM 金融部门工作的阿波洛·坦科（Appolo Tankeh）带着谦逊和自豪回忆起他和 WDI 的同事在非洲树立起 IBM 作为一个技术引领者形象所发挥的那一小部分作用："刚开始的时候，我们很难卖出去。最终我们能组织起来，并变得更加强大。"这个小组负责收集非洲各种市场的数据，尤其是通信、银行和卫生保健等行业。当 IBM 公司决定启动一项旨在就创新机会培养全球化合作和面向非洲经济发展问题的为期三周的开放在线论坛 Africa ThinkPlace Challenge 时，非洲的团队欣喜若狂。由这项挑战产生的最佳创意帮助

WDI 形成了它的长期发展计划。在 2010 年，公司同印度巴帝电信（Bharti Airtel）签订了一笔 13 亿美元的合同，把那家移动运营商位于 16 个不同的国家的单独系统合并成为一个单独的后端系统时，非洲团队成员和 IBM 的其他同事一起进行了庆祝。自此里程碑意义上的合作之后，IBM 陆续在 54 个非洲国家中的 20 多个开设了办公室，包括在内罗毕的一家重要的研究实验室。

WDI 的很多项目后来都成为公司真正的发展机遇，在 IBM 面对新兴市场的商业策略方面也起到了催化剂的作用。但它的成就还远不止于此。当看到 WDI 是如何发展及他们成员的行动之后，克洛布伦意识到，他还揭示了一条识别未来的创新型领导者的途径。这个途径再简单也再直观不过了：为了发掘并培养创新型领导者而创造一个环境，让那些有潜力的领导者脱颖而出；领导力总是伴随着那些能够产生真正结果的真实经历而增长的。

如果 IBM 的管理者选择公司内部经验丰富的员工或有潜力的候选者去实施 WDI 提出的商业计划的话，那么该团队成员的构成是否还是一样的？克洛布伦拥有一个由其门徒组成的骨干队伍，所以这两者之间肯定会有交叉。那么这些人是否拥有动力、热情和毅力去发展出具备自主意愿和能力的社群，以便寻求新挑战所需的创新解决方案呢？或许会，也或许不会。

很多公司的领导力培养项目都是基于一个预设的轨道：当他们在公司等级制度中向上升的时候，他们被选择加入自己职业生涯中某些特定的舞台。克洛布伦的项目则恰恰相反，他主张"一人即全部"。其自愿特性或许正是这个项目最具吸引力之处。"尽管这并不是我最初的意图，"克洛布伦说，"但我很快就意识到我同时还在创造一个培养优秀领导者的熔炉。"

克洛布伦鼓励人们去做那些他在开创 WDI 时做的事：自愿去承担领导职责。很多人也的确这么做了，对他们来说，这是一个自我选择的机会，然后他们学到了如何在全世界范围内与他人合作，如何创新地去解决问题。他们的经验，即在一个没有正式领导者的团队里学着与他人合作完成某项真正的工作，相比于早期在一个诸如跨国咨询公司或银行项目小组工作时，有着巨大的不同。

WDI 的参与者必须要想办法在多个利益相关者之间成功地协调他们在经验、想法和文化上的差异。他们从事的工作要求大胆的创造性思维。他们当然曾经有过很多机会去锻炼整体性思维，参与到发现性学习之中。他们必须要想出综合的解决方案，因为他们充满激情的同事绝不会妥协或听人驱使。没有了对他们传统的利益诱惑或惩罚的恐惧，所有人都得学会如何围绕着一个共同的目标建造一种社群意识。参与规则将他们联系到一起，并指导了他们的个体和群体性活动。他们必须要有一定的耐心和适应能力来应对他们的提议有时会得不到资助这种不可避免的失望。正如 WDI 的一名成员所说：

> 我和我的同事都有着共同的目标和对这于这项工作的相同意愿，因此而被激发出来的协同作用和合作关系是超乎寻常的。这里有激情、创造力和创新。当个人驱动力产生分歧的时候，更加重要的是这个过程，最佳的结果反而要退居其次。

如果不去贬低 WDI 所有创新观点价值，我们猜测，它最伟大的"成果"应该是新一代技术娴熟、经验丰富的创新型领导者将在全 IBM 范围内使用他们的新技能。十几名 WDI 的成员担任了主要的职务和管理执行方面的职位，去实践并传播他们在 WDI 的领导力课程中学到的东西。举例来说，他们有人在肯尼亚、尼日利亚、塞内加尔担任了运营方面的负责人，有人在 IBM 新兴的市场部门担任了策略方面的负责人，有人成了 IBM Fellow（IBM 的最高荣誉之一），有的为公司的智慧地球计划担任市场分析师，有的成了 IBM 企业服务队项目的主管，也有的成了 IBM 残疾人支持业务方面的主管。

对我们来说，WDI 的启示非常清楚：去发掘未来的创新型领导者，不要依赖于去发展有潜力的候选者等传统的领导力培养系统。相反，要放松对他们的掌控，引导他们去寻找创新，要让人们有机会去发现自我，然后去发掘并发展那些他们需要的、充满了个人激情的领导技能。

### 聪明人基金的杰奎琳·诺沃格拉茨：培养那些能建立创新生态系统的领导者

作为一位女性，杰奎琳·诺沃格拉茨之前相信她将"凭一己之力拯救世界"。但她的第一次非洲之行使她改变了想法。她发现"人们并不想被拯救，他们只想解决自己的问题，做出自己的决定"。她不愿看到那些穷人总是被动地等着施舍，于是开始设想，能不能用商业模式来创立一种慈善机构或政府部门都没有单独完成的高效而持久的系统。[6]

2001 年，诺沃格拉茨成立了聪明人基金，寻找那些发展初期的企业，对它们进行投资、强化和规模化，以便它们能为低收入的客户提供健康保健、饮水、住房、教育、新能源和农业投入方面的帮助。利用风险投资作为一个模式，聪明人基金从个人、基金会和企业中筹集资金，并按照诺沃格拉茨发明的一个创新模式"耐心资本"（patient capital）来运行。耐心资本意味着长期而高风险的债务或依托慈善机构进行直接投资，目标是社会回报而非经济回报的最大化。

聪明人基金非常清楚自己应该向哪里投资。"我们寻找的是那些有梦想的企业领导者，"诺沃格拉茨说，"就是那些在利用商业手段来解决重大社会问题的人。他们的企业必须要展示出经济上的可持续性，并有望逐渐获得 100 万个客户。"与克洛布伦在 IBM 的做法类似，她认识到慈善事业和市场之间的鸿沟可以通过类似 BoP 的方法来处理诸如贫穷之类的棘手问题。

然而，从一开始，找到优秀的候选人就非常困难。从一个方面来说，聪明人基金的使命要求它的领导人要跳出传统的模式。它需要的是那种能够管理非营利或公共部门组织的个人，但同时还需要具备商业和运营方面的技能。聪明人基金还在寻找那些能够在传统系统之外进行思考和合作的领导者，他们的工作一定要有长远的眼光，要利用有限的资源去获得成功。

几乎没什么人能达到这些标准，于是在 2007 年，诺沃格拉茨成立了世界学者项目（Global Fellows Program），一个为期一年、旨在培养处于商业和社会交叉行业的领导者队伍的培训计划。8 年之后，来自全球 24 个国家的 75 人参与到这个计划之中。聪明人基金对那些有着广泛的背景和经验的有才华的年轻人进行了筛选。很多申请人在他们各自生涯的早期都有很多成就，但聪明人基金想要的并不是一个荣誉簿。最后入选的申请人必须展示出道德想象力，据诺沃格拉茨说，意思就是，"看到世界本来面目的谦逊之心，以及想象世界会是什么样子的大胆的想象力"。

经过了严格的筛选，第一届计划中共有 10 位成员，除了其他的标准，他们都"展示出敢于冒险的勇气和意愿，共享观念、知识和荣誉方面的慷慨，以及在不同领域间建立联系的能力"。品质，而不是能力，被着重强调。诺沃格拉茨和她的同事对申请人的要求与我们之前描述过的创新型领导者所具备的合适特征相一致，这肯定不是什么巧合。他们之中有人从精英机构获得了 MBA 学位，也有人成长于东非的贫民窟。

世界学者项目头两个月紧张的训练在聪明人基金位于纽约的办公室进行。目标是双重的：首先，学习到关于经济、运营和市场方面的知识和技能，因为这些会被应用到低收入的市场上；其次，帮助该项目的成员深思他们的道德想象力——他们关于人性、领导力和社会等理念的价值观念、设想和志向。

他们聆听那些著名的领导者的个人故事和视野，比如说一直在探讨设计思维的 IDEO 设计公司的 CEO 蒂姆·布朗（Tim Brown）。[①]一位非常有名的演讲诗人为他们进行了表演。他们还得读卢梭等哲学家，甘地和马丁·路德·金等领导人的著作，来丰富自己关于领导力和社群方面的观念。训练还包括几次静修和实践练习。比如，"每日障碍"的练习帮助他们从穷人的视角来认识世界。项目成员要在城市里过一天，身上只能带 5 美元和一张地铁卡，不允许带手机。然后，他们要按要求对城市的服务设施进行评估和重新设计。

---

① 想更多地了解作者观点，请参考由湛庐文化策划，万卷出版公司出版的《IDEO，设计改变一切》。——编者注

在纽约的这两个月同样还将这个小组变成了一个学习型的社群，其中各个成员都能从彼此身上吸取经验并建立信任关系。在这两个月的训练之后，项目中的每个成员在接下来的 9 个月里到聪明人基金投资的一家公司去工作。用实践去检验他们的所学是非常必要的一个环节。聪明人基金领导力计划的设计者布莱尔·米勒（Blair Miller）曾指导这个计划 4 年之久，他曾这样说：

> 对那些成员来说，认识到在世界上很多最具挑战的环境中运用他们所学知识的这种挑战是非常重要的。没有这种运用，我们的训练就是不完整的。我们努力培养这种类型的领导者，他们能走进世界上最大的金融机构，计算那些数字，然后第二天，他们也能坐在贫民窟的地上，向世界上最穷的一个人学习。他们必须要承受住压力，并从那里建立起事业。这不仅是一次学术上的练习，还必须经过实践的发展。

诺沃格拉茨和米勒对完成训练后世界学者的工作非常满意。他们有些人加入了聪明人基金，有的则在世界各地创办了自己的公益组织。一位学员在巴基斯坦创办了一家为低收入者建造房屋并提供首次房屋抵押贷款的公司。另一位学员成立了一家人才管理公司，旨在为中东地区的公司培养创造性人才。还有一个人认识到贫穷中的人们对知识、观念和关于创新的交谈的渴望，在内罗毕的一个贫民窟开了一家读书俱乐部。结束了世界学者项目的培训之后，他通过与当地的社区合作，在这个贫民窟里举行了一系列类似 TED 的演讲，延续了他之前的努力。[7]

"你对这些人进行投资，"米勒说，"使他们看到在这个领域什么能起作用，什么起不到作用，还有那些好的、坏的、丑的。我们为他们提供了人际网络训练，并支持他们进行这些试验。最后，我们看到他们在行业和部门之间所做的创新之举，使用商业这个工具来改变社会。"

当申请这个项目的人数达到 1 000 人的时候，诺沃格拉茨和米勒开始思考如何对这个计划进行扩展。他们并非只是简单地增加成员的数量，反而决定开创地区性的、本地嵌入型的领导力计划。采取这种方法，有助于使他们能更加关注和发现当地有才华的人，创建由经验丰富的公益组织的领导者及其组织构成的地区生态系统。聪明人基金在很多地区创立了地区学者计划，他们支持致力于社会活动的积极的个体工作，并为培养、交流及联系提供了途径。这项地区性的计划向新兴市场上的公益组织领导者表明，他们并不是在孤军奋战。学员作为一个典型的全球化角色的模式，证明了这是一条可行之路。

2011年，第一个地区性计划在东非启动，小组中包括了两个至今仍住在贫民窟的土生土长的本地人，一位是肯尼亚前总统的孙女，另一位是哈佛的 MBA 毕业生。这种多样化尤其出色，也正是此项计划力量的一部分体现，米勒说，因为在世界上很多的国家中，种族、部落和不同的等级很少在平等竞争的领域发挥作用，所以剩下的只有合作了。这项计划建立的目的就是要将那些可能永远不会会面的人聚到一起，让他们一起去合作、去互相学习，从而建立一个更具包容性的社群和社会。

2013年，东非地区学者计划已经是第三年了，巴基斯坦地区学者计划已经在选择他们的第二届成员了，印度地区学者计划也启动了，西非的计划也将在下一年启动。总之，这些课程被放在网络上，每个人都可以在线获取，世界上成千上万的人都使用了这些资源。

地区性计划另一个重要的成果就是学者们获取了大量的跨领域经验，并同私人领域、公共和社会部门中的个人进行合作。寻找解决令人头疼的贫穷的创新方案需要那种"铁人三项赛运动员"，他们在面对势不可当的阻碍时仍能不屈不挠地取得成功。[8]

在我们撰写此书的时候，聪明人基金在南亚和非洲的公司中投入了多达 8 000 万美元的资金，并创造了 6 万多个工作岗位。基于创立学者计划的经验，聪明人基金将其声明改为"聪明人基金对公司、领导者及创意进行投资，意在改变世界应对贫穷的办法"，承认在其使命中领导者的重要作用。为大量重要的有志之士提供领导才能这一工具，就能跨越行业的限制，创造出拥有创新型领导的跨国生态系统。聪明人基金不仅培养了一大批能够在社会最底层运营并创新的领导者，用米勒的话说，它还建立了"由互相联通的领导者组成的庞大社群，这些人能够成为行业的建筑师"。诺沃格拉茨和她的同事意识到，寻找可以持续解决令人烦恼和棘手的问题的方法需要这种领导者，他们不仅知道如何建立创新型组织，还知道如何去建造创新生态系统。

## 圣珠集团及 MCM 的金圣珠：利用每一分天才

我们曾经谈到，创新型领导者与大部分人认为的传统意义上的好领导者是不同的。人们依旧经常把诸如主持会议、对人们态度强硬，或表现出知道一切、是这个房间里最聪明的那个人等行为当作有潜力的领导者的指标。具有讽刺意味的是，这些行为所代表的特点极有可能会扼杀其他人进行突破式创新的能力和意愿。

而高效的创新型领导者则恰恰相反。他们对情况的要求非常敏感，而且只是有选择性地显示出某些传统的品质。因为他们的行为或和其他团队合作处理问题的方法与老一套评估有潜力领导者的特征不相符，他们就冒险成为我们所说的"风格上的隐形人"。

此外，还有一种"人口统计学上的隐形人"也经常被忽视。本来有些人可以成为创新的领导者，但由于他们的性别、种族、国家、社会地位甚至他们的年龄而被否定了。通常，他们是由于明确的限制而成为隐形人。另外，隐含的限制也同样可能会使得新兴经济体和发达经济体中的某些人失掉成为领导者的机会。这些隐形人没有机会平等地获取那些能帮助他们获得有权威和影响力的职位的工具，如社交网络、快速培训课程、延展性任务等。

为了战胜这些偏见，管理者需要建立新的选择有潜力的创新型领导者的标准，即仔细观察他们在自己组织或者国家内部的个体的天才，尊重不同种类的人格特征和行为。

我们研究过的一个领导者名叫金圣珠。她是一家总部位于韩国的跨国奢侈品集团的董事长和一位富有远见的领导者，在强烈的使命驱动下，带领她的集团取得了令人难以置信的成功。由于承诺要允许和发展那些被忽略的人，她成功建立了一家能够与同行业中那些"庞然大物"进行竞争的创新型跨国团队。

金圣珠成长于韩国最富裕的家庭之一，她的父母要求严格而恪守传统。父母希望金圣珠能找门好亲事，永远不用去工作，对她的理想和在学校里良好的表现并不赞同。尽管如此，她有自己的人生计划。她在父母不知情的情况下申请了美国的一所大学。当收到阿默斯特学院（Amherst College）的录取通知书后，她用计在公开场合逼得她父亲的同意，因为在韩国，面子非常重要，所以她父亲不情愿地同意了。她完成了自己的学业后，拒绝返回家乡接受一门已经安排好的婚事。她继续留在美国并结了婚，这导致了她的家庭与她的决裂。她在美国布鲁明戴尔百货公司担任了一项针对韩国人进行促销的项目的经理，这份工作相当于参加了该行业标志性人物马文·特劳布（Marvin Traub）举办的一个奢侈品零售的速成班。

尽管与她的家庭发生了分歧，当几年后她父亲与另一家美国制造商的合资公司开始失利时，金圣珠还是同意帮忙了。抛掉所有不好的感觉，她敲定了一份令所有人都满意的合约，并没有因为自己是这个（全部是男性的）领域中的年轻的亚洲女性而有任何胆怯。最终，她的父亲想要酬谢她，并同意给她一笔商业贷款。

金圣珠计划创立一家公司，能为世界范围内的女性提供一种新的、象征着"自由和自主的女性"的奢侈品。正如她所说：

> 过去人们总有一种认识，凡是使用昂贵的包的女性不是情妇就是有钱人的妻子。她们被动地成为很多奢侈品公司的目标。我想要定义一种21世纪的奢侈品……对那些非常有型的职业女性来说，她们拥有多重身份，并希望奢华、高质量的产品能帮助她们过上更好的生活。这些女性非常富有，但她们的钱是自己的。多功能而美丽的商品能使她们过得更好。

1990 年，金圣珠成立了时尚奢侈品零售公司圣珠集团，她担任集团的董事长和 CEO，是韩国奢侈品行业的先驱者。她在几年之内不仅连本带利偿还了父亲最初借给她的贷款，还将公司发展成为一家针对经济实力雄厚女性的 10 亿美元级时尚企业。尽管事业起起伏伏（20 世纪 90 年代亚洲的金融危机中，圣珠集团一度处于濒临破产的边缘），金圣珠后来仍设法取得了诸如玛莎百货等欧洲零售商，以及古驰（Gucci）、圣罗兰（YSL）、索尼娅·里基尔（Sonia Rykiel）还有以"精密、实用和精湛的手工"著称的德国品牌 MCM 等品牌的特许经营权。在那段时间里，MCM 备受超模和豪门女性的青睐。在金圣珠将"亚洲人的秘诀"（Asian know-how）这一理念灌输到 MCM 之后，它迅速成为整个集团王冠上最耀眼的那颗宝石。[9]

德国管理队伍经营不善的结果就是，MCM 失去了除韩国之外的所有市场。2005 年，金圣珠大胆地出击，收购了 MCM，并将其总部转移到了首尔。她的目标是将 MCM 发展成一个世界知名的奢侈品品牌，能够吸引全世界范围有需求的女性。

金圣珠知道，亚洲（尤其是中国）是所有奢侈品品牌的未来。正如她和她的同事意识到的那样，亚洲奢侈品品牌的消费群体要比西方的年轻许多。严格来说，他们都是出身豪门，用金圣珠的话说，他们很快成了"世界的游牧民族"。她的全球策略是创立一个瞄准当地市场，由常见的主题和 MCM 产品构成的组合。

金圣珠意识到她所面临的重大的障碍。举例来说，奢侈品皮具和配件市场已经被早已建立的西方品牌所统治。但这些强大的竞争者只是她的挑战之一。韩国的商业文化通常由男性主宰，是家长制的，而且非常腐败。最好的职位和快速发展的机会总是落到那些男性的头上，女性在企业中会遭到排斥。"商业女性在韩国属于二等公民，"金圣珠说，"她们负责端茶倒水，而在家庭生活中，她们应该是安静的妻子，要表现得一无所知。我相信，韩国如果想要增强国际竞争力的话，就必须要唤醒那些女性，并且使她们具有世界级的能力。"

从创办公司开始，金圣珠就声明自己要建造一种包容和欢迎的文化氛围。她雇用和自己一样的韩国女性，她们之间很多人都是单身母亲。到圣珠集团收购MCM 时，200 名员工中 90% 都是女性，而且公司的很多产品都是出自韩国 190家由妇女经营的家庭工坊，这在她的国家非常少见。

金圣珠在进行自己的赋能使命的同时，一直在为 MCM 的重新启动调配队伍。女性被分派到每个级别之中，包括位于美国、英国、欧洲和中国的跨国办公室的经理岗位。"在我们的社会之中，无论哪个阶层，"金圣珠说，"女性都面临着种种挑战甚至歧视，这就是为什么每当我进军新的市场，公司的女性都会因为被指派去运转那些商业活动而非常激动。"但因为她们也面临着那么多的逆境，她说："我发现她们总会为了应对大量的跨国工作，形成某些我认为是'情商'的东西。"

她放弃了大牌的设计师，反而选择的都是刚刚崭露头角、乐意进行合作的年轻设计师。她同样还对从最初就一直为圣珠集团工作的忠诚的员工进行了奖励，即使他们根本不会讲英语或者从未有过海外工作经历。"我告诉我的团队——无论男性还是女性都一样，我平等地对待他们。我升他们的职，我支持他们。"她评价说。

韩国的阶层文化是另一个障碍，金圣珠明白，她的队伍想要在全球进行竞争的话，她就必须采取不同的领导方式。"当我开创自己的公司时，"她回忆说，"即使是我的男同事都会走过来，站在桌旁，向我 90 度鞠躬。"她相信她的队伍需要同一阶层平等的交流方式。"我在自己的桌子前面放上椅子，当我翻阅材料的时候，我会问'你家怎么样，你的儿子和女儿还好吧？'我尽力使每个人都感到自在。"

金圣珠还安装了丰富的企业内网，类似我们在 HCL 看到的那样，这样，公司里每个人都可以发表自己的意见。对金圣珠的大部分员工来说，同公司的 CEO 之间进行这种开放程度的联系是前所未见的。她说："人们太习惯于之前的家长制社会，他们对此不仅感到震惊，更感到困惑。他们刚开始的时候根本不知道该怎么对待我。而现在他们发现了这种做法的好处，那就是一个平等的交流文化能使得他们更加国际化。"

在 MCM 的全球化进程中，语言、文化和艺术观点上的不同使得磋商非常艰难。

尽管如此，金圣珠将和不同的人一起工作的经验视为一个严峻的考验，她抓住每个机会把团队集合到一起。对很多员工来说，这是他们的首次海外工作经历。一位年轻的经理描述，尽管这份工作并不轻松，但她从团队中那些欧洲和美国年轻且经验丰富的经理人身上学到了许多东西。另外，由于 MCM 的规模不大，再加上其发展的节奏和全球化的脚步，经理们全都开始学习如何去做本职工作之外的更多工作，这种需求在一个拥有重要资源的大公司里并不常见。正如我们在 IBM 观察到的那样，这种延展性的任务为人们提供了如何一起合作、一起进行创新的机会。

在会议中，金圣珠总是鼓励公开的辩论，有时甚至是冲突。比如，一次在首尔召开的设计团队会议中，一名欧洲的设计师拒绝了一款风格花哨的包上一个沉沉的公司标识的饰物。"他走进来，看到了我们做的这个包，"韩国的一名设计师说，

> 他把它推到地上，说："我不喜欢这个。"于是我把它捡起来，说："这是我们品牌中最重要的包。"他又把它推了下去，我又捡了起来。正在这个时候，圣珠走进展示厅，决定由我们自己去解决这个事情。我们认为它肯定会畅销，但只会在韩国。所以，有些时候我们会达成一致，有时则不会。有时我们只在韩国出售的包会畅销全球。虽然同跨国团队进行交流和合作非常困难，但圣珠一直在说我们需要去进行沟通，因为只有这样我们才能创造出纯粹的原创性的理念。

金圣珠的团队有了成果。MCM 与 LV 和 Prada 这样的奢侈品行业巨头的竞争如火如荼，在过去 6 年的收入总额从 1 亿美元增长至 4 亿美元。此外，其产品的范围扩大了 10 倍，时髦的多功能手包和背包成为公司的重要产品。随着进军新市场，MCM 跨国销售和经营部门的主任卡萝尔·福克（Carol Fork）在很多地区遇到了客户独特的需求和价值理念的挑战。通过与经销商的合作，福克成功地确保了 MCM 品牌形象的一致性，同时公司启动了地区性的定制生产线。

　　另一名韩国女性克丽丝·李（Kris Lee）被指派为全球市场营销部门的负责人，她的工作是预测下一代全球客户的生活方式需求。为了鼓励更加年轻的买家（大多数新兴市场上年轻消费者的关键人口统计学特征），李启动了一项名为"博客大使"（Blogger Ambassador Program）的战略计划，在每一个 MCM 的主要销售地挑选一群时尚博主来在线代理公司的产品。比如说，该计划为不同国家的年轻亚洲女性提供了可以自己定义奢侈品对他们来说意味着什么的机会，这是基于对她们特殊文化背景以及想要成为什么样的人的考虑。

　　MCM 的研发队伍同样也突破了新的边界。市场上很多奢侈品产品都使用了高比例的污染环境的聚氯乙烯材料（PVC）。但金圣珠给她的团队提出了一个挑战，希望他们能够创造一种可持续发展的奢侈品产品线。通过试验中性环保合成物和棕榈叶、米纸等自然纤维，MCM 将商品中 PVC 材料的比例降到了 50% 以下。公司还开始同位于印度尼西亚的小村庄和被毁坏的社区建立合作关系，比如日本福岛的女性。在 MCM 的帮助之下，日本的女性开始测试一种新的能将现在使用的手包的材料"升级再造"为一种独特新产品的材料，这种产品对逐渐增多的关注环保问题的奢侈品用户有很大的吸引力。事实证明，金圣珠对可持续奢侈品产品线的希望是具有前瞻性的，MCM 已经步入了正轨，开始引领潮流。

　　金圣珠被很多商业和媒体组织提名为亚洲最具影响力的女性之一。在联合国的一次演讲中，她认为自己人生的工作才刚刚开始，这项工作既要求紧迫感又需要耐心，她承认并不是每个人都能有这种主动权。考虑到商业发展的节奏，对资金和其他资源的竞争是非常严酷的。她提醒听众，当她创办自己的公司时，里面主要的员工都是韩国女性。当她立志要建立一家 10 亿美元级别的时尚企业时，所有人都认为她疯了。2013 年他们的队伍非常兴奋，当时正值黄金周（在这个假期中，富裕的中国人总是到国外旅行和购物），MCM 手包的销售收入在韩国免税店 70 亿美元的总收入中排名第一。

　　金圣珠为她的同事设计的延展性任务在西方的很多人看来可能只是任何正规

企业的一部分。事实上，如果金圣珠向现实妥协的话，她的团队连这些机会都不可能有。正如一个团队的领导者所说："除了品牌的形象得到了提升外，还有实际的有形资产，每个人都获得了进步。"

金圣珠的故事提醒我们，新兴市场（不只是成熟市场）会逐渐成为推动全球化创新的动力。此外，随着组织的国际化，它们将为新兴市场中有潜力的天才创造更多的机会和更大的需求。然而在某些文化或政治语境中，传统的领导力的概念、文化价值观念和参与规则都与创新的进程相悖。

在对新兴市场的多年研究之后，我们发现很多优秀的类似金圣珠的个体，他们在复杂的外部因素面前，乐于进行不同的尝试，也有相关能力。有限的资源和快速的发展将会持续产生那些需要创造性方案才能解决的问题。可以肯定是，未来的路还很长。如果更多的跨国企业想要在未来创造可持续的创新性环境氛围，他们可以向金圣珠学习：让平凡的人获得领导能力，即使看起来非常普通，但也能就此开启不平凡的创新。

## 破译创新密码的一次尝试

当我们开始这段研究之旅时，我们问过，为什么有的组织能够一次次地进行创新，而其他的却根本没办法呢？我们相信领导力是这个谜题中非常关键的一点，而且我们希望我们能或多或少对创新型领导者实际上应该做什么做出一些贡献。

我们研究的这些领导者勇于第一时间承认他们的不完美，也依然在继续学习之中，尽管如此，他们仍然身处创造天才团队的最前线。通过对他们的深入研究，我们向各位展示了他们是谁，做过什么，以及他们是怎样思考的。不管他们所面临的具体创新挑战如何，我们在这本书里描绘的这些领导者都创造了一个环境，在那里，组织中每一个人都为天才团队的形成贡献出了自己的一分力量。

他们通过创造真实的社群来培养创新的意愿，社群成员为了一个激动人心的共同目标而凝聚到一起，在这个目标的背后支撑着的共同价值观和参与规则。而且他们通过确保自己的团队具备三种创新组织所拥有的技能来培养创新能力，这三种技能分别是：创造性磨合、创造性敏捷和创造性解决。

我们撰写本书，旨在为那些希望带领其组织做出更多创新的人提供启示和行动指南。怀着同样的心情，在本书结束时我们希望，如果你是一位这样的领导者，或渴望成为一位这样的领导者，你能去检验自己的思维方式和实践活动。你是否还坚信，作为领导者的你应该是那个设定远景目标、驱使手下的人去寻求新鲜有用解决方案的人？或者你是否能创造出一个能吸引每个人贡献出自己才华，从而可以将其转化为集体创造力的地方呢？

引领创新始于这种自我反思。我们希望，各位在书中看到的这些领导者能促使你在自己的创新之旅中大胆地迈出下一步，去打造天才团队。

COLLECTIVE GENIUS
The Art and Practice of Leading Innovation

## 领导你的天才团队

### 1.如何识别未来的创新型领导者

- 既是理想主义者，也是实用主义者
- 既运筹帷幄，也勇于尝试
- 既不独享荣誉，也不独善其身
- 既能承认不完美，也有强大复原力

### 2.如何培养未来的创新型领导者

- 放松掌控、积极引导，让人们自愿承担领导职责
- 寻找并培养那些能建立创新生态系统的领导者
- 让平凡的人获得领导能力

### 3.来自 IBM、聪明人基金和圣珠集团的启示

今天的组织必须能识别出那些具备了引领创新所需的合适特征的人，然后为他们提供经验和资源去培养其所需的思维和技能。

- 将领导者角色定位为指导者和教练
- 为未来的创新型领导者提供训练并支持其进行试验
- 营造一种包容的文化氛围，尊重不同种类的人格特征和行为

首先，非常感谢湛庐文化和四川人民出版社对我的信任，让我能以译者的身份近距离了解世界上最伟大的头脑都在想些什么。

这是我为湛庐文化翻译的第二本书，整个翻译过程经历几个月，这也是我在职业生涯中准备第一次跨界的艰难时刻。对于我而言，这本书来得很及时，帮我理清了思路，也帮我下定了转型的决心。

我曾经是一名"狂热"的前沿科技推崇者，认为好的科技能够带给人类一个更美好的未来。然而这种天真的想法未免失于片面。一项有潜力改变人类未来的技术，如果不辅以恰到好处的传播创意和良好的商业模式，没准儿根本"活"不到面向大众推广的那一天。在当今社会，只有商业才能让有如魔法一般的前沿技术变成大众化的科技产品，并赋予其强大的生命力。有了商业模式的加持，科技可以和包括电影、设计、创意、公益等任何形式的大众文化形式结合。我意识到，只有如此"跨界"，人类才有可能真正迈入那个美好的未来，而我要想把理想变为现实，就得尊重商业的价值。

于是，我离开科技媒体，一头扎进"跨界"的事业中。然而，对于如何驾驭这样一种全新的"跨界"型商业模式，我却一无所知。一个完整的商业模式不仅包括如何盈利、如何占领市场，更重要的是如何把跨界的人有机整合成一个团队，从而突破原有的思维界限，实现创新。就在这个时候，我接到了《如何领导天才团队》的翻译工作。这本书令我眼前一亮，让我所有的疑问都有了答案。

作为一本管理类的书籍，《如何领导天才团队》绝非枯燥案例的罗列，它本身就是"创新"的代名词——在对"创新"的定义上，几位作者认为创新不是少数孤独天才的"灵光闪现"，而是一群富有创造力的人各自才华与智慧的有机结合，这挑战了人们的既有观点。换言之，这群人就是集体创造力的源泉，而这本书就是为他们的领导者量身定制的"管理宝典"。

全书令我印象最深刻的是前两章，主要讲的是皮克斯动画工作室如何在创作计算机动画电影的过程中令各部门员工发挥出最大的创造力，与此同时，又可以保证整个项目能在上映日期这个"死线"之前完成。要知道，在所有行业中，创意类的工作是最灵活的，一部计算机动画电影可能直到进入最后制作环节的那一刻，工作人员还在进行着人物形象和故事情节的改进，也正因如此，管理一家创意类公司难上加难。这部分内容给我的启发是：永远不要排除任何一种可能性，并努力寻找创新的解决方案。这样一部著作特别适合正在从事各类"跨界"事业的人，包括正致力于科技和电影跨界的我。在此，我要向正走在创新之路上的各位先行者诚挚推荐这本书。

最后，要感谢我的先生马贺亮，感谢他在我转型的困苦和截稿的焦躁中一直给予的支持和鼓励。还要感谢亲爱的刘芳同学为我提供了很大一部分内容的翻译帮助，并做了全书的校对。常宁、李静、李琛三位同学在这本书翻译期间为我提供了"外脑"脑力支持。衷心希望这部作品能够助力中国公司商业价值的凸显。

扫码下载"湛庐阅读"App，
搜索"如何领导天才团队"，
查看全部注释及参考文献。

# 未来，属于终身学习者

我这辈子遇到的聪明人（来自各行各业的聪明人）没有不每天阅读的——没有，一个都没有。巴菲特读书之多，我读书之多，可能会让你感到吃惊。孩子们都笑话我。他们觉得我是一本长了两条腿的书。

——查理·芒格

互联网改变了信息连接的方式；指数型技术在迅速颠覆着现有的商业世界；人工智能已经开始抢占人类的工作岗位……

未来，到底需要什么样的人才？

改变命运唯一的策略是你要变成终身学习者。未来世界将不再需要单一的技能型人才，而是需要具备完善的知识结构、极强逻辑思考力和高感知力的复合型人才。优秀的人往往通过阅读建立足够强大的抽象思维能力，获得异于众人的思考和整合能力。未来，将属于终身学习者！而阅读必定和终身学习形影不离。

很多人读书，追求的是干货，寻求的是立刻行之有效的解决方案。其实这是一种留在舒适区的阅读方法。在这个充满不确定性的年代，答案不会简单地出现在书里，因为生活根本就没有标准确切的答案，你也不能期望过去的经验能解决未来的问题。

## 湛庐阅读APP：与最聪明的人共同进化

有人常常把成本支出的焦点放在书价上，把读完一本书当作阅读的终结。其实不然。

> 时间是读者付出的最大阅读成本
> 怎么读是读者面临的最大阅读障碍
> "读书破万卷"不仅仅在"万"，更重要的是在"破"！

现在，我们构建了全新的 "湛庐阅读"APP。它将成为你"破万卷"的新居所。在这里：

- 不用考虑读什么，你可以便捷找到纸书、有声书和各种声音产品；
- 你可以学会怎么读，你将发现集泛读、通读、精读于一体的阅读解决方案；
- 你会与作者、译者、专家、推荐人和阅读教练相遇，他们是优质思想的发源地；
- 你会与优秀的读者和终身学习者为伍，他们对阅读和学习有着持久的热情和源源不绝的内驱力。

从单一到复合，从知道到精通，从理解到创造，湛庐希望建立一个"与最聪明的人共同进化"的社区，成为人类先进思想交汇的聚集地，与你共同迎接未来。

与此同时，我们希望能够重新定义你的学习场景，让你随时随地收获有内容、有价值的思想，通过阅读实现终身学习。这是我们的使命和价值。

# 湛庐阅读APP玩转指南

## 湛庐阅读APP结构图:

12+图书订阅服务
纸质书
有声书
电子书

读什么

湛庐阅读APP

怎么读

泛读:一书一课
通读:通识课
精读:精读班

优秀的读者和终身学习者 　与谁共读

跟谁读　作者、译者、专家、推荐人和阅读教练

## 三步玩转湛庐阅读APP:

读一读 ▼

湛庐纸书一站买,
全年好书打包订

书城

听一听 ▼

泛读、通读、精读,
选取适合你的阅读方式

扫一扫 ▼

买书、听书、讲书、
拆书服务,一键获取

扫一扫

APP获取方式:
安卓用户前往各大应用市场、苹果用户前往APP Store
直接下载"湛庐阅读"APP,与最聪明的人共同进化!

# 使用APP扫一扫功能，
# 遇见书里书外更大的世界！

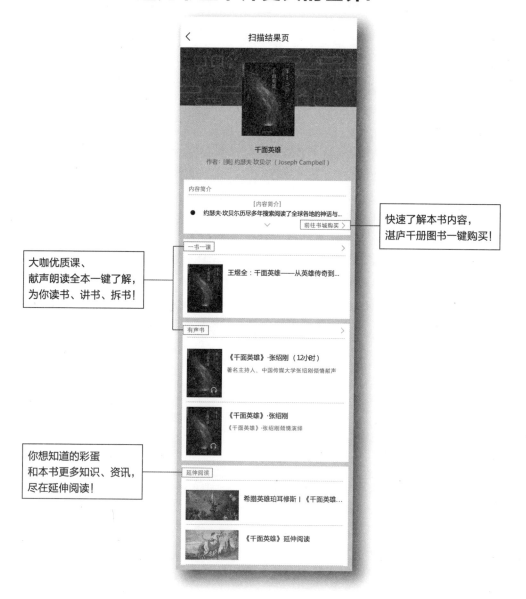

快速了解本书内容，
湛庐千册图书一键购买！

大咖优质课、
献声朗读全本一键了解，
为你读书、讲书、拆书！

你想知道的彩蛋
和本书更多知识、资讯，
尽在延伸阅读！

# 延 伸 阅 读

## 《奈飞文化手册》

◎ 奈飞公司前首席人才官帕蒂·麦考德首部力作，阅读与下载超过 1500 万次的奈飞内部文件的详细解读。

◎ Business Insider 2018 年度最值得阅读的领导力书籍榜单作品。

◎ 奈飞创始人里德·哈斯廷斯诚意力荐。

ISBN 978-7-5536-7805-4

## 《驱动力》（经典版）

◎ 著名未来学家、趋势专家、TED 演讲嘉宾、全球最具影响力的 50 大思想家、畅销书作者丹尼尔·平克的颠覆之作。

◎ 丹尼尔·平克以 40 年来有关人类激励的研究为基础，揭示了胡萝卜加大棒都已失效的当下，如何焕发人们的热情。

◎ 是对当前传统的有关人类积极性理论的颠覆之作。

ISBN 978-7-213-08748-6

## 《七个天才团队的故事》（纪念版）

◎ 领导力之父、组织发展理论先驱沃伦·本尼斯的代表著作，他的领导力思想、理论与实践具有广阔的历史视野、精微的人文情怀、如炬的全球前瞻。

◎ 是了解近代西方领导力思想，认识现代组织的领导力真谛，迎接当下和未来的领导力挑战的必读书籍，对从事颠覆式技术创新的创业团队尤有启发。

◎ 揭示了成功很少是一个人造就的，很多看似个人取得的成功，其实是许多伟大头脑相互激荡的结晶。

ISBN 978-7-213-07714-2

## 《合作的财富》

◎ 在普遍信仰"人性自私"的社会，为你解构获取合作红利的制胜法宝。

◎ 打破《自私的基因》为我们描述的人性迷局，只有合作才能让我们超越自利，进而设计建立回报丰厚的社会体系，获得合作的财富。

◎ 腾讯公司社交网络事业群总裁汤道生，北京大学新闻与传播学院教授胡泳，浙江大学跨学科社会科学研究中心主任叶航，互联网革命伟大的思考者、畅销书《人人时代》《认知盈余》《小米之道》作者克莱·舍基联袂推荐。

ISBN 978-7-213-08523-9

使用"湛庐阅读"APP，"扫一扫"获取本书更多精彩内容

**图书在版编目（CIP）数据**

如何领导天才团队 /（美）琳达·希尔等著；李芳译 . —成都：四川人民出版社，
2019.2
ISBN 978–7–220–11270–6

Ⅰ . ①如… Ⅱ . ①琳… ②李… Ⅲ . ①企业管理—组织管理学 Ⅳ . ① F272.9

中国版本图书馆 CIP 数据核字（2019）第 024149 号
著作权合同登记号
图字：21–2018–718

**上架指导：企业管理**

RUHE LINGDAO TIANCAI TUANDUI
## 如何领导天才团队

[美] 琳达·希尔　等著　李芳　译

责任编辑：李真真　李文雯
版式设计：湛庐CHEERS
封面设计：ablackcover.com

四川人民出版社出版
（成都市槐树街 2 号　　610031）
石家庄继文印刷有限公司印刷　新华书店经销
字数 280 千字　170 毫米 ×230 毫米　1/16　19.25 印张　0 插页
2019 年 2 月第 1 版　2019 年 2 月第 1 次印刷
ISBN 978–7–220–11270–6
定价：89.90 元